# Liberalismo Minoritário

# Liberalismo Minoritário

VIDA TRAVESTI NA FAVELA

2023

Moisés Lino e Silva

Tradução: Gabriela Colicigno

Revisão técnica: Thiago Neto

70

**LIBERALISMO MINORITÁRIO**
VIDA TRAVESTI NA FAVELA

AUTOR: Moisés Lino e Silva

DIRETOR DA ALMEDINA BRASIL: Rodrigo Mentz
EDITOR: Marco Pace
ESTAGIÁRIA EDITORIAL: Priscila Borges
ASSISTENTES EDITORIAIS: Larissa Nogueira e Rafael Fulanetti
ESTAGIÁRIA DE PRODUÇÃO: Laura Roberti

TÍTULO ORIGINAL: *Minoritarian liberalism*
TRADUÇÃO: Gabriela Colicigno
REVISÃO TÉCNICA: Thiago Neto
REVISÃO: Gabriel Branco, Juliana de Souza Leuenroth e Luciana Boni
DIAGRAMAÇÃO: Almedina
IMAGEM DE CAPA: O Anjo, de Sidney Amaral (2015).
DESIGN DE CAPA: Roberta Bassanetto

ISBN: 9786554270441
Março, 2023

Dados Internacionais de Catalogação na Publicação (CIP)
(Câmara Brasileira do Livro, SP, Brasil)

---

Lino e Silva, Moisés
Liberalismo minoritário : vida travesti na favela / Moisés Lino e Silva ; tradução Gabriela Colicigno ; revisão técnica Thiago Neto. -- São Paulo : Edições 70, 2023.

Título original: Minoritarian liberalism
Bibliografia.
ISBN 978-65-5427-044-1

1. Pessoas transgênero - Rio de Janeiro (RJ)
2. Rocinha - Rio de Janeiro (RJ) - Condições sociais
I. Colicigno, Gabriela. II. Thiago Neto. III. Título.

22-135505 CDD-306.768098153

---

Índices para catálogo sistemático:

1. Pessoas transgênero : Rocinha : Rio de Janeiro : Antropologia 306.768098153
Cibele Maria Dias - Bibliotecária - CRB-8/9427

Este livro segue as regras do novo Acordo Ortográfico da Língua Portuguesa (1990).

EDITORA: Almedina Brasil
Rua José Maria Lisboa, 860, Conj.131 e 132, Jardim Paulista | 01423-001 São Paulo | Brasil
www.almedina.com.br

*Para Natasha Kellem Bündchen*

# AGRADECIMENTOS

Existem relacionamentos que sobrevivem à morte. Celebro todos os amigos (vivos ou mortos) que fiz na Favela da Rocinha e tudo o que eles compartilharam comigo durante os anos que passei na favela — e além. Esses camaradas sabem quem são, mesmo quando eu prefiro não revelar seus nomes reais. Serei eternamente grato a cada um deles. Durante a longa jornada desde o meu trabalho de campo inicial, também aprendi muito com alunos e colegas de várias instituições. A Universidade Federal da Bahia (UFBA), onde sou docente, é uma instituição pública que oferece a melhor educação gratuita possível para pessoas que são, em grande parte, negras ou da classe trabalhadora no Brasil. Minhas experiências com eles influenciaram profundamente as posições políticas que mantenho. O apoio da UFBA para licença sabática remunerada foi fundamental para a produção deste manuscrito.

Ainda na UFBA, agradeço a Marcelo Moura Mello, Guillermo Vega Sanabria, Núbia Bento Rodrigues e Cecilia McCallum. Do grupo de colegas que trabalham em outras universidades públicas brasileiras, gostaria de agradecer as contribuições recebidas de Maria Elvira Diaz Benitez, Corinne Davis Rodrigues e Paulo Victor Leite Lopes. Márcio Goldman me recebeu generosamente no Museu Nacional durante o período inicial do meu trabalho de campo no Rio de Janeiro. Antônio Carlos de Sousa Lima tem sido um amigo fiel.

Na London School of Economics (LSE), gostaria de agradecer o apoio recebido de Olivia Harris (*in memoriam*), Michael Scott e Gustavo Barbosa. Na Escócia, na Universidade de St Andrews, Joanna Overing e meu orientador, Huon Wardle, foram fundamentais para o sucesso da minha pesquisa de doutorado. Mark Harris, Peter Gow (*in memoriam*), Nigel Rapport, Máire Ní Mhórdha, Daniel Billinge, Jan Grill, Daniela Castellanos, Veronika Groke, Giovanna Bacchiddu e Ian Amaral foram todos solidários de maneiras diferentes. Meu programa de pesquisa em ambas as instituições no Reino Unido não teria sido possível sem o apoio financeiro recebido da Fundação IJURR (anteriormente Fundação para Estudos Urbanos e Regionais) e diferentes bolsas oferecidas pela LSE e pela Universidade de St Andrews.

Steven Caton, o examinador externo da minha tese de doutorado, me desafiou e me inspirou. Foi a convite dele que fiz meu pós-doutorado nos Estados Unidos. Monica Munson ofereceu apoio emocional e burocrático enquanto eu estava em Harvard. Do pós-doutorado no Departamento de Antropologia, sob a supervisão do Professor Caton, mudei-me para a Universidade Brandeis, onde trabalhei por alguns anos como professor adjunto. Gostaria de agradecer a todos os meus colegas de Brandeis, especialmente Elizabeth Ferry, Jonathan Anjaria, Sarah Lamb, Pascal Menoret, Anahi Russo Garrido e Mrinalini Tankha.

Tenho a sorte de ter tido o apoio de várias outras pessoas. Todo o meu apreço a Adedoyin Olosun, Nancy Scheper-Hughes, James Laidlaw, Loïc Wacquant, Fares Alsuwaidi, Jane Guyer, Veena Das, Camila Teixeira, Thiago Neto, Baba Pecê, Cassandra White, Joshua Reason, Suneeta Gill, John Beardsley, Daniele Gomes, Christian Werthmann, Balraj Gill, George Paul Meiu, George Marcus, Ieva Jusionyte e Svetlana Boym (*in memoriam*). Também devo agradecer ao Conselho Internacional de Ciências Sociais (ISSC) por me eleger membro do Programa Mundial de Ciências Sociais, que tem sido um grande recurso.

Quando chegou a hora de procurar uma editora, Priya Nelson foi a primeira a ver potencial em meu trabalho, e nunca me esquecerei do incentivo dela. Também devo agradecer a Emily Sekine e Alan Thomas por me adotarem até Mary Al-Sayed assumir o cargo de Editora de Antropologia em Chicago. Junto com Tristan Bates, Erin DeWitt e Kristen Raddatz, todos me guiaram para o lançamento bem-sucedido deste livro.

Trabalho neste projeto de pesquisa desde 2009. No entanto, grande parte do manuscrito só foi escrita em 2019 e 2020, quando tive uma bolsa de visitante em Harvard. Gareth Doherty tem sido o parceiro mais solidário durante todos esses anos. Ivone Pereira de Andrade, minha mãe, me ofereceu amor incondicional. Natasha

Kellem Bündchen sempre foi uma fonte inesgotável de inspiração. Sinto falta da minha corajosa e querida amiga com todo o coração. Juntos, na libertação minoritária, seguimos.

# PREFÁCIO

Natasha gostava de falar com estranhos.[1] Aleatoriamente, ela abordava pessoas na rua e começava a conversar. Ela preferia os homens. Foi assim que nossa amizade começou, lá em 2009. Ela veio e começou a falar comigo. Na época, eu tinha 28 anos e morava na Favela da Rocinha, uma das maiores do Rio de Janeiro, para realizar pesquisa etnográfica.

— Eu adoro 'dar um it'! — ela me disse, rindo.

Demorei um pouco para entender o que ela queria dizer com "dar um it". Outro amigo da favela foi quem me explicou.

— 'Dar um it' é tomar liberdades com as pessoas — ele elucidou. Nesse caso, dar é realmente tomar. Você toma a liberdade necessária para fazer algo que quer fazer.

Desatento, escrevi sobre isso nas minhas notas de campo. Não percebi, naquele momento, como o tema das "liberdades" se mostraria intrincado na favela. Rabisquei: "Natasha gosta de conversar e de beijar homens. Ela está 'dando um it'. Ela consegue ter liberdade em situações nas quais imaginei que não teria nenhuma, dada toda a opressão, o preconceito e os desafios que enfrenta como uma travesti[2] na favela".

Ainda tenho uma foto de Natasha, tirada em 2010. Sete pessoas — quatro mulheres e três homens — posam em frente a uma pare-

---

[1] Na maioria dos casos, usei pseudônimos neste livro para dar mais privacidade às vidas que descrevo. Em alguns casos, interlocutores me pediram explicitamente para usar seus nomes reais. Natasha está entre essas últimas.

[2] De acordo com a Associação Nacional de Travestis e Transexuais (ANTRA), travestis podem ser definidas como "Pessoas que vivem uma construção de gênero feminino, oposta à designação de sexo atribuída no nascimento, seguida de uma construção física, de caráter permanente, que se identifica na vida social, familiar, cultural e interpessoal, através dessa identidade". Fonte: https://antrabrasil.org/sobre/

de de azulejos em preto e branco, como peças em um tabuleiro de xadrez. Estávamos no Bar & Mar, uma balada decadente na Zona Oeste do Rio de Janeiro, e ninguém sabia ao certo como a noite terminaria. Quem transaria com quem? Quem beijaria quem? Quem pagaria quem? Em cima dos saltos pretos, Natasha é a mais alta da foto. Seu vestido metálico, sem alças, está colado ao corpo esguio, o que lhe dá um brilho dourado. Ela não tem seios, mas se mostra muito feminina, com cabelos alisados e maquiagem delicada. Seus olhos esfumaçados em preto chamam a atenção. Na mão direita, segura um copo de uísque. Natasha não gostava de beber, mas naquela noite abriu uma exceção. Ela aceitou o convite para dividir uma garrafa de *Johnnie Walker Red Label* com o jovem musculoso parado atrás dela na foto. Ele usa uma camiseta branca, calças jeans justas e sapatos brancos. O braço forte do rapaz envolve a cintura dela, e o joelho dele espreita por entre pernas esguias. Natasha responde com um leve sorriso. Ela desfruta dos braços masculinos que a envolvem. Eram tempos gloriosos para nós.

Quando comecei minha pesquisa na Rocinha, tinha um conhecimento ínfimo do cotidiano das favelas. Acredito que o mesmo seja verdade para a maioria dos brasileiros de classe média, como eu. Tampouco tinha morado no Rio. Minhas experiências anteriores com favelas eram principalmente midiáticas, nas notícias ou filmes como *Cidade de Deus*,[3] que usa uma linguagem documental para retratar a violência extrema como a face "verdadeira" das favelas. Durante meus anos de estudo de antropologia, consegui trazer algumas nuances a esse conhecimento por meio de leituras a respeito de justiça social, desenvolvimento, liberalismo e outros temas importantes nos estudos urbanos. No entanto, nada havia me preparado para as situações que vivi ao me mudar para a Favela da Rocinha.

Durante o meu trabalho de campo, esperava testemunhar e registrar processos contemporâneos de opressão por meio de métodos etnográficos. Presumi que a falta de liberdades na vida de pessoas marginalizadas nas cidades brasileiras seria um tema importante para uma análise antropológica aprofundada. Acima de tudo, almejava que expor essa falta de liberdade das favelas ajudasse a trazer mudanças às situações difíceis que encontraria. Porém, em poucas

3 Fernando Meirelles e Kátia Lund, dirs, *Cidade de Deus* (Miramax Films, 2002).

semanas de pesquisa, comecei a perceber que não havia falta de liberdades na favela em um sentido absoluto. Em vez disso, dia após dia, passei a notar as diferentes expressões e práticas de liberdade ali. O problema parecia ser que a maioria dessas liberdades não eram as mesmas que eu conhecia, nem as que os admiradores do liberalismo acalentavam. Algumas delas não me eram nada familiares e, provavelmente, eram desconhecidas para quem nunca pisou em uma favela. Ao contrário do que antecipara, o processo de pesquisa deste livro levou-me a testemunhar liberdades onde menos esperava que existissem, e permitiu uma compreensão da importância delas para aqueles que as viviam.

No final de 2012, de maneira inesperada, perdi o contato com Natasha. Levaram alguns meses para reencontrá-la. Em certo sentido, só nos reconectamos de verdade depois que pude entender melhor meus preconceitos normativos e o liberalismo dela; os prazeres e as dores que uma vida "liberada" na favela implicava para minha amiga. Quais são as variadas formas que o liberalismo assume no Brasil? Quais as relações entre as diferentes formas de poder que criam as condições de possibilidade para as pessoas que vivem nas favelas do Rio — não só para as elites — desejarem e experimentarem a liberdade? O que as interseções entre os "bairros de abandono urbano"[4] e "experiências de vida LGBTQ" nos falam a respeito das operações contemporâneas de libertação? O que acontece quando levamos a sério a possibilidade de o liberalismo ser flexionado por sujeitos considerados desviantes em termos de gênero e sexualidade, subalternos em termos de classe e marginais em termos de poder?

A palavra *liberalismo* deriva do latim *liber*, com uma história antiga que pode ser traçada até os impérios greco-romanos.[5] A definição normativa de liberalismo evocada neste livro deriva dos eventos da história europeia, como a Revolução Gloriosa (1688), a Revolução Francesa (1789), e as ideias derivadas da filosofia "contratualista", principalmente pelo trabalho de John Locke.[6] O argumento central

---

[4] Para o sociólogo Loïc Wacquant, "bairros de abandono urbano" se referem a territórios urbanos marginalizados. WACQUANT, *Rumo à Militarização da Marginalização Urbana* , 216.

[5] Como discutido por PITKIN, *Are Freedom and Liberty Twins.*

[6] "Contratualismo" é usado aqui para se referir ao argumento de que algum tipo de "contrato social" deveria ser necessário para a conquista de direitos e

desse liberalismo eurocêntrico é que as liberdades individuais devem ser protegidas contra abusos do soberano, o qual deve ter poder o bastante para evitar o caos inerente ao "estado de natureza" ("a guerra de todos contra todos"), mas sem que esse poder seja o suficiente para fomentar a tirania. No liberalismo normativo, a "sociedade" deve ser organizada para proteger valores fundamentais, como a propriedade privada e a autonomia individual. Anteriormente um projeto europeu, esse liberalismo agora pode ser encontrado na maioria dos países.[7] Por ter se alinhado com correntes políticas de esquerda e direita, ao longo dos séculos, contribuiu de maneira ambígua para projetos como o colonialismo e a escravidão.[8] Hoje, o liberalismo é mais expressivo nos Estados Unidos, onde se configura como valor fundamental da Constituição daquele país.

Este livro apresenta um desafio à estabilidade do liberalismo normativo. Para tal, não se baseia em argumentos filosóficos desencarnados, mas em teorias etnográficas embasadas em pesquisa de campo. Na prática, o liberalismo normativo promoveu a liberdade de sujeitos privilegiados, aqueles titulares de "direitos" (geralmente brancos, adultos, heteronormativos e burgueses), às custas de minorias (como crianças, travestis, povos ameríndios, negros e moradores de favela). Uma resposta típica a essas desigualdades tem sido campanhas pela "inclusão" das minorias ao liberalismo; em outras

---

liberdade. Thomas Hobbes, John Locke e Jean-Jacques Rousseau estão entre os contratualistas bem conhecidos do Iluminismo. Isso não quer dizer que haja uma abordagem homogênea entre essas três figuras clássicas. Hobbes e Rousseau, por exemplo, estão quase em desacordo entre si em relação ao modelo ideal de governo e quanto poder um soberano deve ter. Ver: HOBBES, *Leviatã*; LOCKE, *Dois Tratados de Governo*; e ROUSSEAU, *O Contrato Social.*

7 Para uma discussão mais extensa sobre a definição normativa de "liberalismo", ver CASSIN et al., *Dictionary of Unstranslatables*, 570.

8 Às vezes, as aspirações políticas e econômicas do liberalismo estão em desacordo umas com as outras. Em tempos mais contemporâneos, as discussões sobre o liberalismo econômico (e o neoliberalismo) dominaram a agenda liberal. Além disso, é importante destacar que houve casos de pensamento liberal europeu questionando o liberalismo normativo, por exemplo, na obra de Karl Marx e Antonio Gramsci. Estas últimas críticas têm levado a reflexões alternativas sobre o liberalismo por vários pensadores fora da Europa, incluindo Bhimrao Ambedkar, Aimé Césaire e Paulo Freire.

palavras, a universalização das liberdades eurocêntricas.[9] Uma antropologia *queer* do liberalismo deve desconfiar de tal aspiração.

Meu trabalho de campo concentrou-se em questões sobre a liberdade e como ela é praticada na vida dos moradores das favelas. Em português, a palavra *liberdade* abrange os significados de *freedom* e *liberty*, sem distinção, diferentes na língua inglesa. Por outro lado, o termo *liberalismo* adquiriu uma dimensão muito mais "econômica" no Brasil, como uma possível abreviação para *neoliberalismo*. Enquanto preparava este livro, estava ciente de que o liberalismo tem uma história complicada em relação a questões de liberdade, especialmente tratando-se de sujeitos marginalizados. Foi uma decisão consciente mobilizar esse significante como parte do quadro analítico proposto. Meu uso da palavra aqui não é a do liberalismo econômico, e nem pretendo reafirmar as conotações eurocêntricas estabelecidas pelo uso da palavra em inglês. Escolho nomear uma política marginalizada de liberdade como *liberalismo* em um esforço para introduzir alteridade dentre os significados da palavra em inglês e português. Como um movimento de decolonização do liberalismo, pretendo tornar estranho um conceito tão familiar. Ao fazer isso, desejo expressar minha apreciação pelos modos minoritários de liberdade[10] que testemunhei na Favela da Rocinha, postulando-os lado a lado a um dos conceitos mais valorizados da tradição filosófica ocidental. Sendo assim, defendo uma compreensão do liberalismo muito mais alinhada a uma política de libertação do que tem sido o caso.

As minorias, em sentido absoluto, não são excluídas do projeto liberal. O liberalismo pressupõe a existência do "não-livre".[11]

---

9 Ao mesmo tempo, como Arjun Appadurai argumenta, "nenhuma nação moderna, por mais benigna que seja seu sistema político e por mais eloquente que suas vozes públicas possam ser sobre as virtudes da tolerância, multiculturalismo e inclusão, está livre da ideia de que sua soberania nacional é construída sobre algum tipo de *genius* étnico". APPADURAI, *Fear of Small Numbers*, 3.

10 Como explicarei na introdução, "minoritário" aqui é derivado de DELEUZE e GUATTARI, *Kafka*.

11 Tyler Stovall argumenta que a liberdade tem sido um privilégio da branquitude em nações como a França e os Estados Unidos. ". . . em grande medida, embora certamente nem sempre, as ideias de liberdade no mundo moderno foram racializadas. Em particular, muitos consideraram a branquitude e a identidade racial branca intrínsecas à liberdade moderna". STOVALL, *White Freedom*, 5.

No entanto, sujeitos historicamente marginalizados pelo liberalismo normativo também respondem à sua condição de deslocados. Uma maneira de fazer isso é por meio de um processo que o teórico *queer* José Esteban Muñoz chamaria de "desidentificação", estratégias criativas pelas quais as populações minoritárias se envolvem com as forças dominantes para produzir as próprias verdades. Outra coisa que acontece é que algumas verdades sobre o liberalismo tendem a se tornar invisíveis por não se conformarem aos valores liberais centrais (e eurocêntricos). *Liberalismos minoritários* não são necessariamente individualistas e focados na propriedade privada, por exemplo. Atos de desidentificação oferecem a possibilidade de "uma política ou posicionalidade [de liberdade, eu acrescentaria] desempoderada, que se tornou impensável para a cultura dominante".[12]

Em minha pesquisa para este livro, o trabalho de campo de longo prazo e os métodos etnográficos se provaram ferramentas críticas que me permitiram não apenas testemunhar a existência de modos minoritários de liberalismo na favela, mas também entender que esses liberalismos operam de acordo com suas próprias teorias. Em vez de lutar para preservar os significados eurocêntricos do liberalismo, de modo a desqualificar as experiências de liberdade na vida das minorias como algo diferente do liberalismo (como *libertinagem*, por exemplo), minha proposta é que, na companhia de Natasha Kellem e de outros amigos *queer* das favelas, o poder e a estabilidade do liberalismo normativo sejam desafiados.

---

12 MUÑOZ, *Disidentifications*, 31.

# SUMÁRIO

# INTRODUÇÃO

> Penso que existem mais segredos, mais liberdades possíveis e mais invenções em nosso futuro do que podemos imaginar
>
> **Michel Focault, *Technologies of the Self***

A colonização europeia do que hoje é conhecida como a República Federativa do Brasil começou por volta de 1500, com a invasão de terras indígenas na América do Sul por parte dos portugueses.[13] Junto de atrocidades como a pilhagem de recursos nativos e o comércio de escravizados, preocupações eurocêntricas com a cristianização, a mercantilização da terra e a garantia da soberania do rei foram introduzidas como parte do projeto colonial, evoluindo por meio de diferentes regimes de governo. Em uma análise extensa das origens e consequências desse "encontro colonial" no Brasil, o etnólogo João Pacheco de Oliveira demonstra que as questões da "gestão" apropriada das populações (pós-)colonizadas da América Latina sofreram mutações sob diferentes "regimes de alteridade" — formas de lidar com a diferença — ao longo dos séculos.[14]

Mas, desde o Iluminismo na Europa, outras questões vinham à tona, relacionadas à liberdade: o que (se algo) poderia justificar, legal e moralmente, a exploração dos povos ameríndios e negros? Poderiam as populações que sofriam abusos no Brasil nascente ser consideradas "súditas" da Coroa portuguesa? Quais deveriam ser os limites legais, se houvesse, do poder colonial? A escravidão trouxe

[13] O Tratado de Tordesilhas entre Portugal e Espanha, dividindo as Américas (e o mundo) entre os dois reinos, data de 1494.
[14] PACHECO DE OLIVEIRA, *O Nascimento do Brasil e Outros Ensaios.*

debates ontológicos extensos sobre a humanidade (e, consequentemente, sobre os direitos) das populações ameríndias e negras escravizadas. No Brasil, a liberdade era uma causa proeminente para movimentos sociais que lutavam pela independência no século XVIII, mesmo que esses esforços fossem levar à declaração formal da Independência do Brasil apenas em 1822, e à chamada Proclamação da República em 1889.[15]

Pelo menos duas genealogias sobrepostas podem ser recontadas levando em conta os efeitos do colonialismo e liberalismo quando falamos do surgimento de favelas, particularmente aquelas localizadas no Rio de Janeiro. A abolição formal da escravidão no Brasil aconteceu somente em 1888. No entanto, esse evento histórico por si só não faz jus às complexidades dos diferentes processos de liberdade que ocorriam lado a lado com os horrores da escravidão. Mesmo antes de 1888, a liberdade poderia ser assegurada por meio da alforria individual e, depois de 1871, pelo nascimento.[16] Durante o período da escravidão, resistências e rebeliões contra os poderes coloniais eram frequentes, como era de se esperar. Em alguns casos, esses movimentos levaram à formação de comunidades quilombolas, clandestinas, mas de fato livres — formadas por africanos "fugitivos" e seus descendentes.

À medida que a população negra liberta crescia na segunda metade do século XIX, a questão habitacional ganhava mais relevância. Antes, os sujeitos escravizados eram incorporados principalmente às fazendas e à esfera doméstica dos proprietários brancos nos centros urbanos; contudo, uma vez libertos, mais e mais pessoas negras buscavam melhores oportunidades na cidade, mas careciam de moradia adequada.[17] Dados históricos pós-abolição sugerem que a população negra do Rio de Janeiro vivia principalmente em mo-

---

15 A Inconfidência Mineira foi um movimento libertário proeminente no Brasil no final do século XVIII. Seu lema, em latim, afirmava: "*Libertas Quæ Sera Tamen*" (liberdade ainda que tardia). Os esforços de "Independência" ocorridos em 1822, liderados por um príncipe regente português, não tiveram os efeitos liberais que alguns brasileiros esperavam.

16 Como discutido, por exemplo, por CHALHOUB, *Visões da Liberdade*.

17 A abolição da escravatura no Brasil não foi seguida por políticas econômicas para atender a essa população. A migração para os centros urbanos tornou-se necessária na busca por meios de subsistência.

radias coletivas de baixo padrão, chamadas de cortiços. Quando os temores de rebeliões de "escravos libertos" começaram a crescer, o governo local passou a reprimir a proliferação de novos cortiços e a demolir os existentes. Licia do Prado Valladares, por exemplo, discute como Francisco Franco Pereira Passos, prefeito da cidade do Rio de 1902 a 1906, começou a demolir os grandes cortiços do centro da cidade em 1904. A população negra do Rio, junto com outras classes pobres, ficou sem opção de moradia acessível. Alguns ocuparam as áreas menos desejáveis da cidade, como as encostas íngremes e os subúrbios distantes, transformando-as em seus lares.[18] Foi assim que começaram as favelas.

Uma segunda genealogia, que segue como uma poderosa "narrativa de origem" das favelas brasileiras, refere-se a uma rebelião em resposta à recém-criada República Brasileira de 1889. O episódio que ficou conhecido como a Guerra de Canudos gerou condições para a "invenção" das favelas tanto como locais físicos quanto como construtos ideológicos.[19]

Para resumir os acontecimentos, por volta da virada do século XX (1896-97), um grupo de camponeses se assentou em uma área muito pobre no árido interior da Bahia. Esse movimento político seguia a figura carismática e religiosa conhecida como Antônio Conselheiro. Sob a liderança dele, o pequeno vilarejo de Canudos cresceu rapidamente, atraindo cada vez mais migrantes para formar uma nova "nação". Grandes proprietários de fazendas naquela localidade, ao lado da Igreja Católica, tentaram de tudo para deter o movimento. As tensões escalaram tanto que o Exército brasileiro foi obrigado a intervir. O que parecia ser uma tarefa fácil, porém, acabou sendo uma série de derrotas para a República. Foram necessárias quatro expedições diferentes para derrotar os rebeldes — um custo moral e material significativo para o Estado brasileiro naquele momento.[20] O alistamento de soldados para essas lutas demandou recrutas de vários locais, incluindo o Rio de Janeiro, à época capital federal. A esses homens foi prometida uma série de benefícios ao

---

[18] Como discutido por VALLADARES, *A Invenção da Favela*. Licia Valladares também afirma que, tanto no censo de 1948 quanto no de 1950, os negros e mestiços eram de longe os grupos étnicos mais dominantes que viviam nas favelas.

[19] Argumento feito por VALLADARES, *A Invenção da Favela*.

[20] DA CUNHA, *Os Sertões*.

retornarem vitoriosos ao Rio, incluindo moradia. Mas, quando voltaram, centenas de soldados descobriram que o governo fizera promessas vazias. Como forma de protesto — e ainda precisando de moradia —, ocuparam uma colina central do Rio. Hoje, essa área é conhecida como Morro da Providência; na época, era conhecida como Morro da Favela.[21]

Canudos acabou sendo mais do que um experimento de curta duração: foi também um território físico e discursivo para a liberdade, violentamente reprimida pelo Estado, mas que deixou uma herança de possibilidades. De acordo com Euclides da Cunha, que escreveu uma das descrições literárias mais conhecidas desses conflitos,[22] Canudos passou a representar a liberdade em relação ao Estado brasileiro, a possibilidade de os mais pobres controlarem seus direitos à terra e ao próprio trabalho, e contestarem a cobrança de impostos federais obrigatórios. A Guerra de Canudos viria a influenciar o nascimento das favelas como territórios onde os mais pobres poderiam não só criar um espaço para viver, mas também para resistir e reivindicar uma certa liberdade do Estado-nação.[23]

Depois desses, em vários outros momentos da história brasileira, moradores de favelas se viram implicados em debates liberais, em sentido amplo. No início da década de 1950, por exemplo, o Partido Comunista do Brasil tentou obter mais influência e apoio entre os mais pobres da cidade do Rio, principalmente por meio de seus *Comitês populares democráticos*. Estes tiveram impacto profundo na organização política de pelo menos duas favelas do Rio de Janeiro: o Morro do Borel e o Morro do Turano. Em 1952, esses comitês fomentaram a organização da primeira "Associação de Moradores" no Morro do Borel: a Associação dos Favelados do Morro do Borel. Entre os planos mais "liberais" do Partido Comunista na época,

---

21 VALLADARES, *A Invenção da Favela*, 35. *Favella* (arcaico) ou favela é também o nome de uma planta (*Cnidoscolus quercifolius*) que crescia sobre as colinas de Canudos (Bahia).

22 DA CUNHA, *Os Sertões*.

23 É importante ressaltar que essas genealogias da favela não são mutuamente excludentes. Dito isso, o trabalho de Lorraine Leu sobre raça e espaço no Rio de Janeiro argumenta que, apesar de populações pobres de várias raças morarem nas favelas, essas últimas são, marcadamente, espaços "enegrecidos" dentro da geografia mais ampla da cidade. Ver: LEU, *Defiant Geographies*.

havia propostas para mudar o nome dessas duas favelas: o Borel seria conhecido como Morro da Independência e o Turano como Morro da Liberdade. Claro que, com a rápida mudança no cenário político e o golpe militar de direita alguns anos depois (1964), esses planos nunca foram implementados.[24]

Durante a ditadura militar (1964-85), surgiu um "regime tutelar" com o objetivo de administrar algumas populações, como foi o caso dos indígenas. O que foi apresentado como uma "proteção" estatal e uma "pacificação" de grupos minoritários, também constituía em uma negação da autonomia indígena e uma oportunidade de controlar suas terras.[25] As políticas dos militares também impactaram os moradores das favelas, levando à desmobilização política e à remoção violenta de algumas delas. Mesmo durante o período nefasto da ditadura, no entanto, o Brasil testemunhou o surgimento de campanhas liberais. O Movimento Democrático Brasileiro, por exemplo, tinha uma retórica liberal baseada no antiautoritarismo, e, em diferentes momentos, questões como a proteção dos direitos humanos universais também fizeram parte dessa agenda.

Outras instituições, como organizações religiosas, também fazem parte da história liberal das favelas. A década de 1980 foi o auge dos movimentos sociais católicos no Brasil. A teologia da libertação serviu de inspiração para projetos de melhorias coletivas na Favela da Rocinha naquela década.[26] Foi responsável por levar a promessa da libertação dos oprimidos por meio da consciência política e da ação coletiva auto-organizada (mutirões).[27] No entanto, iniciativas de grupos católicos trabalhando para libertar a população urbana mais carente da violência estrutural eram praticamente inexistentes à época do meu trabalho de campo.

Em 1990, Fernando Collor de Mello, o primeiro presidente abertamente neoliberal na pós-ditadura, foi eleito. O clima nacional mudou

---

[24] VALLADARES, *A Invenção da Favela.*

[25] SOUZA LIMA, *Um Grande Cerco de Paz.*

[26] O trabalho do educador brasileiro Paulo Freire também tem sido uma grande inspiração para a libertação coletiva na América Latina. Ver, por exemplo, FREIRE, *Pedagogia do Oprimido.*

[27] Para referências sobre o tema de mutirões, ver, por exemplo, MARCIATO, *A Produção da Casa (e da Cidade) no Brasil Industrial.* Também BOFF, *O Caminho da Igreja com os Oprimidos.*

em diversos sentidos. A partir da década de 1990, houve uma explosão no número de evangélicos no Brasil, um país majoritariamente colonizado por portugueses católicos.[28] A ascensão das igrejas evangélicas neopentecostais, em conjunto com a implementação de políticas de Estado neoliberais, levou à popularização de possibilidades muito mais individualistas de libertação para a vida das pessoas mais pobres.[29]

Pacheco de Oliveira afirma que diferentes mecanismos coloniais de poder continuam a operar no Brasil hoje, trazendo diferentes formas de controle (e promessas de libertação, eu diria) para o cotidiano das populações ameríndias e negras — e da população urbana empobrecida, particularmente moradores de favelas.[30] Com o fim do regime militar, as desigualdades crescentes não foram abordadas de maneira efetiva durante o processo de redemocratização,[31] o que reavivou o medo por parte das elites em relação aos brasileiros mais pobres, principalmente negros. Sequestros e roubos, pânico sobre o empoderamento dos moradores das favelas pelo tráfico de drogas, além de imagens de "guerras urbanas", começaram a dominar a agenda política, os jornais e programas de televisão. Uma resposta a todas essas variáveis veio em forma de uma defesa crescente da governança neoliberal,[32] com mais policiamento e ainda menos benefícios sociais para as classes trabalhadoras.[33]

Nas primeiras décadas do século XXI, vários anos depois do fim do governo militar brasileiro em 1985, políticas de Estado extremamente opressivas ressurgiram no Rio de Janeiro — desta vez, voltadas para reduzir a autonomia dos moradores das favelas sob a

---

[28] Segundo o Instituto Brasileiro de Geografia e Estatística (IBGE), apenas 9% dos brasileiros se declararam evangélicos no censo nacional de 1991. Em 2010, esse número havia subido para 22,2% da população.

[29] Algo que discuto com mais detalhes no capítulo 5.

[30] PACHECO DE OLIVEIRA, *O Nascimento do Brasil e Outros Ensaios.*

[31] Por exemplo, o coeficiente de Gini do Brasil aumentou de 0,574 em 1981 para 0,625 em 1989, o que indica um agravamento da desigualdade. Ver: FERREIRA, LEITE e LITCHFIELD, *Brasil.*

[32] Pode-se argumentar que a eleição do presidente Lula (Luiz Inácio Lula da Silva) em 2002 significou um ligeiro desvio dessa tendência.

[33] Para uma discussão extensa sobre a lógica do neoliberalismo, ver: BROWN, *Undoing the Demos.*

bandeira da "pacificação", usada anteriormente durante a ditadura.[34] Ao longo de todos esses eventos históricos, desde a colonização, as preocupações liberais e a afirmação do controle estatal andaram de mãos dadas no Brasil.

## ESTRANHOS INTERNOS

Debates sobre a pobreza urbana tocam em pontos importantes no que se refere à agência, autonomia e liberdade na vida dos moradores de favelas e outras populações "periféricas" que vivem nos chamados "*barrios*" e "guetos" de muitas cidades ao redor do mundo. Há longos debates acadêmicos sobre a existência ou não de um "*habitus*" ou "cultura" que limitaria as experiências de vida dos mais pobres na América Latina. A suposta existência de uma "cultura da pobreza" tornaria difícil (se não impossível) para os moradores das favelas escapar de sua condição, em parte, porque os "pobres" poderiam se acostumar tanto com essa forma de vida que resistiriam à mudança.[35] Enquanto isso, na forma do conceito de "violência estrutural", outros autores vêm debatendo os mecanismos de opressão que transformariam a pobreza em um tipo de prisão.[36]

---

34 Como aponta João Pacheco de Oliveira, não é coincidência que as recentes políticas estatais de "ocupação" e "integração" das favelas do Rio de Janeiro à cidade "formal" nos primeiros anos do século XXI tenham recebido a mesma designação que os esforços anteriores para integrar a população ameríndia à nação brasileira, isto é, "pacificação". Ver: PACHECO DE OLIVEIRA, *O Nascimento do Brasil e Outros Ensaios.*

35 A pobreza poderia ser entendida aqui como uma condição com "traços culturais" próprios, "quase psicológicos", que se perpetuam intergeracionalmente. Introduzida pelo sociólogo Michael Harrington, essa abordagem foi popularizada por meio do trabalho do antropólogo Oscar Lewis. Ver: HARRINGTON, *The Other America*; e LEWIS, *The Children of Sanchez.*

36 O antropólogo médico Paul Farmer explica que o conceito de "violência estrutural" remonta pelo menos à década de 1960, quando foi usado pela primeira vez pelos teólogos da libertação latino-americanos para se referir às "estruturas sociais pecaminosas caracterizadas pela pobreza". Ele resume o debate dizendo que "o conceito de violência estrutural visa informar o estudo da máquina social da opressão". FARMER, *Infections and Inequalities*, 307. Nancy Scheper-Hughes e Philippe Bourgois também adotam a imagem de uma "máquina social opressora" em relação à questão da "violência estrutural", mas acrescentam outra dimensão

Familiarizar-me com essa literatura existente antes de começar meu trabalho de campo na Favela da Rocinha impactou (mas não determinou) minha compreensão inicial das favelas como territórios atormentados não apenas pela falta de recursos materiais, mas também pela falta de liberdade. De certa forma, este livro é uma contribuição para alguns desses debates de longa data. Ele apresenta uma teoria do liberalismo baseada nas experiências cotidianas dos moradores das favelas brasileiras. Ofereço um modo de reconceitualizar o "liberalismo" que desafia as concepções normativas de pobreza e opressão, bem como as fronteiras entre o livre e o não-livre.

Considere esta passagem de *Development as Freedom* (*Desenvolvimento como Liberdade*), um tratado sobre a necessidade de "desenvolvimento" do filósofo e economista Amartya Sen, que presume que a pobreza, junto com os sistemas políticos antidemocráticos, são as principais fontes de opressão no mundo contemporâneo. Sen argumenta:

> Às vezes, a falta de liberdades substantivas se relaciona diretamente à pobreza econômica, que rouba das pessoas a liberdade de satisfazer a fome, ou obter nutrição suficiente, ou obter remédios para doenças tratáveis, ou a oportunidade de estar vestido ou abrigado adequadamente, ou desfrutar de água limpa ou instalações sanitárias. Em outros casos, a falta de liberdade está intimamente ligada à falta de instalações públicas e assistência social, como a ausência de programas epidemiológicos, ou de instituições eficazes na manutenção da paz e ordem locais. Ainda em outros, a violação da liberdade resulta diretamente de uma negação das liberdades políticas e civis por regimes autoritários, e de restrições impostas à liberdade de participar da vida social, política e econômica da comunidade.[37]

Desde a década de 1990, gerações de pesquisadores vêm tentando expor desafios como esses, gerados por estruturas sociais opressi-

---

a ela, isto é, o problema de sua invisibilidade. SCHEPER-HUGHES e BOURGOIS, *Violence in War and Peace*, 13.

37 SEN, *Desenvolvimento como Liberdade*, 3–4.

vas, mas sem necessariamente cair na mesma armadilha da abordagem da "cultura da pobreza": culpar os pobres por uma suposta resistência à mudança, o que seria equivalente a culpar a "vítima" por sua situação.[38] A maioria desses trabalhos sobre "violência estrutural" foi marcada por uma "chamada à ação" explícita,[39] de modo que esses estudos aspiravam, também, a ser instrumentais para a transformação social.

O antropólogo médico Paul Farmer afirma com uma brevidade bastante confiante em *Infections and Inequalities*: "(...) a pobreza é o grande fator limitante da liberdade".[40] Argumentos semelhantes podem ser encontrados nos mais variados campos acadêmicos. De fato, o filósofo Matt Whitt argumentou que a pobreza constitui necessariamente um estado de falta de liberdade nos Estados modernos. No raciocínio do autor: "A promessa de uma liberdade *de fato* só pode ser cumprida em relação a um grupo de 'estranhos internos' a quem essa liberdade não pode se estender".[41] Para Whitt, os "pobres" seriam, por definição, um grupo de "estranhos internos" com acesso limitado à liberdade. Quando elaborei um projeto de pesquisa sobre as operações do liberalismo na favela, a intenção era, a princípio, compreender uma forma de vida *excluída* da liberdade.

Em minhas andanças com Natasha, porém, deparei-me com liberalismos que não foram criados pelas elites para protegerem as próprias elites. Os moradores de favelas também têm seus modos de política liberal, que, em algumas comunidades, são distintos de outras.[42] Na própria Rocinha, alguns moradores estavam mais preocupados em obter uma forma radical de liberdade a qualquer custo. Durante minha pesquisa de campo, certa vez, estava conversando com um aluno do curso de inglês básico que eu ministrava na favela. Ele era um ex-traficante de drogas e contava sobre suas

---

[38] Ver: VALENTINE, *Culture and Poverty*; e KATZ, *The Undeserving Poor*.

[39] Ver: SCHEPER-HUGHES, *The Primacy of the Ethical*.

[40] FARMER, *Infections and Inequalities*, xxv.

[41] WHITT, *The Problem of Poverty and the Limits of Freedom in Hegel's Theory of the Ethical State*, 258.

[42] Há uma grande diversidade no que é conhecido coletivamente como favelas. Estas não são apenas diferenças na forma física, mas também nos mecanismos de poder e governança de cada uma. Nesse sentido, minhas observações na Rocinha não são automaticamente traduzíveis para a realidade de todas as favelas brasileiras.

experiências: "Bora pegar as armas! Doido pra caralho. Pra nós, era assim, liberdade, prisão ou morte!" Outros moradores da favela, no entanto, eram mais céticos quanto à possibilidade real de adquirir liberdade por meio da violência, e estavam mais confiantes no poder de Jesus, com muita fé e desejo de libertação espiritual. Comecei a traçar todas essas experiências diferentes na Rocinha, mesmo quando pareciam incomuns para mim. Por meio desta abordagem etnográfica, e pelas lentes dos modos minoritários de liberalismo, este livro contribui para uma melhor compreensão de fenômenos urbanos na América Latina.

## O APARELHO COLONIAL

Logo depois das minhas primeiras vivências na favela, comecei a considerar que havia um problema com o meu projeto de pesquisa inicial. Ele era baseado em suposições que eram elas mesmas um produto do liberalismo normativo. Havia algo constitutivo do liberalismo, pelo menos como eu o entendia, que prescrevia certas liberdades como a norma enquanto negava outras possibilidades? Seria necessariamente um problema que os moradores da favela pareciam não ter as mesmas liberdades valorizadas pelas pessoas nos países mais "desenvolvidos" da Europa e América do Norte? A dimensão colonial implícita na promoção da "liberdade universal" começou a ficar mais evidente. Isso me incomodou, assim como incomodara outros autores antes de mim. A valorização das formas de vida existentes na Favela da Rocinha exigia uma atitude decolonial explícita.

Apenas algumas linhas antes das citadas na epígrafe desta introdução, Michel Foucault expressa suas preocupações em relação aos universalismos: "O que temo do humanismo é que ele apresenta uma certa forma de nossa ética como um modelo universal para qualquer tipo de liberdade".[43] O historiador e filósofo francês formulou essa crítica durante uma entrevista em que lhe pediram que falasse sobre a relação entre processos de "normalização" e o "conceito de homem". Se o humanismo normaliza um "humano", sempre particularmente localizado, como um sujeito universal, parecia plausível para mim

[43] FOUCAULT, *Technologies of the Self*, 15.

que o liberalismo normativo fizesse o mesmo com experiências liberais que também são sempre localizadas. Por exemplo, o Artigo 1 da Declaração Universal dos Direitos Humanos (DUDH) afirma: "todos os seres humanos nascem livres e iguais em dignidade e direitos".[44] Que humanos? Que liberdades? Que direitos?

Quando refleti sobre a emergência do liberalismo no Brasil, a obra de Elizabeth Povinelli chamou minha atenção e ajudou a conceituar o liberalismo não como uma forma de poder simplesmente oposta ao colonialismo, mas como parte fundamental do aparato colonial. A autora pergunta: "Nos Estados seculares, somos livres para adorar qualquer deus que quisermos. Mas podemos escolher não adorar a liberdade? Desta forma, a liberdade é a Lei da lei; distribui os valores da verdade e da falsidade, do bem e do mal, sem estar sujeita a eles".[45]

O trabalho da antropóloga Saba Mahmood corrobora essa crítica (pós-)colonial. Profundamente envolvida com a teoria política, Mahmood argumenta que o liberalismo costuma apresentar-se como um artefato colonial nas experiências de populações "não-ocidentais".[46] Mahmood questiona as expectativas de que deva existir um desejo inato e universal pela liberdade em todas as formas de vida humana. Ela demonstra, etnograficamente, que a agência de mulheres devotas muçulmanas no Egito não se limita ao que a autora chama de "suposições liberais normativas".[47] Ela explica que uma das consequências do Iluminismo e do Humanismo (principalmente em inflexão secular) foi o estabelecimento de um ideal normativo de que "a fonte mais legítima de autorização para as opiniões, ações e crenças de uma pessoa deve ser ele ou ela mesma". Esse senso de "autoautorização", Mahmood argumenta, foi proposto como uma forma fundamental de liberdade para qualquer "civilização", que não apenas deveria ser universalmente valorizada, mas também estabelecida de maneira institucional. Como também observa Povinelli,

---

44 Assembleia Geral da ONU, A Declaração Universal dos Direitos Humanos (217 [III] A, Paris: ONU 1948).

45 POVINELLI, *A Flight from Freedom*, 145.

46 Seguindo Michel-Rolph Trouillot, entendo "o Ocidente" mais como um projeto de poder (para a dominação) do que uma localização geográfica homogênea real. Ver: TROUILLOT, *Anthropology and the Savage Slot.*

47 MAHMOOD, *Politics of Piety*, 5.

essa situação levaria a diferentes resultados, por exemplo, fazendo "ser livre de relações sociais parecer natural e desejável".[48]

Da mesma maneira, Dipesh Chakrabarty, outro importante pensador pós-colonial, argumenta que "o fenômeno da 'modernidade política' — ou seja, o governo por meio de instituições modernas como o Estado, a burocracia e as empresas capitalistas — é impossível de ser *pensado* em qualquer lugar do mundo sem invocar certas categorias e conceitos, cujas genealogias se aprofundam nas tradições intelectuais e até mesmo teológicas da Europa".[49] Se o projeto eurocêntrico, branco e liberal se estendeu do Iluminismo até os dias atuais, uma vasta quantidade das críticas mais contemporâneas têm sido direcionadas às operações de uma variação mais recente do liberalismo, conhecida como neoliberalismo.

Enquanto as raízes do liberalismo derivam do pensamento europeu clássico, a fonte do neoliberalismo jorra principalmente da América do Norte.[50] A respeito desse assunto, por exemplo, Loïc Wacquant afirma: "O neoliberalismo é 'um projeto transnacional', originário dos Estados Unidos e difundido por uma nova classe dominante, que busca a reorganização de cima para baixo das relações entre mercado, Estado e cidadania".[51] Não tentarei resumir aqui a vasta literatura focada no exame crítico do neoliberalismo. Basta dizer que, na antropologia, Mathieu Hilgers identifica pelo menos três "modos" de engajamento com fenômenos neoliberais:[52] o neoliberalismo como cultura (examinando símbolos, crenças e práticas compartilhadas neoliberais),[53] o neoliberalismo como sistema (visando identificar estruturas neoliberais duradouras e suas relações constitutivas),[54] e o neoliberalismo como

---

48 POVINELLI, *A Flight from Freedom*, 162.

49 CHAKRABARTY, *Provincializing Europe*, 4.

50 Isso apesar do fato de que pensadores europeus, como Friedrich von Hayek, continuam a ser centrais para o neoliberalismo. VON HAYEK, *The Road to Serfdom*.

51 WACQUANT, citado em HILGERS, *The Three Anthropological Approaches to Neoliberalism*, 357.

52 HILGERS, 359.

53 Como exemplo dessa abordagem, Mathieu Hilgers cita o trabalho dos Comaroffs. Ver: COMAROFF e COMAROFF, *Millennial Capitalism*.

54 De acordo com HILGERS, em *The Three Anthropological Approaches to Neoliberalism*, o trabalho de Loïc Wacquant poderia ser classificado nesta categoria.

governamentalidade (inspirado por uma análise foucaultiana de regimes de poder).[55]

Na maioria desses debates, parece haver pouca discordância de que o (neo)liberalismo faça parte de um projeto colonial de dominação. Por mais que a vida nas favelas brasileiras possa ser difícil, prescrições universais (neo)liberais, como individualismo, privatização e mais poderio para a polícia, apenas agravam os danos.[56] Portanto, a decolonização do liberalismo e da minha própria agenda de pesquisa apresentaram-se como um imperativo ético e político.

## ANTROPOLOGIA E DECOLONIZAÇÃO

O entendimento de que o liberalismo é um artefato do colonialismo não é o mesmo que dizer que as operações reais do conceito devem ser tomadas como dadas. Apesar de fazer uma análise crítica sobre os efeitos do liberalismo, Povinelli também reconheceu que, em termos práticos, "uma crítica igualmente convincente pode apontar que, independentemente da realidade última da liberdade como um estado do ser, sua autoridade tem sido constitutiva de uma variedade de bens sociais para diversos grupos subjugados. Homossexuais, sujeitos colonizados, mulheres e povos indígenas: todos parecem se beneficiar de suas lutas pela liberdade".[57] Embora esse argumento tenha sentido, uma falta de vontade (ou uma certa incapacidade) antropológica de conceber etnograficamente o liberalismo para além de sua matriz eurocêntrica pode corroborar os efeitos colonizadores do mesmo.

William Mazzarella aborda um ponto semelhante, mas de um ângulo diferente. Em alguns escritos sobre política e populismo,

---

Wacquant argumenta que "o que é 'neo' sobre o neoliberalismo [é], a saber, a reconstrução e redistribuição do Estado como a agência central que fabrica ativamente subjetividades, relações sociais e representações coletivas adequadas para tornar a ficção dos mercados real e consequente". WACQUANT, *Three Steps to a Historical Anthropology of Actually Existing Neoliberalism*, 68.

55 As obras de Aihwa Ong e James Ferguson poderiam ser classificadas neste grupo. Ver: ONG, *Neoliberalism as Exception*; e FERGUSON, *Global Shadows*.

56 WACQUANT, *Urban Outcasts*.

57 POVINELLI, *A Flight from Freedom*, 146.

o autor argumenta que, dados os desafios recentes às nossas suposições liberais — provocadas principalmente pela ascensão de governos autoritários e de tendência fascista em vários países durante a década de 2010 — construções como "o Estado liberal" e "o sujeito liberal" exigem, mais do que nunca, um exame crítico. Mazzarella afirma:

> O princípio básico da antropologia é que nada a respeito do social é autoevidente. Com muita frequência, no entanto, essa suspensão radical da certeza em nossos muitos campos etnográficos tem sido sustentada por um fundo estável: algum entendimento do "Estado liberal", "sujeito liberal" e assim por diante. Agora que o acordo liberal está sob pressão populista, essa barganha intelectual não é mais sustentável.[58]

Em um artigo de revisão bastante provocativo, intitulado *The Case for Letting Anthropology Burn* (O Argumento para Deixar a Antropologia Queimar), Ryan Jobson parece concordar com Mazzarella. Jobson argumenta que, como um discurso colonialista, o "humanismo liberal" provou ser insuficiente para combater os perigos dos desastres climáticos e o surgimento de governos autoritários. Ele propõe:

> Ao abandonar o sujeito liberal universal como um fundo estável para um projeto renovado de crítica cultural, o campo da antropologia não pode presumir um sujeito humano coerente como seu ponto de partida, e sim adotar um humanismo radical como seu horizonte político.[59]

Para abandonar a fé do antropólogo no "sujeito liberal universal como um fundo estável", sugiro introduzir instabilidade a uma forma aparentemente "obrigatória" de liberalismo. Isso exige que dediquemos mais atenção etnográfica às operações liberais contemporâneas. Poderemos perceber, por exemplo, que o liberalismo foi manipulado criativamente pelos próprios sujeitos que, à primeira

---

58 MAZZARELLA, *The Anthropology of Populism*, 53.

59 JOBSON, *The Case for Letting Anthropology Burn*, 259.

vista, foram os mais criticados por não o adotar. Existem formas emergentes de liberalismo que não seguem o que a colonização impôs como "o Estado de Direito". Reconhecer a existência e a legitimidade de liberalismos "não-normativos" possibilitará que a antropologia trabalhe pela decolonização. O principal problema em jogo não está nos desejos e sonhos liberais em si, mas nos processos de dominação, escravidão e normalização aos quais todas as possibilidades mais conhecidas do liberalismo foram historicamente submetidas.

A decolonização do liberalismo pode se revelar um passo importante em direção a uma "antropologia para a libertação".[60] Como Savannah Shange discute em relação à política negra, precisamos de uma estratégia abolicionista. "A abolição não é sinônimo de resistência; abrange as maneiras pelas quais os negros e nossos cúmplices trabalham dentro, contra e além do Estado a serviço da libertação coletiva. Enquanto forma de análise, a abolição exige especificidade — os próprios tipos de granularidade que a etnografia oferece".[61] Este livro apresenta uma etnografia decolonial do liberalismo como contribuição antropológica viável para as lutas políticas rumo à liberdade. Ao fazê-lo, minha análise compartilha das raízes históricas e das lutas pela libertação que emergem da política negra, ao mesmo tempo que, etnograficamente, reconhece que os desafios enfrentados pelos moradores *queer* das favelas estão entrelaçados com múltiplas formas de opressão e herança colonial. Nesse sentido, presumo que uma "antropologia para a libertação" deva necessariamente ser abolicionista, e tenha que enfrentar múltiplas dimensões de poder, especificamente, desafiando forças que naturalizam um modo particular de liberalismo como *a norma*.

A antropóloga e ativista Faye Harrison defendeu a decolonização da antropologia com base no conceito de "consciência dupla" desenvolvido por W. E. B. Du Bois.[62] Em um contexto no qual cada

---

[60] Como conceito, uma "antropologia para a libertação" foi apresentada anteriormente por HARRISON, *Decolonizing Anthropology*, 10.

[61] SHANGE, *Progressive Dystopia*, 8.

[62] Em relação às condições existenciais dos afro-americanos, Du Bois argumentou que há uma "dupla consciência" em operação. "Duas almas, dois pensamentos, dois esforços irreconciliáveis; dois ideais em guerra em um corpo negro, cuja força obstinada por si só impede que ele seja despedaçado". Ao mesmo tempo em que essa tensão causa inquietação, também fornece aos afro-americanos o

vez mais antropólogos realizam trabalhos de campo "em casa", ou em grupos com os quais têm algum tipo de interesse político compartilhado, Harrison argumenta que "antropólogos com *múltiplas* consciências e pontos de vista baseiam-se na combinação e interpenetração de opressões nacionais, raciais, sexuais ou de classe". Ela explica ainda que "essa forma de consciência crítica surge da tensão entre, por um lado, a participação em uma sociedade ocidental, uma profissão dominada pelo Ocidente, uma classe ou categoria social relativamente privilegiadas e, por outro lado, pertencer, ou ter um relacionamento orgânico, com uma categoria social oprimida ou pessoas oprimidas".[63]

Reconheço meus privilégios de raça e classe no Brasil, e penso muito criticamente sobre o que esses privilégios me proporcionam — o que eles significam para mim como pessoa e como etnógrafo. Ao mesmo tempo, como migrante brasileiro na Europa e nos Estados Unidos, experimentei um intenso deslocamento desses privilégios de raça e classe social. Devido às diferenças territoriais, acontecia de tornar-me um migrante não-branco e relativamente pobre fora do Brasil. No Brasil e no exterior, porém, minha sexualidade não-heteronormativa sempre trouxe uma dimensão de opressão à minha existência. De fato, por mais que eu tenha me beneficiado de privilégios, o liberalismo normativo também falhou comigo, principalmente por eu ser uma pessoa *queer*. Embora meu sofrimento como migrante no exterior não merecesse muita empatia na Rocinha, não ser heterossexual foi fundamental para facilitar meu relacionamento com Natasha e com outras pessoas na favela. Minhas experiências etnográficas com amigos *queer* na Rocinha foram a inspiração para o modo particular de fazer uma antropologia decolonial como a que apresento aqui.[64]

---

potencial de "segunda vista", a capacidade de ver o mundo de maneira diferente dos outros. Ver: DU BOIS, *The Souls of Black Folk*, 17.

63 HARRISON, *Decolonizing Anthropology*, 90.

64 Celebro a riqueza de iniciativas cruciais para a decolonização, incluindo não apenas os esforços dos movimentos *queer* e negro, mas também as lutas indígenas para a soberania. Em *A sociedade contra o Estado*, por exemplo, Pierre Clastres discute um modo de política minoritária que poderia ser pensado aqui como um "liberalismo indígena".

## ESQUEMA CONCEITUAL

Para os propósitos do meu argumento, o "liberalismo" será redefinido para referir-se a qualquer conjunto de ideias, desejos ou práticas em favor da liberdade,[65] independentemente de sua conformidade com as tradições filosóficas ocidentais mais estabelecidas. Inspirado por Mahmood, vou qualificar como "liberalismo normativo" o que outros consideram ser o modo padrão e universalizante do liberalismo derivado da história, filosofia e teoria política europeias e norte-americanas — um conjunto dominante de modos de liberdade baseados na prescrição do individualismo, da autonomia, da propriedade privada e, ao mesmo tempo, da dependência da proteção do Estado como marca registrada. O termo "neoliberalismo" será tratado como uma variante do liberalismo normativo.

Ao longo deste livro, desenvolvo o conceito de "liberalismos minoritários", que se refere a modos liberais alternativos que operam por meio de processos de "desidentificação"[66] com as normas impostas pelas modalidades dominantes do liberalismo. O argumento baseia-se no trabalho do teórico *queer* José Esteban Muñoz, que oferece uma análise sobre as intrincadas relações que possibilitam a emergência de experiências políticas minoritárias, particularmente em comunidades *queer*. Considero que seja, principalmente, por um processo de "desidentificação" com o liberalismo normativo que as populações urbanas "periféricas" das favelas brasileiras produzam suas liberdades minoritárias. O liberalismo minoritário é sempre relacional — não é simplesmente uma alternativa, mas sim algo que emerge "de dentro, contra e para além"[67] da dominação e das possibilidades limitadas (muitas vezes sombrias) que o liberalismo normativo oferece à vida das populações "subalternas". Em grande medida, a teoria etnográfica que apresento neste livro deriva dos modos minoritários específicos de liberalismo que operam na vida de Natasha

---

[65] Esta definição inclui o que é frequentemente descrito como "libertarismo".

[66] Como explicado no prefácio, seguindo José Esteban Muñoz, eu uso o conceito de "desidentificação" para referir-me a estratégias criativas pelas quais populações "minoritárias" relacionam-se com forças dominantes para produzir suas próprias verdades. Ver: MUÑOZ, *Disidentifications*.

[67] SHANGE, *Progressive Dystopia*, 8.

Kellem e de outros amigos *queer* que conheci enquanto morava no Rio de Janeiro.

Termos como "minorias" e "minoritários" estão associados aqui à filosofia de Deleuze e Guattari.[68] Uso-os para referir-me a grupos cuja política não se baseia em um *ethos* colonizador — em outras palavras, que não visam impor seus próprios padrões como regra universal. Além disso, de uma perspectiva normativa, os grupos minoritários têm um potencial considerado "subversivo". Nesse caso, as minorias não são definidas por proporções numéricas, mas de acordo com posições particulares em um jogo de poder. Moradores da Rocinha podem superar em número os moradores do bairro de classe média alta da vizinha São Conrado enquanto permanecem minorias.[69] Como travesti autoidentificada, Natasha é considerada minoritária em relação a outros grupos normativos de gênero. Os brasileiros negros seriam minoritários em relação aos brasileiros brancos.[70] Da mesma forma, os liberalismos de favela tendem a ser (não todos) minoritários em relação ao liberalismo normativo típico da cidade "formal".

O conceito de "literatura minoritária", conforme discutido no livro *Kafka: Por uma Literatura Menor*, ajuda a explicar meu argumento. Em uma passagem reveladora dessa obra, Deleuze e Guattari observam:

> As três características da literatura menor são a desterritorialização da linguagem, a conexão do indivíduo com a iminência política e o arranjo coletivo da enunciação. Poderíamos muito bem dizer que o menor não designa mais literaturas específicas, mas as condições revolucionárias de toda literatura

---

68 DELEUZE e GUATTARI, *Kafka*.

69 Em entrevista gravada por Claire Parnet, Felix Guattari afirma: "Não é simplesmente uma quantidade maior [de pessoas] que vota em algo, mas é que a maioria pressupõe um padrão. No Ocidente, o padrão que toda maioria pressupõe é: 1) masculino, 2) adulto, 3) heterossexual, 4) morador da cidade." GUATTARI, *G Comme Gauche* (entrevista, 1988).

70 Não porque os negros sejam menos importantes que os brancos, mas porque o racismo no Brasil prescreve a branquitude como o padrão que deve ser universalmente desejado (se não alcançado).

dentro do coração do que é chamada de grande (ou estabelecida) literatura.[71]

Eu uso o conceito de "liberalismos minoritários" como um termo guarda-chuva para referir-me a todas as condições alternativas, virtuais e reais, do liberalismo para além do tipo normativo: liberalismo de favela, liberalismo *queer,* liberalismo campesino, liberalismo quilombola, para citar alguns. Nesse sentido, se certos modos de liberalismo estão intimamente aliados ao liberalismo normativo, outras experiências de liberdade parecem mais revolucionárias. Conseguimos levar as liberdades dos outros a sério enquanto liberdades sem recorrer a um aparato normativo? Eu falhei em vários momentos durante o meu trabalho de campo. Trilhar as rotas da liberdade indicadas pelos outros não é fácil. Estamos todos limitados por nossas pressuposições. A antropologia oferece uma oportunidade para desacelerar e questionar nossas certezas em relação ao liberalismo, mas não nos dá respostas claras. Devo agradecer aos meus amigos da Rocinha pela disposição em ajudar-me a entender e conceituar os liberalismos minoritários.

Na construção do meu argumento, como ficará mais evidente nas próximas seções e capítulos, proponho que existam pelo menos três características que estão presentes nos modos minoritários de liberalismo: a capacidade de desterritorialização das liberdades estabelecidas; o entendimento do liberalismo como parte de um modo coletivo (em vez de um *ethos* individual) de política mais independente do Estado-nação; e o potencial de transformar as condições de possibilidade para a libertação.

## A DESTERRITORIALIZAÇÃO DO LIBERALISMO

De acordo com Eric Hobsbawm, o processo histórico de eleger algumas liberdades (das elites) como mais importantes do que outras pode ser visto pelo menos desde a Revolução Francesa.[72] Este livro, *Liberalismo Minoritário,* concentra-se na análise etnográfi-

---

71 Ver: DELEUZE e GUATTARI, *Kafka,* 18.

72 HOBSBAWM, *Ecos da Marselhesa.*

ca de como processos de (des)territorialização liberal funcionam. As relações territoriais heterogêneas na cidade do Rio de Janeiro, nas quais o Estado-nação opera de forma distinta nas favelas e na cidade "formal", oferecem uma oportunidade para pensar a desterritorialização do liberalismo e propor conceitos alternativos de liberdade em resposta ao repertório norte-americano e europeu.

Além da obra de Deleuze e Guattari,[73] faço referência à obra do filósofo Manuel DeLanda, na medida em que ele oferece possíveis definições para conceitos como desterritorialização e territorialização:

> Em primeiro lugar, os processos de territorialização são aqueles que definem ou aguçam os limites espaciais dos territórios reais. A territorialização, por outro lado, também se refere a processos não espaciais que aumentam a homogeneidade interna de uma *assemblage*, como os processos classificatórios que excluem uma determinada categoria de pessoas da associação a uma organização, ou os processos de segregação que aumentam a homogeneidade étnica ou racial de um bairro. Qualquer processo que desestabilize limites espaciais ou aumente a heterogeneidade interna é considerado *desterritorializante*.[74]

Como veremos, as limitações liberais na vida dos moradores de favela não acontecem apenas por meio de mecanismos diretos de privação de liberdade — como o empobrecimento, a violência policial e outras formas de exclusão social explícitas. A falta de liberdade nas favelas depende, em grande medida, de operações internas ao próprio conceito de liberalismo. O liberalismo normativo territorializa porque torna impensáveis possibilidades alternativas de liberdade. Recentemente, até mesmo a liberação *queer* passou a significar a *normalização* da vida de pessoas *queer* por meio do liberalismo normativo — em vez de ser uma luta pela desterritorialização do liberalismo por experiências *queer*.[75]

---

73 DELEUZE e GUATTARI, *A Thousand Plateaus*. Ver também a discussão em HOLLAND, *Deterritorializing 'Deterritorialization'*.

74 DELANDA, *A New Philosophy of Society*, 13.

75 Ver: ENG, *The Feeling of Kinship*.

Quando as liberdades sexuais de Natasha são desqualificadas e apagadas como "desvio" — ou libertinagem — a importância da "desidentificação" como forma política de ideologia minoritária se torna evidente. Ao contrário do que acontece na língua inglesa, libertinagem (*libertinism*) não é necessariamente um vocábulo arcaico no Brasil.[76] A rejeição de Natasha aos entendimentos normativos de sexualidade, gênero e liberdade é o que permite que ela siga existindo como travesti, que é uma categoria identitária que também não se traduz bem no termo *transvestite* em inglês.[77] Ao prestar atenção em variações conceituais e experiências alternativas de moradores *queer* da favela, este livro considera outros modos de liberalismo e demonstra o potencial que esses liberalismos alternativos possuem quando entendidos como parte de uma política minoritária.

Embora pouco estudado, o engajamento etnográfico com liberdades que escapam ao liberalismo normativo não é algo totalmente ausente na antropologia. Muitas vezes consideradas figuras fundantes da disciplina, tanto Franz Boas quanto Bronisław Malinowski dedicaram-se ao estudo daquilo que, à época, referiam-se como "liberdade sociais primitivas".[78] Depois deles, diversos antropólogos, como

---

76 Questões de tradução também falam da difícil comensurabilidade de diferentes concepções no liberalismo. "Excesso de liberdade é libertinagem!", explicou-me uma vez Amélia (moradora da Rocinha), ao referir-se à necessidade de controlar a vida sexual da filha, certificando-se de que a garota permanecesse virgem.

77 A genealogia do termo travesti remete aos encontros coloniais na América Latina. Originalmente, em referência ao que foi entendido como práticas nativas de "cross-dressing", dada a incapacidade dos colonizadores de transcender o sistema binário de gênero. Tal adjetivo, originalmente pejorativo, foi ressignificado na América Latina e adotado como uma identidade que implica uma variação de gênero e uma forma de transição mais permanentes do masculino para o feminino, mas não necessariamente um desejo de redesignação sexual. Para uma história mais detalhada do termo, ver: CAMPUZANO, *Reclaiming Travesti Histories*.

78 No ensaio de Franz Boas, *Liberty Among Primitive People*, ele argumenta que: "A liberdade é um conceito que tem significado apenas em um sentido subjetivo. Uma pessoa que está em completa harmonia com a sua cultura se sente livre" (51). Criticando Boas por adotar uma abordagem "subjetiva" sobre o tema, Bronisław Malinowski comenta: "Até onde eu sei, no entanto, nenhuma contribuição antropológica para o tema da liberdade ainda foi feita. Um artigo do Professor Franz Boas publicado recentemente não pode ser considerado satisfatório". Em vez disso, Malinowski, escolhendo enfatizar a liberdade como um fato objetivo por meio do conceito (público) de cultura, diz: "A cultura — a

Paul Riesman, Eric Wolf, Peter Loizos, James Laidlaw e Caroline Humphrey, consideraram o conceito de liberdade em uma variedade de contextos "não-ocidentais". Riesman propôs entender as operações da liberdade entre os Fulani da África Ocidental, e Laidlaw, entre os Jainas na Índia, por exemplo.[79] Por sua vez, o ensaio de Caroline Humphrey "Liberdades Alternativas" (*Alternative Freedoms*) explora como algumas pessoas na Rússia, com quem ela trabalhava há anos, referiam-se a ideias semelhantes às que os liberais entendiam como liberdade.[80] Utilizando-se de uma genealogia conceitual, Humphrey discute dois exemplos de "liberdades alternativas", *svoboda* e *mir*:

> A palavra russa mais comumente usada para traduzir "liberdade" é *svoboda*, que hoje pode ser amplamente interpretada como *liberty* ou liberdade política. No entanto, nos tempos medievais, *svoboda*, que é baseada na raiz *svoi* (*self*, o nosso), parece ter significado algo bastante diferente, isto é, a segurança e o bem-estar que resultam de viver entre o próprio povo. *Svoboda* (liberdade), antes de tudo, era o acúmulo de práticas de um modo de vida próprio, principalmente, quando

complexa instrumentalidade da organização social, mecânica e de valores espirituais — é o contexto real em que a liberdade humana nasce e pelo qual ela é especificamente limitada. A cultura dá liberdade ao homem [*sic*] na medida em que lhe permite controlar seus destinos. O homem [*sic*] enquadra seu propósito em termos de instrumentalidades culturais". MALINOWSKI, *Freedom and Civilization*, vii, 319.

79 Para referências específicas e um relato mais detalhado do histórico da liberdade na antropologia, ver a introdução de LINO E SILVA e WARDLE, eds., *Freedom in Practice*.

80 HUMPHREY, "*Alternative Freedoms*". Em seu texto, Caroline Humphrey intencionalmente suspende discussões filosóficas sobre a liberdade em favor das etnográficas. O fato de a *American Philosophical Society* ter concedido um prêmio prestigioso à Humphrey por esse ensaio é uma indicação do quão importante uma abordagem antropológica do tema da liberdade pode ser para outros campos do conhecimento.

contrastadas com as de pessoas estrangeiras e inimigos. Essa imagem sugere uma forma de liberdade social, que não estava centrada em um indivíduo.[81]

Além de *svoboda*, Humphrey descreve o conceito russo de liberdade como *mir*:

> *Mir* tem o significado de universo, toda a humanidade, o mundo, ou qualquer outro mundo e, no passado, também se referia à comuna rural, ao "mundo social" do camponês. A ideia de *mir* aponta para o bem-estar naturalmente presente entre todas as pessoas, comunidades e seu meio. Não é um conceito, mas um sentimento (*oschuschenie*) de liberdade, que acontece pela autorrealização em um universo concebido como um todo. Portanto, a liberdade decorrente do *mir* tem uma qualidade adverbial. Viver (como)? Livremente. Se a liberdade *svoboda* é baseada na construção política de uma sociedade limitada (a dos livres), a *mir*, por outro lado, pode ser direcionada além, sem limites. Não é por acaso que a espaçonave soviética é chamada *Mir*.[82]

O trabalho de Humphrey exemplifica um engajamento com o tópico da liberdade que não tenta reduzir o próprio conceito a outros conceitos antropológicos mais conhecidos, como agência ou resistência.[83] Além disso, Humphrey também reconhece que nem todas as liberdades são necessariamente derivadas de uma forma normativa de liberalismo. Como tal, suas observações questionam a defi-

---

81 HUMPHREY, 2.

82 HUMPHREY, 3.

83 Peter Loizos criticou o fato de que a antropologia teve um engajamento limitado com os conceitos de liberdade e libertação, particularmente quando comparado com a produção prolífica sobre esses temas por filósofos e cientistas políticos. Loizos argumenta que, em vez disso, a antropologia "reescreveu questões de liberdade sob outros títulos conceituais. Estes incluem o estudo do status de não-livres de certos grupos; o estudo da resistência às estruturas de poder e forças ideológicas, tanto por grupos quanto indivíduos; e o estudo da socialização, na medida em que esta limita a autonomia coletiva e individual". LOIZOS, *"Anthropology's Engagement with Freedom-Questions"*, 88-89.

nição do liberalismo como uma prática exclusivamente ocidental e capitalista.

No mesmo sentido, o meu trabalho vai contra a tendência da antropologia de inferir as operações do liberalismo por meio de outros conceitos, ao mesmo tempo em que investiga diretamente a política da liberdade como um projeto etnográfico. Evitar discutir esse tema não faria justiça às experiências dos meus amigos na Rocinha, os quais debatem aspectos importantes de suas vidas mobilizando o campo semântico da liberdade. Para dar um exemplo, quando um dos meus vizinhos da favela percebeu que, como alguém "de fora", eu tinha medo dos traficantes fortemente armados que vendiam drogas e controlavam a área perto de nossa casa, ele comentou: "a Rocinha é uma das favelas mais liberais do Rio. Ninguém vai te incomodar. Não se preocupa!" Sorri, curioso para entender um mundo em que traficantes de drogas, e não apenas a polícia, detêm o uso da força e são os fiadores de liberdades.[84]

Assim, ao mesmo tempo em que compartilho as preocupações de Mahmood e Povinelli sobre os efeitos coloniais do liberalismo normativo, nesta etnografia, recordo o que aprendi com as pessoas na favela sobre diferentes situações em que liberalismos alternativos emergem em suas vidas diárias. Muitas dessas pessoas estavam perfeitamente conscientes da situação subalterna delas, da exploração e da opressão que viviam, mas, ao mesmo tempo, ainda acreditavam na libertação. Argumento que uma possível estratégia para combater o colonialismo é levar a sério as experiências de liberdade e de libertação que muitas vezes são tornadas invisíveis ou descartadas como meras reproduções de um discurso liberal colonial. Se um dos efeitos mais evidentes do liberalismo normativo é que ele tende a controlar as condições de possibilidade de liberdade (como "a Lei das leis"), o que acontece quando aprendemos com liberdades não convencionais existentes em territórios "periféricos" como as favelas brasileiras?

Formas alternativas de liberdade, emergentes durante minha pesquisa etnográfica, são derivadas de processos ativos de desterrito-

---

[84] Sobre as nuances da soberania e da violência nas favelas brasileiras, o antropólogo Jaime Alves afirma: "A estratégia de governança necropolítica urbana é produzida nas interseções de corpos racializados, geografias criminalizadas e práticas letais da polícia". ALVES, *From Necropolis to Blackpolis*, 324.

rialização e desidentificação com o liberalismo normativo. Inspirado por Humphrey, meu objetivo foi descobrir diferentes definições que muitas vezes escapam pelas frestas do liberalismo normativo. Este livro pergunta: os valores liberais só são considerados legítimos quando se alinham aos padrões europeus e norte-americanos? Ou as pessoas que vivem de outras formas, com outras liberdades, podem tensionar e diversificar nossos entendimentos atuais do liberalismo? Eu sugiro que possibilidades alternativas emergem pela justaposição de modos historicamente mais dominantes de liberalismo com outros modos que muitas vezes são tornados invisíveis. Procedendo assim, também podemos desafiar alguns dos efeitos coloniais do liberalismo normativo.

## UM MODO COLETIVO *QUEER*

A literatura sobre a relação entre gênero e liberalismo tende a presumir que este último é sempre um aliado da causa feminista.[85] Entre as vozes que questionam essa suposição, Carole Pateman recorre a doutrinas clássicas para expor as implicações do contratualismo liberal para entendimentos atuais das relações de gênero. Como parte do liberalismo clássico, Hobbes conceituou o "estado de natureza" enquanto uma condição imaginária (com consequências muito reais) de um passado em que a guerra de todos contra todos era a única regra. De acordo com essa narrativa, os seres humanos teriam vivido em um estado de caos antes da fundação da sociedade civil.[86] Embora Locke e Rousseau apresentem uma imagem mais positiva do que o "estado de natureza" hobbesiano, também para esses outros filósofos o "contrato social" havia sido uma necessidade introduzida como instrumento de governança, para garantir direitos à propriedade privada e à liberdade. No liberalismo normativo, essas garantias só são possíveis pelo estabelecimento de um Estado de Di-

[85] Como Saba Mahmood já havia indicado em *Politics of Piety*. Para uma revisão mais abrangente, consulte BAEHR, *Varieties of Feminist Liberalism*.

[86] HOBBES, *Leviatã*.

reito. Fora do Estado de Direito, apenas o medo, a violência e a força bruta podem existir.[87]

Para Pateman, os efeitos do "contrato social" estão longe de acabar. De fato, como sugere a imagem da "mão morta do passado",[88] o contratualismo continua a operar na vida contemporânea, exigindo obediência por parte das minorias em troca da proteção recebida de grupos dominantes. Por exemplo, Pateman sugere que, por meio de um "contrato social", como o casamento, espera-se que as mulheres troquem a obediência aos homens pela proteção do marido. Como tal, a autora desafia a suposição de que a liberdade civil, como proposta no liberalismo normativo, possa de fato promover a libertação daqueles a quem me refiro aqui como "minorias". Para ela, "a liberdade civil é um atributo masculino e depende do direito patriarcal . . . a diferença sexual é a diferença política; a diferença sexual é a diferença entre liberdade e sujeição".[89] A universalização da liberdade, que faz parte da agenda liberal normativa, não promove automaticamente a eliminação de disparidades. Pelo contrário, Pateman demonstra como a narrativa liberal tem sido usada para apoiar a criação, manutenção e domesticação das desigualdades.

Como uma travesti vivendo nas favelas do Rio de Janeiro, Natasha sofreu os efeitos do liberalismo normativo por meio de múltiplos mecanismos. Para as elites do Rio de Janeiro, as favelas representam violência, depredação, falta de respeito pelos direitos de propriedade privada e pela civilidade — ou seja, a ausência de lei, um "estado de natureza" contemporâneo. Travestis, em particular, são consideradas entre os membros mais perigosos, indisciplinados e abjetos das comunidades de favelas.[90] A perigosa travesti vivendo em uma terra sem lei sintetiza os temores dos liberais normativos em relação àqueles que não querem se submeter às normas domi-

---

[87] Thomas Hobbes gostava da ideia de que a liberdade deveria estar nas mãos de um governo soberano forte. Os debates sobre até que ponto a autonomia individual é importante no liberalismo variaram entre as diferentes correntes. Particularmente na tradição anglo-saxônica, aqueles que foram mais influenciados pela filosofia de Immanuel Kant tendem a destacar a importância da autonomia e racionalidade humanas como aspectos liberais fundamentais.

[88] Uma referência marxista discutida em HOLLAND, *Deterritorializing 'Deterritorialization'*, 58.

[89] PATEMAN, *The Sexual Contract*, 2–6.

[90] Ver KULICK, *Travesti*.

nantes de gênero, sexualidade e, eu acrescentaria, projetos capitalistas de individualidade e privatização.

Mesmo formas de liberalismo que parecem abraçar identidades marginalizadas, como lésbicas, gays, bissexuais, trans e *queer* (LGBTQ), ainda mantêm alguns limites entre o que é considerado aceitável e o que não é. David Eng apresenta o liberalismo *queer* contemporâneo nos Estados Unidos como uma forma de empoderamento de *algumas* pessoas LGBTQ, o que acontece economicamente — por meio de um estilo de vida de consumo cada vez mais conspícuo e de massa — e politicamente — por meio da proteção legal dos direitos *queer* enquanto individualidade.[91] Eng escreve:

> Simplificando, o liberalismo *queer* articula uma confluência contemporânea das esferas política e econômica que forma a base para a inclusão liberal de certos cidadãos gays e lésbicas, que solicitam direitos e reconhecimento perante a lei. Se gays e lésbicas foram decididamente excluídos das estruturas normativas de gênero e parentesco em outro momento, hoje eles estão reabitando-as em números crescentes e de maneiras cada vez mais públicas e visíveis.[92]

A libertação de sujeitos LGBTQ da opressão, violência e discriminação tem sido um elemento-chave na agenda política desde pelo menos a década de 1960.[93] Os motins em São Francisco, na Cafeteria de Gene Compton, em 1966, ficaram conhecidos como um dos pontos de partida para o ativismo transgênero.[94] Ainda mais proeminentes na história do liberalismo *queer* foram os motins de Stonewall, concebidos no imaginário LGBTQ global como a origem dos movimentos sociais que lutam pela liberação *queer*. Desde então, eu diria que a política de liberação LGBTQ tem sido desradicalizada e territorializada pelo liberalismo normativo, a ponto de até mesmo o exemplo de Stonewall tornar-se parecido a um "essencialismo estratégico"[95]— útil, mas, em última análise, insuficiente.

---

91 ENG, *The Feeling of Kinship.*

92 ENG, 2-3.

93 D'EMILIO, *Sexual Politics, Sexual Communities.*

94 STRYKER, "*Transgender History, Homonormativity, and Disciplinarity*".

95 SPIVAK, *A Critique of Postcolonial Reason.*

Os encontros de Natasha com opressões e liberdades diárias formam um *corpus* de evidências etnográficas que demonstram que o poder não é externo à liberdade.[96] As lutas pela liberdade no Brasil mobilizam, direta e indiretamente, os interesses de vários grupos oprimidos: classes trabalhadoras, crianças, mulheres, pessoas LGBTQ, indígenas e a população negra — juntamente com uma ampla gama de possibilidades interseccionais que atravessam esses grupos. É necessário dar margem às experiências de liberdade que são ignoradas quando ocorrem na vida de sujeitos que vivem em territórios políticos "periféricos", indo além das experiências mais conhecidas, geralmente, em países considerados a "morada" dos valores liberais.[97]

## OUTRAS CONDIÇÕES DE POSSIBILIDADE

Minha abordagem antropológica aposta em uma compreensão da liberdade como prática, ao longo das linhas que a filósofa Johanna Oksala propõe: "A liberdade é definida e ganha significado apenas através das operações concretas por meio das quais sua existência é testada. Ela emerge através das lutas particulares, políticas e/ou pessoais que tentam testar seus limites, possibilidades ou extensão".[98] Com isso em mente, para entender melhor os liberalismos minoritários na vida dos moradores da Rocinha no Rio de Janeiro, adotei uma abordagem etnográfica que me permitiu traçar algumas das operações concretas da liberdade.

Durante o meu trabalho de campo, evitei fazer perguntas diretas sobre a liberdade. Inclusive, não fiz muitas entrevistas na favela. Em vez disso, sempre mantinha um pequeno caderno de notas no bolso de trás da calça, e um caderno maior em casa. Eu usava o menor para fazer anotações durante as conversas que tinha com as pessoas, depois de obter consentimento oral para fazê-lo, geralmente quando as conhecia. Já o maior, usava para escrever em detalhes as

---

96 Como Nicholas Rose já havia argumentado em *Powers of Freedom*.

97 MAHMOOD, *Politics of Piety*.

98 OKSALA, *Foucault on Freedom*, 209. Eu também discuti esse ponto anteriormente: LINO E SILVA e WARDLE, *Freedom in Practice*.

experiências de cada dia. Antes de dormir, expandia longamente os pontos anotados no pequeno caderno, principalmente aqueles que pareciam mais relevantes no momento. A maioria dos diálogos que apresento neste livro foram primeiro anotados no caderno pequeno e depois expandidos no maior. Como tal, reconheço o uso de "notas de memória" para compor esses diálogos. A intenção não era reproduzir as conversas com os moradores da Rocinha com a precisão de um gravador. Na verdade, pretendia apresentar, da melhor maneira possível, minhas lembranças dessas conversas. Olhando hoje para as minhas anotações, percebo que era raro passar mais de três dias sem alguma referência explícita, e espontânea, ao campo semântico da liberdade por parte dos meus interlocutores.

Quando falo sobre "seguir" experiências cotidianas de liberdade (e liberalismo) como um aspecto importante da minha pesquisa, reconheço que realizei uma parte significativa desse processo seguindo a circulação do uso da linguagem enquanto prática do dia-a-dia, ou seja, seguindo uma variedade de palavras e frases, relacionadas à liberdade, em forma de ação (*parole*). Esses são alguns exemplos das expressões que tentei "seguir" em campo: *liberdade, libertação, livre-arbítrio, libertinagem,* entre outras.

Como mencionei anteriormente, a distinção feita em inglês entre *freedom* e *liberty* não é tão significativa aqui; ambos os termos poderiam ser traduzidos como *liberdade*. Para mim, como falante nativo da língua portuguesa, o que me parece mais estranho é exatamente o oposto: o fato de que a palavra *liberty* em inglês tenda a purificar os significados mais amplos da liberdade para referir-se à uma história política eurocêntrica. Como um dos valores fundamentais dos Estados Unidos da América como nação, *liberty* deriva da preocupação liberal clássica britânica no que tange à proteção da autonomia individual, como algum tipo de proteção contra o poder soberano desenfreado. Nesse sentido, presumo que o conceito de *liberty* apresenta uma maior tendência a operar como um conceito liberal normativo, enquanto *freedom* seria um conceito mais aberto a significados heterogêneos.[99]

Quando comecei a refletir mais criticamente sobre a importância de certas palavras para a minha etnografia, Willard Van Orman

---

99 PITKIN, *Are Freedom and Liberty Twins?*

Quine ajudou-me a explicitar melhor o meu método de pesquisa: "pouco pode ser feito no sentido de rastrear processos de pensamento, exceto quando podemos colocá-los em palavras. Para algo objetivo em que possamos nos agarrar, devemos ir atrás das palavras".[100] Dessa forma, as palavras, as frases e a linguagem em geral foram utilizadas como meio de compreender não apenas os significados da liberdade para meus amigos no Rio de Janeiro, mas também suas práticas *de facto* de liberdade (e libertação). Durante minhas experiências na Rocinha, considerei tanto a própria fala (*parole*) quanto as circunstâncias indexicais dela como parte da mesma *assemblage*.[101]

Ao final dos dezoito meses iniciais de pesquisa, notei que havia traçado diferentes circuitos pelos quais significados práticos e outras experiências de liberdade emergiam na vida de meus amigos. Por exemplo, muitas vezes, deparei-me com a palavra *libertação* quando na companhia de vizinhos que me levavam às suas igrejas evangélicas. Por outro lado, minhas amigas travestis eram as que mais usavam a palavra *liberada*. Esses diferentes circuitos abertos (*assemblages*) fazem parte das complexas condições de possibilidade de liberdade na Rocinha. Por exemplo, alguém que buscasse a libertação evangélica do mal, provavelmente, tenderia a abster-se de ser sexualmente liberado. Alguns modos de liberdade estavam mais presentes nas igrejas evangélicas; outros eram mais aceitos em locais LGBTQ.

Considero útil o conceito de "*assemblages*" para se referir às relações estabelecidas por meio de diferentes conceitos e práticas de liberdade no cotidiano. Tenho interesse nas relações emergentes entre diferentes modos de liberdade constituídos por uma multiplicidade de pessoas, lugares, palavras, objetos e eventos. Ao explicar o uso do termo, Colin McFarlane observa que o interesse em *assemblages* pode tornar-se uma metodologia de pesquisa, na qual os processos sociais e culturais são entendidos como relacionais e necessariamente sintonizados com a prática e a materialidade.[102] Portanto, em vez

---

100 QUINE, *Theories and Things*, 2.

101 Deleuze define "*assemblage*" como "uma multiplicidade constituída por termos heterogêneos e que estabelece ligações, relações entre eles". Ver: DELEUZE, *Dialogues II*, 52.

102 MCFARLANE, *Assemblage and Critical Urbanism.*

de simplesmente explorar diferentes significados do liberalismo, esta pesquisa usa métodos etnográficos para traçar conjuntos mais amplos de práticas liberais (liberalismos), experiências vividas de liberdade e as condições materiais que as tornam possíveis.

Minhas experiências etnográficas na Favela da Rocinha demonstram que, na prática, o liberalismo opera por meio de circuitos interconectados que fomentam ou limitam diferentes modos e possibilidades de ser livre. Para entender melhor essas múltiplas possibilidades de liberalismo, particularmente aquelas que poderiam ser entendidas como formas minoritárias de liberalismo, tive que participar de uma multiplicidade de narrativas e formas de vida na favela. Também foi necessário compreender os mecanismos de controle implícitos nas formas dominantes de liberalismo e reconhecer processos de desidentificação com o liberalismo normativo. Caso contrário, arriscaria limitar minha pesquisa etnográfica aos modos de liberdade mais dominantes e óbvios às custas dos modos minoritários.

Alguns locais em que realizei trabalho etnográfico eram frequentemente considerados como extirpados da liberdade. Isso é algo que Povinelli também observa quando questiona "por que algumas técnicas do eu, ou do social – universos de devoção religiosa, de parentesco, de carnalidade sexual – são passíveis de serem desprezadas utilizando-se uma caracterização delas como não livres?"[103] As possibilidades oferecidas pelo liberalismo normativo são muitas vezes baseadas na exclusão de certas práticas de liberdade ou na normalização delas. A liberdade é territorializada no liberalismo normativo porque considera-se que os valores dominantes adultos, brancos (europeus e norte-americanos), capitalistas, masculinos, héteros e cisgêneros representam todas as possibilidades humanas de liberdade, de forma homogênea.[104]

Como projeto ético e político, sugiro que devemos ir além do liberalismo normativo e explorar outras formas de liberalismo. Isso poderia ser feito denunciando a impossibilidade ontológica do sujeito universal da liberdade normativa (todos nós incorporamos exis-

103 POVINELLI, *A Flight from Freedom*, 147.

104 Para uma discussão detalhada sobre formas "socialistas" de liberalismo, por exemplo, consulte HUMPHREY, *Alternative Freedoms*.

tências localizadas), criando modos de liberdade cada vez mais radicalmente mutantes e/ou interrogando os mecanismos estabelecidos de normalização da liberdade. Para levar adiante essas estratégias, também seremos obrigados a criticar narrativas totalizantes, como o Artigo 1 da Declaração Universal dos Direitos Humanos. Precisamos aprender mais sobre as experiências *queer* daqueles que não são considerados o "humano universal" — aqueles que não são brancos, burgueses e heterossexuais.

Até agora, temos contrastado o liberalismo normativo (principalmente no singular) com os liberalismos minoritários (no plural). No entanto, como Wacquant argumenta sobre o neoliberalismo, como manifestado em diferentes contextos globais, incluindo o Brasil: "não há um grande Neoliberalismo (com N-maiúsculo), mas um número indefinido de pequenos neoliberalismos nascidos da hibridização contínua de práticas e ideias neoliberais com condições e formas locais".[105] O mesmo argumento pode valer para liberalismos normativos, se considerarmos que o liberalismo normativo não é efetivado sob uma forma fixa; ele se manifesta de formas diversas, de acordo com circunstâncias mutáveis, por meio de diferentes reivindicações de universalidade e regulações distintas. Todavia, a distinção que proponho entre liberalismo normativo e outros liberalismos minoritários é conceitual. O liberalismo normativo é concebido como universal, enquanto os liberalismos minoritários imaginam e respeitam uma multiplicidade de outras existências. Portanto, a forma singular serve para comunicar melhor a vontade de poder embutida no liberalismo normativo. Do ponto de vista minoritário, um importante objetivo político é desafiar a suposta universalidade do(s) liberalismo(s) normativo(s) — não para provar que existe mais de uma forma de liberalismo dominante, mas para reafirmar que liberalismos deveriam sempre ser concebidos como uma multiplicidade.

As *assemblages* que esta etnografia explora são parcialmente constituídas pelas relações entre diferentes territórios: o morro (a favela) e o asfalto (a cidade "formal"); a cidade do Rio de Janeiro (o morro e o asfalto juntos) e outros locais pelos quais circulam

---

105 WACQUANT, *Three Steps to a Historical Anthropology of Actually Existing Neoliberalism*, 70.

meus amigos da Rocinha, como o interior do Ceará e até a Europa. Além das diferenças nos territórios concretos, muitos outros espaços distintos são relevantes para esta etnografia: espaços de medo, dor e prazer. Como veremos, os territórios de pesquisa são frequentemente conectados por meio de redes heterogêneas constituídas por igrejas, motéis, prisões, bares, hospitais, barracos, delegacias de polícia e até mesmo matadouros.

## O ENREDO DA LIBERTAÇÃO

Como seria viver uma outra história em relação ao poder estatal? O Estado está no centro do aparato liberal normativo, uma vez que o "contrato liberal" é mais frequentemente invocado como a base da legitimidade do Estado. Até onde vai o liberalismo sem o Estado-nação? Até onde vai o Estado-nação na vida daqueles que vivem sem ele, contra ele, apesar dele?

De diferentes ângulos, os capítulos a seguir abordam essas questões. As páginas vindouras narram uma série de encontros do corpo travesti de Natasha com uma variedade de formas de liberdade e opressão. No entanto, este livro não é simplesmente sobre a história de vida de um *indivíduo queer*. A etnografia explora liberdades alternativas na vida de um coletivo de moradores de favelas, alguns dos quais são considerados "*queer*" devido ao gênero e/ou sexualidade deles. Outros, são tratados como "desviantes" simplesmente pelo fato de viverem em uma favela. Em comum, as experiências aqui narradas falam de múltiplas opressões.

Nos primeiros capítulos, reconto as histórias de Natasha na Rocinha, ao mesmo tempo em que reflito sobre minha própria imersão nessas narrativas. Depois de migrar de uma pequena vila no Ceará para a chamada "Cidade Maravilhosa", Natasha passou vários anos morando na Rocinha. Em sua cidade natal, Natasha não poderia ser uma mulher transgênero liberada, como ela queria. Ela se tornou uma travesti (autoidentificada) na favela, navegando entre as restrições e possibilidades de gênero e sexualidade oferecidas pelo que os moradores das favelas chamavam de "leis do morro", as leis da favela. A mãe de Natasha, Dona Rosário, rapidamente culpou o estilo de vida "favelado" pelo "excesso de liberdade" de Natasha. Minha querida amiga travesti flertava com traficantes de drogas, fazia sexo em locais públicos e era julgada por sua família e pelos vizinhos evangélicos.

O capítulo 2, "As leis do morro", mergulha nas especificidades territoriais da Rocinha como uma favela controlada por poderosos traficantes de drogas e sob o comando de um deles, que era conhecido como o "Dono do Morro". A narrativa explora as diferenças entre as liberdades oferecidas pelas "leis da favela" e pelas "leis do asfalto". O capítulo apresenta formas minoritárias de liberalismo, como o "liberalismo de favela" e o "liberalismo *queer*". Além disso, analisa o papel dos traficantes como provedores de liberdade e reflete sobre como experiências *queer* no Rio de Janeiro navegam entre diferentes territórios de liberdade e dominação.

Depois de um ano de trabalho de campo na Rocinha, tive a oportunidade de viajar para a terra natal de Natasha, no Nordeste do Brasil. Na companhia de alguns vizinhos da favela, visitei a família de Natasha no Ceará, tentando entender algumas das razões pelas quais os migrantes deixavam suas terras para se mudar para o Rio de Janeiro. O capítulo 3 aprofunda questões sobre as condições de possibilidade de uma migrante tornar-se uma travesti na favela. O capítulo também investiga a violenta homofobia (e transfobia) que moldaram a infância de Natasha. Ao mesmo tempo, concentra-se na compreensão das experiências campesinas no interior do Brasil, que também configuram um modo particular de liberalismo minoritário, que chamo de "liberalismo campesino". As experiências que vivi entre o Rio de Janeiro e o Ceará ajudaram a entender como as questões de migração, os desejos de uma vida mais "moderna" e a formação de subjetividades são flexionados com diferentes modos de liberdade.

No capítulo 4, "Crianças *queer* e o armário da favela", concentro-me no surgimento do chamado Bonde das Novinhas (ou o grupo do PAFYC), um grupo abertamente *queer* formado por crianças da favela que se consideravam liberadas. O capítulo apresenta a complexidade da cena *queer* na favela e localiza melhor as experiências de Natasha dentro de uma gama de possibilidades "desviantes". Foco em como os membros do grupo PAFYC buscavam agressivamente a liberdade por meio de técnicas voltadas para o cultivo de "corpos flexíveis". Considero, ainda, como essas expressões encarnadas e juvenis de liberdade entravam em conflito com as gerações mais velhas de pessoas *queer* que viviam na Rocinha. Como demonstro etnograficamente, para Natasha e os amigos dela, as fronteiras entre a liberdade normativa e o libertinismo existiam para serem flexionadas, testadas e desafiadas.

O capítulo 5, "Encontrando demônios e divindades", explora as interseções entre religião, sexualidade e liberdade na Rocinha. O método etnográfico de seguir as experiências de liberdade na vida cotidiana na favela expõe fraturas e justaposições entre os "cultos de libertação" neopentecostais, a liberação *queer* e as liberdades civis. Embora o liberalismo normativo (secular) muitas vezes descarte a religião como apenas uma forma de opressão, assumindo que ela estaria fora da política moderna, demonstro que a religião é um elemento importante nas *assemblages* atuais de liberdades e, como tal, tem uma profunda influência na governamentalidade dos territórios da favela. Tópicos como o vício em drogas, a exploração sexual e as possessões demoníacas vêm à tona na relação contenciosa entre exorcismos evangélicos e as possessões promovidas pelas religiões afro-brasileiras. Em vez de pensar na religião apenas como um projeto "antiliberal", este capítulo sugere que algumas experiências religiosas, como os cultos de libertação nas igrejas neopentecostais, podem ser melhor entendidas como parte das múltiplas dobras do liberalismo normativo.

O capítulo 6, "Escravidão romana", explora as redes que conectam a vida de Natasha com outras travestis em territórios geograficamente afastados da Favela da Rocinha. Especificamente, pesquisei alegações sobre a existência de redes transatlânticas de tráfico de pessoas e escravidão contemporânea entre o Rio de Janeiro e Roma. A partir dos meus encontros etnográficos com profissionais do sexo brasileiras na Itália, este capítulo fornece um panorama mais amplo dos fluxos de liberdade e opressão na vida de populações *queer* de favelas. A discussão reabre conversas acadêmicas de longa data sobre os efeitos do liberalismo no trabalho sexual e oferece algumas ideias sobre as experiências de vida das travestis e o desejo delas por sexo, dinheiro, transformações corporais, (re)conexões com parentes e, acima de tudo, libertação.

Os capítulos finais destacam as diferenças entre uma antropologia liberal e uma antropologia para a libertação. Eles consideram as implicações mais amplas de reconhecer os liberalismos minoritários como atos políticos e indagam sobre a minha própria liberdade para falar sobre essas questões. No capítulo 7, "Como se não houvesse amanhã", a narrativa conduz às cenas finais do meu relacionamento com Natasha e vários outros membros do PAFYC. No epílogo, destaco alguns tópicos discutidos em outros capítulos e ofereço um olhar mais atento aos movimentos mais recentes nas *assemblages* de liberdades na Favela da Rocinha.

O trabalho antropológico pode ajudar a repensar o liberalismo a partir do campo, não apenas no intuito de reverter a dinâmica de poder entre os libertos e os oprimidos, mas também para desafiar a lógica e a estabilidade de políticas normativas elitistas. Ao mesmo tempo, a desconstrução do liberalismo não garante a liberdade absoluta. Não nego toda a opressão e as dificuldades enfrentadas pelos moradores das favelas no Brasil. Este livro explora incertezas e instabilidades liberais em relação às normas, levando a sério a criação potencial de "linhas de fuga", como Deleuze e Guattari colocariam,[106] para o liberalismo. Talvez, a suspensão de nossas certezas e a adoção de pesquisas etnográficas de longo prazo (com mais vagar) para entender as liberdades e o liberalismo sejam o que a antropologia pode oferecer de melhor em resposta aos abusos do liberalismo normativo.[107]

---

106 DELEUZE e GUATTARI, *A Thousand Plateaus*, 246.

107 Quanto à importância das incertezas e do vagar na produção de conhecimento, ver: STENGERS, *Another Science is Possible.*

# 1. PELO PRAZER E PELA DOR

O que está em jogo não é uma questão de libertação em oposição à submissão — é uma questão de linha de voo, fuga... uma saída.

**Gilles Deleuze e Félix Guattari, *What is a Minor Literature?***

Cheguei de mudança na Favela da Rocinha no início de 2009, levando apenas uma mochila velha e uma mala amarelo ovo. Morei lá até meados de 2010. Quando concluí este período inicial de trabalho de campo, fui para a Escócia para obter meu doutorado e, depois, para os Estados Unidos. Nem todo mundo tinha a mesma oportunidade de sair da favela; minha mobilidade não deixava de ser uma forma de privilégio. A liberdade — incluindo a liberdade de ir e vir entre diferentes espaços — depende do poder. Tanto a liberdade quanto o poder podem ser destrutivos, mas também produtivos.[108] Para entender a política de liberdades e de libertação na Rocinha, é preciso estar atento às formas específicas de poder que operam dentro e fora das fronteiras da comunidade, bem como às formas de poder que criam essas mesmas fronteiras. Dentro da Rocinha, reinava a governamentalidade do tráfico de drogas. Uma forma distinta da governamentalidade do Estado-nação, que operava na cidade "formal" do Rio de Janeiro. Ambos os regimes agem estabele-

---

[108] Sobre este tema, Michel Foucault afirma: "Temos que deixar de descrever sempre os efeitos do poder [apenas] em termos negativos: ele 'exclui', 'reprime', 'recalca', 'censura', 'abstrai', 'mascara', 'esconde'. Na verdade, o poder produz; ele produz realidade; produz objetos e regimes de verdade". FOUCAULT, *Discipline and Punish*, 194.

cendo controle sobre territórios e populações, mas o fazem por meio de diferentes modos de opressão e permitindo diferentes tipos de liberdades. Os traficantes geralmente não são livres em territórios controlados pelo Estado brasileiro, e o Estado-nação não é livre em territórios controlados por traficantes.

A liberdade de deslocar-se entre territórios não era apenas uma questão de riqueza, como se poderia pensar; havia traficantes de drogas na Rocinha com muito dinheiro, mas o poder deles nem sempre se estendia para além das fronteiras da favela.[109] Como disse minha amiga Clarice, "E de que serve um traficante rico? Se eles saírem da favela, serão mortos! Onde está a liberdade deles?" Enquanto isso, delatores, também conhecidos pela designação de "X-9" na Rocinha, eram mortos ou forçados a deixar a favela.[110] Uma forma comum de traição era um X-9 receber dinheiro da polícia, ou de uma facção rival, para espionar as atividades de tráfico de drogas na favela, fornecendo informações privilegiadas aos "de fora". Muitas vezes, preocupava-me se os traficantes considerariam minha pesquisa como uma forma de espionagem. Hoje, presumo que não o fizeram, considerando que me deixavam livre para sair e entrar da favela sempre que quisesse, e nunca me forçaram a abandoná-la.[111]

Durante o meu tempo na Rocinha, morei na parte mais baixa do morro. Essa área era conhecida como Valão, ou seja, "a grande vala". Ela ganhou esse nome por causa do grande esgoto a céu aberto que cortava a parte mais plana da favela e atravessava até chegar ao bairro de classe média alta de São Conrado, do outro lado da estrada principal que cruza por aquela zona do Rio de Janeiro: a Autoestrada Lagoa-Barra. No entanto, a água não fluía entre os dois territórios nas mesmas condições que os humanos. Ao final de uma longo caminho, todo aquele esgoto denso era descarregado em verdes mares abertos, sem muita purificação. A estação de tratamento de águas residuais em São Conrado raramente funcionava. O município alegava

---

109 O Estado não pode ser idealizado. A corrupção, por exemplo, é um dos mecanismos que podem levar traficantes à liberdade mesmo na cidade "formal".

110 "Caguete" era outro termo usado na favela para se referir a dedos-duros, espiões e traidores.

111 Os conceitos de liberdade negativa (ausência de restrições) e liberdade positiva (possibilidade de ação) ressoam aqui. Ver: BERLIN, *Two Concepts of Liberty*, in *Four Essays on Liberty*.

que havia falta de recursos. Ao mesmo tempo, as conexões permitidas entre a Rocinha e São Conrado eram diferentes pela superfície da cidade. Sempre havia uma dupla de policiais que monitorava o fluxo entre o morro (a favela) e o asfalto (a cidade "formal") — vestiam uniformes cinzentos, dirigiam carros azulados e caindo aos pedaços. Eles vigiavam as pessoas que entravam e saíam da favela diariamente, dando baculejo apenas naqueles que sabiam que podiam incomodar, dado o poder emasculado que detinham nas fronteiras do território da favela.

Essas fronteiras da favela não eram tão difíceis de localizar. Os policiais do Rio conheciam com precisão os limites territoriais de suas atividades e ajudavam a criar as fronteiras da favela pelo "lado de fora", assim como os traficantes o faziam pelo "lado de dentro". De maneira tipicamente racista, os policiais visavam moradores negros, ou aqueles que pareciam mais "locais" do que eu.[112] A polícia nunca me parou para nada. Ocasionalmente, eles paravam pessoas que pareciam mais *gringas* — ou estrangeiras — do que eu, revistando mochilas, sacolas, pacotes, bolsos e carteiras. Em alguns casos, eles procuravam por drogas até dentro da roupa íntima das pessoas. Exceto por esses momentos de revista e violência corporal, os policiais pareciam entediados com o trabalho deles — muitas vezes podiam ser vistos conversando e comendo lanches, como coxinha e pastel, no mercado da principal entrada de pedestres da Rocinha.

A presença da polícia naquele exato lugar era simbólica, uma demonstração de poder estatal exigida principalmente pelos moradores de São Conrado, que persistentemente reclamavam da "favelização" do bairro. Em resposta, a polícia tentava provar que não havia desistido de sua obrigação de proteger as elites.

Havia outros marcos que só eram conhecidos dentro da favela. No ponto em que o esgoto do Valão deixava o morro e se escondia por baixo do asfalto de São Conrado, havia um lugar chamado "No Limite". Passei semanas pensando, erroneamente, que quando meus vizinhos se reuniam "no limite", estavam se referindo ao local

---

[112] Como estudiosos têm indicado com frequência, as categorias raciais são complexas no Brasil. Os céticos da ação afirmativa têm perguntado historicamente: "Quem é negro no Brasil?" Ativistas negros têm respondido consistentemente: "Pergunte a um policial, ele vai saber!" Para mais discussões sobre os meandros das questões raciais no Brasil, ver, por exemplo, GUIMARÃES, *Classes, Raças e Democracia*.

que entendiam ser, de fato, a fronteira para o exterior da favela. Estava enganado. No Limite era um local interno à favela, esse era o nome de uma loja de roupas barulhenta e barata que ficava de frente para as quatro pistas da Autoestrada Lagoa-Barra, exatamente no entroncamento entre a rua que percorria todo o caminho margeando o Valão e uma outra rua paralela à rodovia. Ali perto, havia também uma pequena praça, que descobri pelo mapa chamar-se Ailton Rosa. O fato é que No Limite era um dos pontos escolhidos pelos moradores da favela para se encontrarem antes de se aventurarem no asfalto. Portanto, a loja era perto do limite, mas não exatamente no limite. Eu também comecei a marcar encontros com as pessoas por lá, na calçada dessa loja de roupas.

Havia marcos externos à favela, principalmente delimitados pelas rotas de veículos. Para a maioria das pessoas de fora, o mais próximo da Rocinha que se sentiam minimamente confortáveis era passando próximos ao morro, mas dentro de seus carros particulares, pela Lagoa-Barra. (As elites brasileiras tentam evitar o uso de transporte público a todo custo.) Ainda assim, mesmo mantida a "distância de segurança", esses moradores do asfalto se sentiam no direito de reclamar da "poluição visual" que as favelas traziam para a paisagem da cidade.

Um dos meus amigos mais próximos na Rocinha, um professor de matemática chamado Auro, explicou-me as relações geográficas da cidade como uma equação:

— Lagoa Rodrigo de Freitas é a lagoa entre a Gávea e Ipanema — a região favorita da elite. Barra da Tijuca também é um bairro de elite, mas em uma zona diferente da cidade. Lagoa é Zona Sul. Barra é Zona Oeste. Cada uma dessas áreas de elite também têm suas áreas de favela por perto. Zona Norte é diferente, porque é, principalmente, para os pobres suburbanos.

Ele continuava analisando:

— Barra é dinheiro novo. Lagoa, Ipanema, Leblon e Gávea são as áreas onde fica o dinheiro antigo. A Zona Sul é o lar da mais elitista das elites, como a que mora no Alto Leblon.

Logo percebi que a maioria das linhas que ligavam essas áreas de elite da Lagoa Rodrigo de Freitas e da Barra da Tijuca terminavam na Autoestrada Lagoa-Barra e tinham que passar pela Rocinha. A construção dessa via arterial tinha sido um feito de engenharia; a viabilidade dela demandou a perfuração de quase dois quilômetros de montanhas, pura pedra, no trecho onde hoje fica o Túnel Zuzu Angel. Tudo isso para tornar a vida dos ricos ainda mais fácil. Um tanto mais espetacular, contudo, era que, bem ao final do túnel, essa mesma estrada coloca a elite cara a cara com a favela — um dos maiores pavores dos abastados.

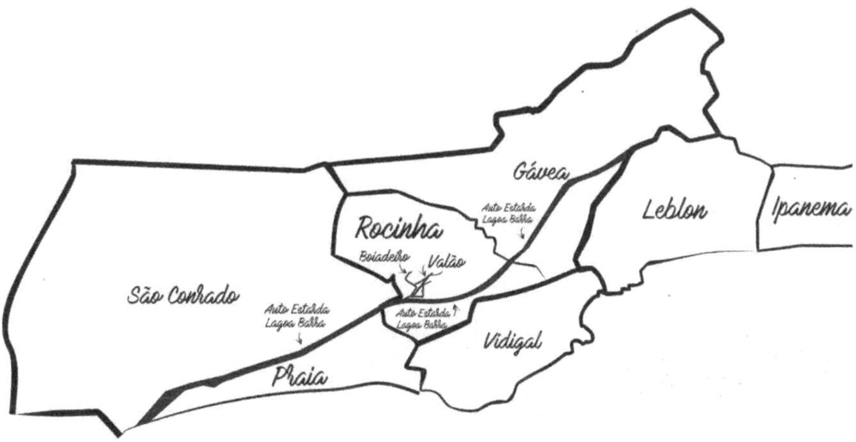


Rocinha e arredores no Rio de Janeiro como desenhado por uma das minhas vizinhas na favela.
© Daniele Gomes.

## AMIZADE À PRIMEIRA VISTA

Conheci Natasha durante uma tremenda onda de calor. No dia 20 de abril de 2009. Eu estava com sede, mas queria algo mais interessante do que água, e eu não tinha geladeira em casa. Felizmente, fui convidado para dar uma volta com Amélia, uma migrante do Ceará de meia-idade, muito gentil, que morava um andar acima do meu, com Bezerra, o pai dos dois filhos dela. Saímos do nosso predinho de três andares quase lado a lado, apertando-nos pelo estreito portão no térreo que levava ao beco. A filha de Amélia, Maria Beatriz, gostava de provocar a mãe rindo do tamanho generoso da bunda da senhora. Passamos pela casa do nosso vizinho Quino. Ele estava lá, sentado à porta em sua cadeira de rodas, como de costume. Continuamos caminhando, passando pela lojinha de costura de Dona

Irani, um pequeno espaço repleto de tecidos coloridos. Acenei para ela, mas, apesar de usar seus óculos novos, ela não nos viu. Viramos à direita no final do beco e depois foi a vez de passarmos pela casa de Dona Magali — uma mulher de cabelos curtos que ficava a maior parte do tempo fumando na porta da frente da casa dela. Chegamos à loja de frutas e hortaliças (o sacolão) da esquina, cuja entrada ficava na Rua do Valão, quase dentro do esgoto aberto. Durante os dias chuvosos, as águas residuais fluíam um pouco mais claras, mas o risco de inundações era iminente. Durante os dias quentes, como aquele, o fluxo era mais lento e mais concentrado. O cheiro da rua mudava de acordo com as águas.

O dono da loja, o senhor Jair, ficava à direita da entrada, atrás de um balcão maltratado, onde uma balança antiga se apoiava. Ali ficava também uma calculadora defeituosa, uma caixinha de madeira para guardar troco e um caderno para anotar as dívidas dos clientes. Jair usava uma grossa corrente de ouro sobre o peito abundantemente peludo e óculos de sol esportivos de plástico na cabeça careca. A loja de esquina era pequena, tinha não mais do que dez metros quadrados. Apoiadas nas paredes verdes, brilhosas, do estabelecimento, ficavam caixas e mais caixas de frutas e verduras. Alguns itens eram bem frescos; outros, já estavam apodrecidos e cobertos de moscas. Enquanto Amélia admirava as mangas, fui atraído para o meio da loja, em direção a uma pequena mesa cheia de talhas de melancia.

— Qual é a mais doce? — perguntei ao vendedor. Jair caminhou lentamente até mim e me ajudou a escolher uma fatia, como havia feito muitas vezes antes. Ele pesou o pedaço e me disse o total: 2,50 reais, pouco mais que um dólar americano na época.[113] Recusei o saco plástico que ele ofereceu; queria minha melancia para consumo imediato.

Encontramos uma moto vermelha estacionada a poucos passos da loja, obstruindo a passagem e a entrada da casa de Dona Magali. Eu passei cuidadosamente pelo espaço que havia sobrado, tentando não me esbarrar nela. No para-lamas sujo, lia-se em letras garrafais: HONDA, ASAS DA LIBERDADE.

---

[113] Na época, um dólar americano era o equivalente a 2,23 reais.

— Muita liberdade isso de estacionar a moto desse jeito, atrapalhando todo mundo! — reclamei com Amélia.

Ela respondeu:

— Pelo menos ele tem uma moto!

"A liberdade como propriedade privada, um dos valores fundamentais do liberalismo normativo, também está presente na favela...", pensei. O dono de uma Honda tinha asas; o fabricante afirmava. O slogan expressava ainda um aspecto da liberdade relacionado à liberdade de movimento.[114] Amélia comentou que seu filho mais velho, Moreno, gostava de motos, mas não sabia como dirigi-las, enquanto o primo dele, Ricky, era um piloto habilidoso. Moreno tinha a pele cor de dendê e cabelos pretos brilhantes, assim como a mãe. Motos não eram baratas. Nem Ricky nem Moreno trabalhavam naquela época. Moreno estava procurando um emprego formal. Tinha dezessete anos.

— Você quer ver motos iradas? Vá pra Cachopa! — Ricky me disse um dia, referindo-se a uma parte mais alta do morro, a sede do tráfico de drogas na época. No entanto, a maioria dos traficantes não podia circular por qualquer lugar. Algo não fazia sentido para mim. Ricky explicou:

— Mas, dentro da favela, eles que dão as ordens! Qual o problema?

Os traficantes gostavam de ser poderosamente livres dentro da favela, já que não poderiam ser livres fora dela. Era isso? Tentei racionalizar, sabendo que racionalizações são mais simplistas do que as experiências vividas.

Alguns passos depois daquela moto que travava o caminho perto do sacolão, parei novamente. Quanto mais eu suava, mais seca minha boca ficava. Eu não podia esperar mais e decidi morder minha suculenta melancia ali mesmo. (Amélia estava mais contida com as suas deliciosas mangas rosadas e esperou até chegar em casa.) Foi quando um sussurro lento encontrou a minha nuca:

— Delicioso!

---

[114] De acordo com o Estado de Direito brasileiro, a liberdade de ir e vir é uma garantia constitucional, conforme consta no artigo 5, XV, da Constituição Federal do Brasil de 1988.

Virei para trás. A voz saía de uma boca densamente coberta de batom vermelho. Notei que ela estava olhando para os meus lábios, frescos e úmidos da fruta que comiam. Sorri e ela olhou para baixo, como se quisesse uma mordida da minha melancia. Percebi que ela era muito magra e bastante alta. Usava uma blusinha preta, revelando um abdômen esculpido. A saia rosa pastel dela deixava à mostra um par de pernas lisas, e saltos altos, mesmo durante o dia. Ela tinha um rosto estreito e queixo alongado. As orelhas eram pontiagudas, saindo pelos cabelos. Enquanto eu seguia aqueles enormes olhos escuros, ela olhou para cima novamente. Finalmente, apresentou-se sorrindo de forma travessa: "Natasha". Eu não pude resistir e me rendi com um sorriso ainda mais largo. Fiquei hipnotizado com aquele jogo. Seus olhos se despediram de mim enquanto eu me afastava, puxado por Amélia. Não falei nada a caminho de casa. Depois de chegarmos, sentados no pequeno sofá da vizinha, em frente à televisão, Amélia decidiu quebrar o silêncio:

— Natasha não faz medo, não! Ela é uma boa pessoa! — afirmou a senhora, entre mordidas de manga doce.

## UMA PIRANHA LIBERTINA

Acontece também que Natasha não morava muito longe de mim. Na época, ela compartilhava um "barraco" perto do Valão com alguns amigos: Vavá, Bira e Nivaldo. Moravam em um beco perpendicular ao meu. Quando Natasha brigava com eles, como às vezes acontecia, ela voltava para a moradia que a "família de sangue" alugava, um pequeno apartamento. Este último lugar havia sido o primeiro teto de Natasha quando chegara à favela. Como ela mesma um dia contou, a maioria dos irmãos dela havia migrado, deixando o sertão do Ceará para o Rio de Janeiro, um por um. O mais velho deles na Rocinha era um cozinheiro profissional de sucesso, em um restaurante chique, e ajudava a financiar as viagens dos outros. Vários parentes de Natasha haviam se estabelecido na Rocinha, a maior favela da Zona Sul. Outros haviam se mudado para o Rio das Pedras, uma das maiores favelas da Zona Oeste do Rio de Janeiro, onde Natasha costumava ir para dançar e "caçar" (à procura de sexo).

Natasha era muito franca. Ela afirmava em alto e grave tom:

— Sou travesti, sim! E daí?

Em parte por decorrência da pesquisa de Don Kulick no Brasil, o termo *travesti* foi adicionado à linguagem antropológica em estreita relação semântica com "prostitutas transgênero brasileiras".[115] Raramente, Natasha usava o termo *transgênero*; ela gostava mais de *travesti*. Ela também negava ser uma prostituta profissional. Em uma das primeiras vezes que nos vimos, ela disse:

— Eu parei com a prostituição, amor! Estou há muitos anos longe dessa vida!

Na época que a conheci, Natasha trabalhava como faxineira na casa de uma senhora em Copacabana.

— A velha me ama! — gabava-se.

Brigas feias explodiam quando a mãe dela, Dona Rosário, vinha do Ceará para passar um tempo com Natasha e os irmãos na favela. Lembro-me de uma noite em que Natasha e eu voltamos para a Rocinha ao amanhecer, vindos do Rio das Pedras. Dona Rosário estava no apartamento dos filhos, cochilando em uma cadeira, debruçada sobre a pequena mesa da cozinha. Seus óculos grossos ainda grudados ao rosto. Quando chegamos em casa, ela abriu os olhos vagarosamente. Mirou-nos e enfureceu-se. Logo começou a gritar:

— Você, hein, Clodoaldo! Um homem *livre e desimpedido*, com idade para casar, correndo atrás de macho? Seu nojento! Quero ver você casado e com filhos. Tá me ouvindo?

Natasha tinha um profundo ódio por qualquer menção a Clodoaldo, o nome masculino que recebeu ao nascer. Nós três ficamos chateados. Eu me perguntava se Dona Rosário tinha a expectativa de que minha amiga abrisse mão da liberdade dela para criar uma família. A recusa de Natasha em casar-se era considerada rebeldia, comportamento antissocial; era, nas próprias palavras de Dona Rosário, "nojento". Sob o escrutínio moral materno, as liberdades sexuais de Natasha eram inaceitáveis.

Minha amiga fez uma pausa, prendeu seu cabelo quimicamente alisado com um elástico, retirado de dentro de sua bolsa. Puxou o

---

115 Isso é indicado no próprio subtítulo do livro de Kulick na versão original em inglês: *Travesti: Sex, Gender, and Culture among Brazilian Transgendered Prostitutes*. No entanto, nem todas as travestis que conheci eram trabalhadoras do sexo.

decote do vestido para cima, que começava a escorregar e revelar seus seios planos. Só então, gritou de volta para a mãe:

— Eu sou realmente terrível! Até Deus vira as costas para mim quando me olha! Eu sou o demônio!

Os olhos vermelhos de Rosário não piscaram. Natasha resolveu gritar mais alto:

— Lembra daquela novela em que uma mulher enganou o diabo? Sou pior que o diabo. Tenho orgulho de ser piranha, uma piranha *libertina*! — e pontuou o fim do discurso com uma risada aguda.

Dona Rosário sorriu, como se estivesse acordando de um sonho ruim. Olhando para mim, ela nos ofereceu café preto; passara a noite inteira bebericando aquele líquido amargo, esperando que sua filha voltasse para casa. Ela até me deu um beijo na bochecha quando fui embora. Natasha assistiu à cena com ira no olhar.

Outro dia, fui convidado para um jantar de despedida para Dona Rosário. Ela já tinha passado alguns meses na Rocinha e estava com tudo pronto para pegar o ônibus de volta para sua cidade natal. A residência permanente dela era em um vilarejo não muito distante da cidade de Guaraciaba do Norte, no Ceará, quase fronteira com o estado do Piauí. A viagem levaria pelo menos três dias de ônibus, mais de dois mil e seiscentos quilômetros. Naquele dia, desabafou comigo:

— Eu queria que todos vivesse junto! Mas tenho um pedacinho de terra no Ceará e deixei meus outro filho pra trás. Tem que trabalhar a terra, né? Meu sustento sempre veio disso. Quem me dera que os menino não tivesse saído daquela terra. Eu tenho que ir! Não nasci para passar a vida sem fazer nada numa favela.

Dona Rosário sorria tristemente a cada despedida.

Natasha se orgulhava de morar no Rio de Janeiro, na Cidade Maravilhosa. Ela se orgulhava até mesmo de viver na favela. Costumava dizer que havia lugar para ela no morro:

— Aqui, tenho muito mais *liberdade* para fazer minhas coisas!

Natasha odiava a secura de sua cidade natal. No Ceará, não havia lugar para Natasha Kellem Bündchen.[116] No Ceará, só poderia haver

---

[116] Esse era o nome completo escolhido por Natasha. Fazia referência a um sonhado parentesco com Gisele Bündchen, a modelo e atriz brasileira, loiríssima, reconhecida internacionalmente por sua beleza.

Clodoaldo Cortez da Silva. Ela não se importava com a secura do solo nordestino em si; o que incomodava era a secura de muitas pessoas que viviam por lá, a falta de glamour e de imaginação. Ela sentia falta de pompa e de gozo. No Rio de Janeiro, Natasha costumava dizer: "Ahhh, minha buceta tá molhadinha!"

Ela estava sempre excitada. No Ceará, ninguém queria ouvir isso. Minha amiga e eu nos divertíamos intensamente no Rio de Janeiro.

## O ESTRANHAMENTO

Em meados de 2012, perdi totalmente o contato com Natasha. Eu já não estava morando mais na favela. Ainda assim, voltava para a Rocinha pelo menos duas vezes por ano. Algumas viagens eram visitas curtas, outras, de muitas semanas. Dessa forma, tentava manter meus relacionamentos vivos. Atualizava-me sobre as mudanças da favela. Enquanto caminhava pelo Valão, eu revivia memórias, visitava velhos amigos e escutava as últimas fofocas.

Em agosto daquele ano, estive na Rocinha. Uma visita que carregava um significado ainda mais sentimental. Eu esperava me reconectar com Natasha. Voltei para a mesma área onde morávamos anos antes. A cada passo, enquanto caminhava pelos becos, imaginava ver o rosto de Natasha. Talvez ela não estivesse checando as mensagens dela? Estaria sem internet? Havia mudado de número de telefone? Eu me perguntava se veria minha amiga de novo. Torcia para que nossa amizade sobrevivesse ao tempo passado desde minha visita anterior, em janeiro de 2012.

E Natasha não estava em lugar algum. Continuei enviando mensagens para ela. Todas sem resposta. Perguntava por todos os cantos mas, aqueles que diziam saber algo, contavam histórias muito diferentes. Alguns disseram que Natasha havia mudado de casa, por questões familiares. Depois soube que ela tinha saído da Rocinha. Talvez tivesse pegado o ônibus para o Rio das Pedras, de uma vez por todas? Outras pessoas alegaram que Natasha havia retornado à sua terra natal e que não morava mais no Rio de Janeiro. "De volta pro Ceará? Só se estiver morta!", pensei comigo. Uma mudança para o Rio das Pedras fazia mais sentido. Havíamos feito muitas viagens juntos da Rocinha ao Rio das Pedras. Eu sabia que a família de

Natasha achava essa outra favela um lugar mais "decente" para se viver. Ainda assim, havia dúvidas.

Na época, a Rocinha estava sob o domínio de uma poderosa facção do narcotráfico, conhecida como Amigos dos Amigos (ADA). Assim como outros cartéis — o Comando Vermelho (CV) ou o Terceiro Comando (TC) — a ADA geralmente recrutava sua força de trabalho dentro de seus próprios domínios. As crueldades dos traficantes de drogas na Rocinha ocorriam em público. Exibiam rifles, dinheiro e, às vezes, faziam espetáculo matando aqueles que os desafiavam. No entanto, Natasha conhecia os traficantes de drogas na Rocinha, e eles a protegiam. Não era o mesmo caso no Rio das Pedras, área administrada por um grupo paramilitar bastante brutal: a *milícia*. Comumente, os grupos paramilitares eram formados por funcionários públicos — ex-policiais, bombeiros e militares aposentados — que raramente moravam nas favelas que governavam. As milícias tentavam ser invisíveis em suas operações diárias, mas mostravam-se ainda mais cruéis na punição daqueles que ousavam desafiar o seu poder. Pessoas e coisas simplesmente desapareciam no Rio das Pedras, muitas vezes, na calada da noite. Sem comoção. Sem comentários.

As semanas seguintes foram de pura agonia. Circulei dentro e fora da favela. Subi e desci a Rua do Valão várias vezes, deixando recado aqui e ali:

— Você viu a Natasha? — eu perguntava desesperado. Muitas pessoas respondiam contando sobre seus próprios problemas. Parecia uma busca sem fim.

— Você encontrou a bicha? — meu amigo matemático, Auro, perguntava-me todos os dias. Ela não veio do Ceará? Lá do sertão do Brasil? Essa mulher é uma *matesca*, um bicho do mato![117] — Auro dizia, rindo, cobrindo os dentes da frente com os dedos grossos que tinha nas mãos, fingindo estar envergonhado com a sua própria falta de compaixão.

Os amigos mais próximos de Natasha e ex-colegas de barraco — Vavá, Bira e Nivaldo — eram todos do interior do Ceará. Eu também sou do interior do país. Não do Nordeste, nasci no Centro-Oeste. Eu me perguntava se Auro também me chamava de "matesco". Auro

---

[117] *Matesca* era um neologismo derivado da palavra mato, alguém do mato.

demonstrava certo orgulho por descender de uma famosa família de traficantes da Rocinha:

— Sobrinho de Pestana! Minha família era respeitada quando eu era pequeno. Sim! Mesmo que minha mãe tivesse pavor do meu tio bandido.

Auro havia nascido no Rio de Janeiro e não se simpatizava com os migrantes, embora toda a sua família tivesse migrado do Nordeste há apenas uma geração. Fora da Rocinha, muitos migrantes não sentiam o peso de ser um "matesco" até terminarem de cruzar os milhares de quilômetros que separam seus sertões dos morros cariocas. Alguns ficavam ainda mais perdidos depois de chegarem à Cidade Maravilhosa.

## O PARADEIRO DE NATASHA

Nivaldo me contou por um bate-papo na internet que havia descoberto o paradeiro de Natasha. Ele era um primo distante dela e meu amigo também. Testemunhei inúmeros episódios em que Nivaldo fora "zoado" (ridicularizado) por ser uma "bicha zarolha". Cenas odiosas. O primo de Natasha era nosso companheiro de noitadas durante o meu trabalho de campo, só que algo havia acontecido entre ele e ela. Nivaldo deixou claro que não tinha interesse em ver Natasha, pois não estavam mais se falando.

— Ela brigou com todo mundo, Moisés! — contou Nivaldo durante nossa conversa *on-line*.

— Todo mundo? — perguntei.

— Sim, ela tá cada dia mais difícil! Mais louca! — ele respondeu.

— Ela não tava morando com os irmãos? — questionei.

— Parece que nem os irmãos tavam suportando, meu amigo... Eles colocaram ela pra fora! — ele continuou.

— E pra onde ela foi? — eu quis saber.

— Bira é quem sabe mais sobre onde ela está... — respondeu.

— E onde tá o Bira? — digitei ansioso.

— Você ainda tá na Rocinha, né? Passa aqui em casa mais tarde. Vamos te contar tudo, viu! — ele me garantiu.

— Vocês ainda moram no mesmo lugar? — achei melhor checar.

— Não, já mudamos de barraco. Agora tamo no beco logo atrás daquele outro... atrás daquele onde a gente morava! — explicou.

— Bira tá lá hoje? — continuei, torcendo para resolver aquilo logo.

— Hmmm... Sim, mas ele só chega do trabalho depois das 22h, tá? Pergunte por ali perto do Beco do Foguete, você vai encontrar nossa casa. Qualquer problema, é só me ligar, viu? — Nivaldo me instruiu. Confirmei o encontro e deixei o *chat*.

Do que Nivaldo falava? Loucura? Brigas? Natasha nem sempre se dava bem com a "família de sangue", mas era afetuosa com eles. Ela fora expulsa da casa da família? Será que tinha comida e um lugar para morar? Os traficantes a expulsaram da favela? Tinha algo estranho no ar. Eu tinha passado tanto tempo procurando por Natasha que ainda duvidava que Bira pudesse tê-la encontrado antes de mim. Eu gostava muito dele, mas ele sempre foi um pouco estranho, não gostava de falar muito. Talvez ele não precisasse falar muito para encontrar Natasha? Provavelmente, Natasha tinha entrado em contato com ele.

Por estar ansioso, estava preocupado em não ser capaz de encontrar a nova casa de Nivaldo. Na verdade, nunca foi fácil para mim encontrar uma localidade na Rocinha, considerando que a maioria delas não tinha endereço formal. Para piorar a situação, o Beco do Foguete era conhecido por ser uma das áreas mais movimentadas do tráfico de drogas. Por isso, meus vizinhos evangélicos se recusavam a circular por lá. Enquanto isso, muitos outros amigos gostavam das noitadas naquela parte da favela.

Passei muito tempo do meu trabalho de campo naquela viela. Vários bares e salões de beleza estavam localizados no Beco do Foguete. Havia também uma loja de doces perto de um fliperama. Quando a conexão de casa não estava funcionando, eu acessava a internet do fliperama, o que acontecia com frequência. Apesar da familiaridade, eu estava bem ciente das dificuldades em pedir por informações no Beco do Foguete. Parecer confiante era uma habilidade importante na favela. Nunca se sabia quando traficantes poderiam cruzar o seu caminho, ou você o deles. Bandidos são treinados a farejar medo. O mais seguro era passar a impressão de saber exatamente por onde pisava, mesmo quando o exato oposto era o caso.

Naquele dia em que marquei de encontrar com o Bira, esperei, agitado, até as 22h. Estava hospedado na casa da Amélia na época.

Avisei para ela que estava saindo para algo importante e voltaria para casa tarde. Tenso, fui em direção ao Beco do Foguete. Havia uma vida noturna impressionante na favela, dez horas da noite era considerado cedo. As luzes de todos os milhares de barracos subiam e desciam o morro, de ambos os lados. A paisagem urbana estrelada encantava muitas pessoas. Só que os apagões na Rocinha eram frequentes. Por sorte, não naquela noite.

Na entrada do Beco do Foguete, reconheci uma garota sentada perto da loja de doces. Era minha chance de pedir informações:

— Que Bira? — ela perguntou confusa.

— Aquele rapaz de olhos amendoados. Pele morena meio avermelhada, cabelos lisos e curtos. Rosto redondo e sorriso tímido. Sem barba — eu o descrevi.

Ela não sabia de nada.

— Bira?! — ela disse de novo, intrigada.

Eu me aventurei em um beco no qual nunca havia entrado, perpendicular ao do Foguete, um beco sem saída. Alguém estava cozinhando o jantar. O cheiro de carne frita era intenso. Olhei para o alto, alguns prédios tinham mais de quatro andares. Como conseguiria encontrá-lo? Eram possibilidades demais! Uma senhora mais velha estava sentada à porta de casa. Eu sabia que era perigoso sair perguntando demais, mas decidi arriscar outra vez. Perguntei para ela sobre Bira e a resposta veio com um forte sotaque carioca:

— Bira? Não conheço ninguém com esse nome!

Uma criança muito amarelada, de cabelos cor de ferrugem, saiu para ver o que estava acontecendo. Do outro lado da rua, um homem negro colocou a cabeça para fora de uma janela do segundo andar. A mulher carioca ecoou minha pergunta:

— Alguém chamado Bira?

Outra pessoa respondeu, botando a cabeça para fora de uma janela diferente:

— Não é ele quem vive com aquele outro?

Inesperadamente, saindo da última casa do beco, avistei alguém que era bastante familiar.

— França? — chamei alto.

— Querido! O que você está fazendo perdido por aqui? — ela gritou de volta.

França tinha cerca de quinze anos e parecia mais feminina do que na última vez que a vira. Foi um profundo alívio encontrar uma conhecida em uma área perigosa. Conversamos um pouco e combinamos de nos encontrar novamente em breve. Os vizinhos, intrometidos, continuaram nos observando de suas janelas. França me disse que Bira morava no segundo andar de um prédio ali perto, que tinha pedras de ardósia na fachada:

— Não adianta gritar lá de baixo, porque as bichas não ouvem. Elas tocam música no volume máximo o tempo todo! Sobe lá no segundo andar e bate com força na porta — ela me aconselhou.

Com aquelas instruções, encontrei o endereço. Abri o pequeno portão de entrada, que era feito de uma madeira bem frágil, quase um papelão. Subi as escadas íngremes. Bati muitas vezes na porta até que, finalmente, o CD da Madonna fosse desligado. Silêncio.

Nivaldo me cumprimentou:

— Menina! É você? Entra!

Ele usava os mesmos óculos grossos de antes. Sua pele, pontilhada de espinhas vermelhas, e seus cachos cor de mel eram bem familiares. Mas o sorriso dele estava um pouco diferente. Ele parecia mais reticente do que o normal. Será que minha presença o deixava desconfortável? Porque eu retornava frequentemente à Rocinha, alguns moradores nem sequer perceberam que eu tinha saído da favela em 2010.

Durante os meus primeiros encontros com o pessoal na Rocinha, começando em 2009, eu fazia um esforço para me apresentar como antropólogo, a fim de explicar meu projeto de pesquisa e obter o consentimento informado deles.

— Etnógrafo? O que é isto? — alguns perguntavam. Meses após esses encontros iniciais, quantas pessoas ainda se lembravam de que eu estava conduzindo uma pesquisa na Rocinha? Não tinha nenhuma certeza que Nivaldo ainda se lembrava disso. Talvez Nivaldo parecesse diferente porque estava preocupado com Natasha? Ele me disse para sentar-me em um sofá surrado pelo tempo. Explicou então que Bira estava tirando seu uniforme de trabalho e me contaria tudo sobre Natasha quando terminasse. Nivaldo ligou a música novamente e não disse muito mais.

Esperei, quase que com convulsão interna, até que Bira aparecesse pela porta do quarto vestindo uma camiseta branca e chinelos. Ele parecia menos tímido do que o normal e perguntou sobre minha vida. Não tive tempo de contar muito. Bira, percebendo minha ansiedade, começou a me falar sobre Natasha. Nivaldo, Bira e eu sabíamos que aquilo era muito mais do que uma questão de pesquisa para mim.

Bira confirmou meu maior medo: Natasha não estava bem! O aperto em meu peito se transformou em dor. Ele explicou tudo o que sabia sobre a situação dela, que ele havia descoberto por meio de um telefonema. Bira me deu instruções precisas sobre como chegar aonde Natasha estava hospedada, mas se recusou a procurá-la comigo. A conversa com ele terminou com um longo abraço carinhoso.

## UM BRASILEIRO-GRINGO, BICHA-BOY ANTROPÓLOGO

Havia diferentes análises entre os moradores da Rocinha sobre meu trabalho de campo e o fato de eu ter me mudado para a favela. Roy Wagner apresenta o conceito de "antropologia reversa" ao conceber situações em que há esforços feitos pelos supostos "nativos" para entender, explicar e teorizar antropólogos enquanto "outros".[118] Durante meus primeiros dias na Rocinha, conheci meu vizinho Carcará. Ele ouviu atentamente minhas explicações iniciais e depois perguntou:

— Então você é antropólogo?

Eu disse que sim.

— E você falou que mora aqui no beco? — ele continuou.

— Isso mesmo — respondi.

— Você é um antropólogo, e mora aqui na favela? — ele parecia um pouco confuso.

— Eu me mudei para cá há pouco tempo! — contei.

---

[118] Dito isso, Roy Wagner afirma que "certamente, não temos o direito de esperar um esforço teórico paralelo, pois as preocupações dessas pessoas não as coloca sob nenhuma obrigação de se especializar dessa maneira [antropológica], ou de propor filosofias para fazer palestras". WAGNER, *The Invention of Culture*, 31.

— E você não sabe que os antropólogos não precisam viver na favela? — Carcará perguntou, duvidando que eu pudesse ser antropólogo.

— Como assim? — pedi que ele explicasse melhor.

— Você não tem dinheiro para morar em outro lugar? — ele insistiu.

— Talvez. Tá... Tenho! — respondi sem jeito.

— Um antropólogo brasileiro que vem morar na favela? Isso não faz sentido! — ele afirmou, exasperado.

— Mas o antropólogo tem que conviver com as pessoas... — tentei explicar e fui interrompido.

— Gringo que tem essa coisa de morar na favela, cara! Brasileiro quer distância de favela... — Carcará informou.

— Todo brasileiro? — perguntei em desafio.

— Antropólogo brasileiro vive na Gávea, Leblon, São Conrado... — ele continuou.

— E como eles fazem pesquisa? — perguntei.

— Ahhh! Sabe não? Você marca um horário na Associação [de Moradores da Rocinha], ou em alguma escola... Procura uns contatos na favela com antecedência. Pede pros contatos levar o povo para você entrevistar. É fácil! Você não sabia? Melhor ainda se você tiver dinheiro de pesquisa pra dar pra galera! — ele me disse com um sorriso irônico no rosto.

— Mas fazer pesquisa é só fazer entrevista? — insisti.

— Entendi... — Carcará colocou-se a pensar.

— Pretendo morar aqui por pelo menos um ano — expliquei.

— Sério isso? E de onde você vem mesmo? — ele parecia ainda mais desconfiado.

— Sou de Goiás — respondi.

— Você está se mudando de Goiás pra cá? — ele perguntou, surpreso.

— Sim, mas estou fazendo o doutorado na Escócia — respondi.

— Onde? Na "Gringolândia"? — ele disse, rindo.

— Hmmm... Sim, na Europa!

— Ah, eu sabia! Sabia que tinha algo estranho. Você é um brasileiro-gringo! Agora tá tudo explicado — ele concluiu a conversa.[119]

Carcará e eu teríamos muitas outras discussões sobre questões de nacionalidade e sobre o comportamento dos gringos. Ele se tornaria um dos meus bons amigos na Rocinha, sempre demonstrando um fascínio particular por coisas do exterior, incluindo os próprios estrangeiros: americanos, holandeses, espanhóis, italianos, franceses, suíços e tantos outros que havíamos encontrado pela favela durante os anos da minha pesquisa. A maioria desses estrangeiros eram voluntários na favela. Na categorização antropológica feita pelos moradores da Rocinha, os gringos estariam no extremo oposto daqueles considerados "nativos" do local, chamados de "cria do morro".

A diferença radical introduzida pelos gringos, no entanto, não era necessariamente a relação de alteridade que mais preocupava as pessoas na Rocinha. Os estrangeiros eram considerados tão diferentes da maioria dos moradores da favela que, ironicamente, havia mais tolerância para com eles. Não se esperava que soubessem muito sobre favelas — ou sobre qualquer outra coisa, na verdade. Eles despertavam uma mistura de curiosidade, atitudes infantilizadoras e, às vezes, alguma admiração. Até os traficantes eram mais flexíveis com os gringos. O problema de alteridade mais desafiador para os moradores da Rocinha era como lidar com os brasileiros burgueses, arrogantes — os moradores do asfalto.

Paizinha era tia de Ricky e uma das minhas vizinhas. Depois de se casar e dar à luz a duas meninas, ela decidiu correr atrás do sonho de obter um diploma universitário em Pedagogia. O trabalho dela como professora de Língua Portuguesa ajudava com a renda para criar a família. Ela relatou, com raiva, o medo que as elites brasileiras tinham das favelas. Eram pessoas que viviam muito próximas da Rocinha, às vezes do outro lado da rodovia.

— Egoístas! Eles só tão preocupados com eles mesmos!

Paizinha explicou que as pessoas de São Conrado se aproximavam dos moradores das favelas apenas quando precisavam de algo deles: "Drogas, empregadas domésticas ou prostitutas!" Mas havia

---

[119] O termo *halfie* tem sido usado em antropologia para se referir a identidades híbridas. Ver, por exemplo, ABU-LUGHOD, *Writing Against Culture*.

outra coisa que as elites procuravam na favela também, como Auro gostava de salientar:

— Eles tentam viver aqui a *liberdade* que não têm no asfalto! Muito burguesinho vêm pra cá não só para comprar, mas pra usar drogas mais tranquilamente. Eles vagam por aí, achando que aqui estão completamente livres! Isso é ridículo.

Auro reconhecia e condenava o fato de que a chamada "burguesia" desejava algumas liberdades da favela, particularmente o tempo e o espaço para consumir drogas, sem ter que se preocupar com a repressão policial. Ao mesmo tempo, como observei antes, as elites também estavam muito preocupadas em manter a devida distância e uma divisão rígida entre o morro e o asfalto. A palavra "favelado", há muito, havia se tornado um xingamento, mesmo dentro da própria comunidade da favela. A distinção entre *burguês* e *favelado* era fundamental para produzir diferentes territórios e diferentes sujeitos da liberdade.

E eu? Eu era um fenômeno estranho na Rocinha — o antropólogo de Goiás que estudava na Escócia e morava na favela. Não me encaixava facilmente nas categorias locais. Às vezes, julgavam-me mais burguês. Em outros momentos, era considerado mais próximo da categoria dos migrantes "matescos". Em outras ocasiões, era entendido como alguém a ser explorado. A única pessoa que suspeito ter pensado que eu era uma pessoa nascida e criada na favela (ou seja, "cria do morro") foi um turista alemão que certo dia percorreu a Rocinha em uma visita guiada, oferecida por uma empresa conhecida como "Favela Tours". Enquanto seu grupo de gringos caminhava pelo beco onde eu morava, ele apontou uma câmera bem perto do meu rosto e, sem consentimento algum, capturou minha imagem. Partiu dali com orgulho, levando com ele a imagem de um "nativo".

Uma pessoa de classe média e *queer*, como eu, costumava ser chamada de "gay", "bicha-boy", ou "homossexual". Entretanto, o uso do termo "gay" tinha pouco apelo entre os meus amigos na Rocinha. Ser "gay" era uma categoria mais comum no asfalto do que na favela. Enquanto um anglicismo, a palavra carregava conotações de um certo status social (globalizado).[120] No contexto da favela, um sinô-

---

[120] Para mais discussões sobre a questão da linguagem *queer*, consulte LEAP e BOELLSTORFF, *Speaking in Queer Tongues*.

nimo usado no lugar de "gay" para se referir a mim era "bicha-boy" (e burguesa).[121] O termo "bicha" por si só era outra história, mais afetuoso e amplamente usado entre minhas amigas na Rocinha. Outros termos comuns eram "marica" e "viado", em vez de "gay", ou "trava" e "trans", em vez de "travesti". Era, principalmente, entre as minhas amigas travestis na Rocinha que um homem gay cisgênero seria qualificado como "bicha-boy". O fato de que a palavra *boy* era mantida em inglês, mesmo quando o termo era usado em português, garantia mais um nível de diferenciação. Não deixava de haver uma crítica implícita na categoria "bicha-boy" (a bicha que não era bicha de verdade, como as outras, porque vestia-se com roupas masculinas). As travestis gostavam de "ser buceta", ser mulher (e não no sentido anatômico-biologizante de "ter uma buceta"). Em todo caso, consideravam que ser travesti e pertencer à burguesia ao mesmo tempo era quase uma impossibilidade no Rio de Janeiro.

## UM VÍRUS, *O* VÍRUS

— Vá ver a bicha! Vá logo! — Bira me disse carinhosamente, antes de fechar a porta de sua casa. Desci consternado pelas escadas.

Caminhei pelo Beco do Foguete com medo de perder a entrada certa que me levaria em segurança para o meu destino. Natasha vivia logo depois de atravessar um esgoto estreito, afluente do Valão, na parte leste do pé-do-morro, conhecida como Raiz. Ela estava morando com nosso amigo Vavá.

— Natashaaa! — gritei.

Pensava estar perto do local, mas ninguém parecia me ouvir. O que não sabia era que estava chamando por alguém que não podia responder. Natasha estava febril demais para se levantar. Estava a

---

[121] Em pesquisa etnográfica no Rio das Pedras, Silvia Aguião também encontrou o uso da mesma categoria de identificação "bicha-boy". No entanto, para uma das interlocutoras de Aguião, a categoria "bicha-boy" seria diferente da categoria "gay" não apenas em termos de classe, mas também porque as "bichas-boy" eram consideradas mais femininas que os "gays". Não me deparei com as mesmas considerações na Rocinha. Ver AGUIÃO, *'Aqui Nem Todo Mundo É Igual' Cor, Mestiçagem e Homossexualidades numa Favela do Rio de Janeiro*.

ponto de desistir de gritar, quando, finalmente, Vavá apareceu em uma pequena janela. Ele gesticulou para eu esperar.

Pensei em algo que havia ocorrido com Vavá tempos atrás. Ele havia passado semanas na Emergência do Hospital Miguel Couto em 2011.[122] No início, Vavá contou que tinha uma hepatite. Depois, pegou uma gripe, que se transformou em pneumonia. Foi depois disso que ele foi internado na unidade de terapia intensiva (UTI). Fotografias de um Vavá bastante inchado e com a pele amarelada circularam na internet entre nossos amigos em comum.

— Essa bicha vai morrer! — Armando, diretor da ONG onde realizei trabalho voluntário na Rocinha, comentou depois de ver algumas dessas imagens de Vavá. De fato, ele quase morreu. No entanto, antes disso, foi diagnosticado com HIV. Em pouco tempo, os médicos começaram a tratá-lo com antirretrovirais.[123] Quando Vavá teve alta e voltou para casa, estava muito melhor. Admirava o fato de ele ser a única pessoa que tinha força e vontade suficientes para cuidar de Natasha quando foi a vez dela adoecer.

Vavá desceu para destrancar o portão estreito, depois me levou, escada acima, ao pequeno barraco onde morava. Ele tinha colocado a cama de Natasha bem no meio da sala, palco central. Todo o resto das coisas ele havia empurrado contra as paredes em volta. Durante a minha visita, Vavá manteve-se de pé para deixar mais espaço para mim. Convidou-me a sentar na cama, ao lado de Natasha. Finalmente pude olhar nos olhos dela.

— O que há de errado com você, minha amiga? — perguntei, com uma voz branda.

— Uma gripe, uma virose qualquer — ela sussurrou.

— E você foi ao médico, Natasha? — retruquei, levantando mais a voz.

---

[122] Este importante centro médico fora inaugurado durante a presidência de Getúlio Vargas (1934–37). Localizava-se a cerca de cinco quilômetros da favela, passando pelo Túnel Zuzu Angel, na Autoestrada Lagoa-Barra, em direção à Lagoa Rodrigo de Freitas. Durante todo o meu trabalho de campo, esse hospital tinha sido um dos principais prestadores de serviços de emergência médica para os moradores da Rocinha.

[123] Vavá ficou internado por um longo tempo. O Miguel Couto era um hospital público, e os antirretrovirais eram disponibilizados gratuitamente sob o governo Lula (desde o mandato de Fernando Henrique Cardoso). Natasha disse certa vez que gostava do presidente Lula, porque ele também era um migrante do Nordeste.

— Eu fui — afirmou.

— E o que ele disse? — perguntei.

— Virose — ela repetiu timidamente.

— Só isso? Virose? — insisti, já um pouco exasperado.

— É uma virose! Não é nada! — ela respondeu, levantando o tom e tentando pôr um fim à conversa.

"Qual a diferença entre um vírus, *o* vírus e qualquer outra virose?" — eu pensei. Natasha usava uma camisola de cetim bege que era um tom mais pálido do que o da pele dela. Ela estava empapuçada e desconfiada. Percebi que Natasha havia passado semanas deitada naquele mesmo pedaço de colchão suado. A mãe dela não estava lá. Seus irmãos não estavam lá. Nenhum de seus "parentes de sangue" parecia se importar o suficiente com aquela situação. Mas Vavá estava lá. Ele entendia dessas coisas. O único vínculo humano que resistira na vida de Natasha era aquela amizade com Vavá. O que eu poderia fazer? Naquele dia, não demos nenhuma das risadas tão corriqueiras de nossos encontros anteriores. Se havia sido difícil localizar Natasha, encontrá-la em tal estado, tomada pela febre, havia sido muito pior. Pelo menos, ela estava finalmente na minha frente. Fora tudo em vão? Ou pior, será que aquele encontro teria piorado as coisas entre nós? Tornando as diferenças entre nós ainda mais explícitas? Eu podia me mover *livremente*, viajar e conversar. Ela não conseguia mais levantar-se de um colchão malcheiroso.

## QUEBRANDO O PACTO ANTROPOLÓGICO

Antropólogos tendem a entender os atos de *estar* em outro lugar, *mover-se* para o campo, *viajar* para pesquisar, como constitutivos de nossos esforços acadêmicos — enquanto as pessoas que figuram em nossos estudos nem sempre têm as mesmas oportunidades de mobilidade ou, simplesmente, presumimos que não as tenham.[124] Eu sabia que era mais do que um pesquisador naquele momento com

---

[124] Dito isso, George Marcus critica o fato de que "o modo mais comum [de pesquisa etnográfica] preserva um local de observação e participação etnográfica enquanto desenvolve, por outros meios e métodos, o contexto do sistema mundial". MARCUS, *Ethnography in/of the World System*, 96.

Natasha, mas algo sobre a minha *liberdade* de movimento havia me incomodado durante nosso encontro. Estaria eu involuntariamente reafirmando a minha própria liberdade diante dela? Natasha estava tão doente. O frio induzido pela febre a fazia recuar do meu toque. Ela manteve os braços cruzados para manter o peito protegido. Ela tremia. Às vezes, suas mãos esfregavam o próprio pescoço, inchado, como um gesto para tentar se acalmar. Quem mais poderia confortá-la? Vavá fez o melhor que pôde, ele a alimentou e a banhou. Para um conforto mais acalorado, no entanto, Natasha só podia contar consigo mesma. Em breve, eu teria que viajar e abandoná-la novamente.

Ainda assim, Natasha foi gentil comigo. Tornara-se um pouco mais vivaz em minha presença, talvez. Mas estava longe de ser a pessoa que eu conhecia. A Natasha que eu conhecia gostava de rir alto com os amigos. Às vezes, eu encontrava com alguém logo depois de ter visto Natasha, e me diziam: "Tem batom no seu rosto!" Os beijos vermelhos de Natasha. Agora, ela tinha os lábios rachados e quase invisíveis. Sua boca não falava muito. Talvez fosse melhor não dizer nada? Parecia doloroso para ela explicar-se diante da doença. Quando tentou falar, não me contou muito. Pensei sobre nosso futuro perdido. Quantas vezes Natasha havia brincado que algum dia seria minha esposa? Mesmo que ela soubesse que eu estava pronto para me casar com outra pessoa.

Diante de um encontro tão inesperado, ela poderia ter sentido a dor marcante de tudo aquilo que havia mudado entre nós. Será que causei ainda mais desconforto a ela? Eu queria acreditar que qualquer encontro seria melhor do que a pura ausência. Talvez pudéssemos voltar aos dias em que estávamos tão mais certos sobre nosso futuro. A voz de Natasha ressurgia. Ela dizia que não era nada. Nada estava acontecendo. Tudo ia passar. Talvez ela quisesse ser a mesma pessoa de antes, frente a um mesmo eu. Entretanto, se eu fosse o mesmo de outros tempos, teria confiado nela. Talvez eu tivesse mudado mais do que imaginava.

Eu costumava rir com Natasha e admirar a coragem dela ao mesmo tempo. Gostava daquele senso de humor ácido, mesmo que fosse excêntrico demais na opinião de algumas pessoas. Geralmente, preferia o mundo possível em que as histórias extravagantes de Natasha eram reais. Habitávamos as mesmas narrativas cheias de possibilidades sexuais, cenas engraçadas e homens bonitos. Era um mundo melhor para nós.

Também tínhamos sérias divergências, que em parte derivavam das complexidades de Natasha como pessoa. Eu tentava questionar o que entendia como atitudes racistas por parte dela, por exemplo. Há uma certa história da liberdade em favelas brasileiras que mobiliza um senso minoritário de liberalismo negro, que, argumento, também poderia ser entendido como um *liberalismo quilombola*.[125] Independentemente disso, as favelas do Rio tornaram-se o lar de pessoas de diferentes grupos raciais. Dito isso, algumas delas eram explicitamente racistas. Outras pareciam não perceber (ou se importar) com o racismo. Isso me incomodava.

O fato é que naquele dia, naquele encontro, não levei Natasha a sério. Eu não acreditava que ela tinha uma virose comum, como insistia em dizer. Achava que ela fosse HIV positiva. Eu realmente não pensava que tudo ficaria bem. Em vez disso, procurava uma explicação biológica, algum tipo de verdade médica que pudesse salvar a vida de Natasha. Examinei os caroços em seu corpo, procurei por pistas, tentei diagnosticar seus sintomas. Queria levar minha amiga para o hospital. Isso era algo que eu poderia fazer; eu tinha dinheiro para pagar um táxi. Almejava libertá-la daquele quarto abafado, quente e doentio.

Ela recusou tudo. Diante de sua resistência, tentei convencer o Vavá. Mas ele também se recusou a ir contra a vontade de Natasha.

— O que você vai fazer? Vai forçar a mulher a ir? — ele perguntou.

Por um momento, ignorei que nem todo movimento leva à liberdade. Afinal, a escravidão dependeu de uma série de movimentos forçados. Então, como o antropólogo que queria entender as complexidades da *liberdade* acabaria sugerindo que uma amiga dele fosse levada *à força* para o hospital? Afinal, eu conhecia os escritos de Foucault sobre os efeitos perniciosos do biopoder na produção de corpos dóceis, capazes de serem "manipulados, moldados, treinados".[126] Ao mesmo tempo, demonstrava um desejo irracional de transformar Natasha em uma paciente dócil.

---

125 Uma conceituação inspirada na obra de ROBERTS, *Freedom as Marronage*.

126 Michel Foucault oferece uma análise histórica de diversos mecanismos de poder que "definem como se pode ter domínio sobre o corpo dos outros, não simplesmente para que façam o que se quer, mas para que operem como se quer,

Talvez, ali mesmo, eu tenha quebrado meu pacto antropológico de compreensão mútua e respeitosa com Natasha. Era egoísta o meu desejo de mantê-la viva a todo custo. Eu não conseguia tomar a verdade de Natasha como verdade. Não era mais possível me juntar a ela em um mundo possível onde tudo ficaria bem novamente. Eu refutava os argumentos dela para explicar o sumiço, a perda de peso, a febre alta. Eu não conseguia mais dar valor à narrativa de alguém que estava fazendo um esforço imenso para falar através da dor. Eu estava lá, na frente de Natasha, mas ainda desconectado dela. Dói-me profundamente lembrar disso. Talvez, minhas divergências com Natasha fossem oriundas da minha própria insistência, etnocêntrica, naquilo que terminei reconhecendo como meus valores liberais normativos implícitos, meu senso de respeito a um Estado de Direito, minha ética burguesa — coisas que tinham pouca apelo na favela.

Se eu tivesse ouvido Natasha com mais atenção, talvez nosso encontro não tivesse sido tão doloroso. Que direito tem um pesquisador de causar sofrimento? Se falhei como antropólogo naquele dia, conforta-me pensar que não falhei como amigo sincero, uma pessoa que reconhece que o amor pode ser egoísta e irracional (ou, às vezes, racional demais). Presumo agora que a redenção sempre esteve lá, nas verdades oferecidas pela própria interlocutora moribunda. Os sujeitos minoritários têm suas liberdades, teorias e experiências persistentemente apagadas por modos mais poderosos de verdade e produção de conhecimento — como as ciências médicas.[127] Eu não pensava que Natasha pudesse libertar-se daquela condição tão séria sem ajuda médica. No entanto, algumas concepções de liberdade dela sempre foram diferentes das minhas. Escrevo esta etnografia para tentar corrigir alguns dos meus erros iniciais.

---

com as técnicas, segundo a rapidez e a eficácia que se determina". FOUCAULT, *Vigiar e Punir*, 138.

[127] "O importante aqui, creio eu, é que a verdade não está fora do poder, ou faltando poder: ao contrário de um mito cuja história e função demandariam um estudo mais aprofundado, a verdade não é a recompensa dos espíritos livres, o filho da solidão prolongada, nem o privilégio daqueles que conseguiram se libertar. A verdade é uma coisa deste mundo: ela é produzida apenas em virtude de múltiplas formas de restrição. E induz a efeitos regulares do poder". FOUCAULT, *Power/Knowledge*, 131.

## QUEM É O CULPADO?

Motos, melancias, drogas, amigos, colchões, antropólogos, vírus, sangue, liberdades. O cotidiano de Natasha Kellem Bündchen na favela mobilizava tudo isso e muito mais. Em muitos momentos, ela teve vários amantes, alguns irmãos e até uma mãe. Em outros, ela estava sozinha em um colchão cheirando a mofo. Natasha desfrutou de muitos prazeres e zombou das dificuldades da vida. Ela se deleitava com a alegria de estar com homens diferentes. Às vezes, seus relacionamentos eram silenciosos e, ocasionalmente, explosivos. Outrora, o colchão ao qual estava presa havia sido um local para prazeres sexuais — um território de grandes conquistas, o lugar onde Natasha era amada como queria, como mulher, nos dias em que escolhia ser essa mulher.

Culpar o "libertinismo" (as liberdades desviantes) de Natasha por contrair um vírus certamente seria uma derrota em nosso esforço para criticar o liberalismo normativo. Necessitamos de uma política diferente de prazer e também de libertação; não de um novo conjunto de regulamentos, ou regras mais rígidas, para garantir a liberdade. Como veremos nos próximos capítulos, existe uma multiplicidade de modos de liberalismo, muitos deles aguardam apenas por um trabalho melhor de reconhecimento.

# 2. AS LEIS DO MORRO

O neoliberalismo é conceituado não como um conjunto fixo de atributos com resultados predeterminados, mas como uma lógica de governo que migra e é seletivamente adotada em diversos contextos políticos. Apresento uma análise de *assemblage*, mais do que uma análise de estrutura, e um foco em ambientes emergentes, mais do que a estabilização de uma nova ordem global.

**Aihwa Ong, *Neoliberalism as a Mobile Technology***

Depois de uma história sangrenta de violações dos direitos indígenas e negros, os europeus, e muitos de seus descendentes, tornaram-se a elite brasileira. Esse grupo branco agora ocupa a maior parte dos melhores imóveis, concentrando grande parte da riqueza do país. Ironicamente, para as elites urbanas do Rio de Janeiro, hoje, são os moradores das favelas que são vistos como violadores dos direitos de propriedade. Pior ainda, são entendidos como uma ameaça diária às liberdades da elite. A capacidade dos mais abastados de possuir terras e acumular bens, sem limites, é um dos valores mais estimados do liberalismo normativo. Na prática, moradores das favelas desafiam essa lógica. Em um trabalho seminal sobre o tema, Adam Smith considera o ponto de vista das elites:

> Para existir um homem muito rico, devem existir pelo menos quinhentos pobres, e a afluência de poucos supõe a indigência de muitos. A afluência dos ricos provoca a indignação dos

> pobres, que muitas vezes são movidos pela carência, e instigados pela inveja, a invadir suas posses. É somente sob o abrigo do magistrado civil que o proprietário de uma valiosa propriedade, adquirida pelo trabalho de muitos anos, ou talvez de muitas gerações sucessivas, pode dormir uma única noite em segurança.[128]

O liberalismo econômico tem sido definido com base em uma combinação de uma ideologia de livre mercado, direitos sobre a propriedade privada e a valorização do individualismo. Além do medo que os pobres costumam gerar sobre os ricos, as favelas, em especial, representam uma ameaça significativa às oportunidades capitalistas de lucro baseadas na especulação imobiliária, no valor da propriedade privada e nos investimentos de capital. Assim, os moradores das favelas são considerados inimigos das elites. Beatriz Jaguaribe explica como a posição particular das favelas se transforma em um problema para empreendimentos liberais (normativos):

> Para os habitantes das grandes áreas metropolitanas do Brasil, o medo nos espaços urbanos está atrelado às ameaças usuais de estupro, roubo, sequestro. Mas tais formas de violência podem ocorrer em qualquer trecho da cidade e são vistas como parte da experiência ameaçadora das ruas. Mesmo assim, dentro do labirinto urbano, as favelas — como é evidenciado pela queda dramática dos preços dos imóveis, de casas e apartamentos, localizados perto delas — são vistas como zonas específicas de perigo, violência e pobreza.[129]

Acima de tudo, os moradores das favelas desafiam os valores liberais ligados à propriedade da terra. A lógica da favela segue a linha de outros argumentos bem conhecidos, como esse de Karl Marx: "se toda violação de propriedade, sem distinção, sem uma definição mais exata, fosse chamada de roubo, não seria toda propriedade privada um tipo de roubo? Não seria o caso que por causa da minha propriedade privada, eu também excluo todas as outras pessoas

---

[128] SMITH, *An Inquiry into the Nature and Causes of the Wealth of Nations*, 316.
[129] JAGUARIBE, *Favelas and the Aesthetics of Realism*, 329.

dessa propriedade?"[130] Por que o sequestro colonial de terras não foi estabelecido como uma forma de roubo, mas os moradores das favelas são consistentemente acusados desse crime?

Do ponto de vista de uma professora do ensino fundamental na Rocinha, a liberdade não deveria ser unilateral: "A liberdade de cada um termina onde começa a liberdade do outro". Liberdade total para alguns e miséria para os demais não era o que Paizinha tinha em mente. Moradores de favelas refutam as bases do contrato liberal, do qual nunca foram considerados signatários legítimos. Eles apontam que as leis brasileiras são contraditórias; afirmam o direito à moradia e, ao mesmo tempo, não permitem que os mais pobres morem onde conseguem pagar.[131] Muitas favelas brasileiras originaram, historicamente, de ocupações (consideradas "ilegais") de terras privadas e propriedades estatais.

Por sua vez, o Estado-nação tem respondido a essas ocupações com repressão, expulsões, violência policial e até guerras militares. Houve uma grande ofensiva, que começou em 2008, e durou até por volta de 2014, na qual uma política de Estado violenta foi colocada em ação para "retomar" os territórios das favelas cariocas. Essa política urbana ficou, ironicamente, conhecida como "pacificação" e implicou uma ocupação militar de muitas áreas no Rio de Janeiro. Cenas de guerra nas favelas foram transmitidas ao vivo pela TV em âmbito nacional. Os inimigos das Forças Armadas brasileiras, nesse caso, eram internos: os próprios moradores das favelas. A despeito de toda essa opressão, as favelas permanecem vivas. E a Rocinha continua a crescer.

Diante dessa situação de guerra urbana, os habitantes da favela lembram de outros tempos:

— Dentro da favela, é a "lei do morro" que manda! No começo, era uma selva por aqui, meu filho... Quem vinha primeiro, pegava a terra e pronto. Aqui, pegue um pedaço de terra! — Dona Tetê, uma mulher negra e moradora das mais antigas, contou-me animadamente.

---

[130] MARX, *Debates on the Law on Thefts of Wood*, 228.

[131] Artigo 6º da Constituição Federal do Brasil: "São direitos sociais a educação, a saúde, a alimentação, o trabalho, a moradia, o transporte, o lazer, a segurança, a previdência social, a proteção à maternidade e à infância, a assistência aos desamparados, na forma desta Constituição".

Mas nunca foi fácil. Sempre foi sangrento.[132] Remoções forçadas e até incêndios criminosos eram táticas comuns mobilizadas pelas elites contra os moradores das favelas.[133] Sim, os primeiros habitantes da Rocinha gradualmente ocuparam terras de uma fazenda urbana que entregava produtos aos bairros ricos próximos daquele local. No entanto, por que um suposto "pecado original" (da violação dos direitos) persiste na concepção do que entendemos por favelas, mas não na concepção do que seja o Estado-nação colonial?

O estigma contra os moradores das favelas permanece extremo entre os moradores da chamada cidade "formal" (o asfalto). Uma vez conheci uma moradora de São Conrado, um bairro de classe média alta bem próximo da Rocinha. Ela costumava se sentar na varanda de seu apartamento, com seus longos cabelos, tingidos de loiro dourado, perfeitamente ajeitados, e dizia:

— Quando comprei meu apartamento, esse bairro era bom. Minha vista da varanda era linda! Essa favela monstruosa não estava aí... Eles invadiram tudo. Invadiram! Isso é crime. Não pode ser assim!

Qual seria exatamente o crime contra a propriedade privada? Como é que os moradores das favelas são vistos como criminosos quando o direito à moradia é um direito humano?[134] Os moradores do morro são vistos como triplamente culpados pelos habitantes do asfalto: culpados por não respeitarem os "direitos de propriedade privada", culpados por não serem "civilizados" o suficiente e culpados por não serem "dignos" de direitos humanos.

O Estado de Direito é falho nas favelas.

— Favelados não respeitam a lei! Eles não respeitam nada! — Carcará, meu vizinho na Rocinha, bradejava quando ficava chateado.

Não há agente que garanta os direitos humanos dos moradores das favelas. Afinal, quem é o ser humano dos direitos humanos? A elite do Rio de Janeiro — um conceito sociológico frequentemen-

---

[132] Vide o importante trabalho de Keisha-Khan Perry sobre o papel das mulheres negras como protagonistas na luta pelo direito à terra e à moradia, contra a remoção das favelas, no contexto de outro importante centro urbano, em Salvador da Bahia. PERRY, *Black Women Against the Land Grab.*

[133] Em *O Mito da Marginalidade*, Janice Perlman descreve um desses crimes de incêndio contra moradores de uma favela, Praia do Pinto, em 1969.

[134] Artigo 25, DUDH (Assembleia Geral da ONU, 1948).

te mobilizado por meus amigos na Rocinha — acredita na luta dos "civilizados" contra os "selvagens". A paz (da elite) contra a violência (dos favelados). Qualquer purificação do complexo urbano do Rio de Janeiro em binários, sempre simplistas — "formalidade" contra "informalidade" — serve apenas aos interesses das elites. Gareth Doherty e eu já denunciamos essa situação em um artigo intitulado *Formally Informal*.[135] Os moradores das favelas são parte integrante do tecido urbano do Rio de Janeiro, mesmo que muitas vezes sejam relegados aos locais mais indesejáveis da cidade. As liberdades normativas burguesas não podem ser garantidas à custa de tantos outros direitos negados aos moradores das favelas.

No liberalismo normativo, os humanos deveriam ser universalmente livres, mas, na realidade, a liberdade de alguns coloniza a liberdade de outros. Nem todos concordam com o contrato social colonial: Dona Tetê mal sabia assinar seu nome. Ela nunca teve a chance de aprender. Favelas são territórios de violência; não há como negar isso. Dito isso, a violência nunca foi unilateral. Muitas brutalidades acontecem em nome de uma ordem social que nunca foi desejada pelos moradores das favelas. Os moradores da Rocinha talvez violem os entendimentos atuais de "direito de propriedade" e recusem-se a seguir os termos de um contrato social injusto, mas isso não quer dizer que as leis só existem no asfalto, que a civilidade só tem lugar na cidade "formal", que as liberdades só existem para a elite.

— A ausência do Estado na favela é uma espécie de liberdade institucional... mas as pessoas não querem ver dessa maneira! — Renato, um estudante de sociologia e morador de favela, reclamou comigo.

Segundo ele, os maiores perpetradores de violência na vida dos moradores das favelas são as elites e o Estado de Direito liberal.[136] Muita violência é perpetrada em nome da liberdade — muitas vezes, em defesa de "liberdades reais" decididas pelas elites. O liberalismo normativo é particularmente agressivo com os moradores das favelas.

---

135 LINO E SILVA e DOHERTY, *Formally Informal*.

136 Um argumento semelhante foi feito por WACQUANT, *The Militarization of Urban Marginality*.

## RELAÇÕES AMBÍGUAS

Pode-se dizer que as favelas brasileiras são territórios urbanos em relação ambígua com o Estado-nação, por estarem às margens de sua formação e, ao mesmo tempo, no centro de suas operações. Em um estudo sobre a marginalidade urbana no Rio de Janeiro, Dulce Pandolfi e Mário Grynszpan argumentam:

> Se por um lado a violência é percebida como traço identificador das favelas, por outro ela é atribuída não só à pobreza, mas também à ausência do Estado. Cumpre destacar, porém, que essa ausência não se traduz apenas na incapacidade de garantir a ordem, impondo o monopólio da violência legítima, mas também na inexistência de investimentos significativos em infraestrutura, saneamento, saúde, educação e transporte. Portanto, ficando à margem daquilo que configura a pauta de direitos mínimos da cidadania, as favelas teriam na exclusão social mais uma de suas marcas identificadoras básicas.[137]

As favelas são consideradas territórios periféricos (mesmo quando centralmente localizadas), carentes de direitos formais e liberdades normativas. No entanto, a narrativa seria incompleta se apenas referíssemos ao que falta a esses territórios. A periferia não existe sem o centro. Todo centro está dentro e, ao mesmo tempo, fora da estrutura da qual faz parte.[138] O centro óbvio da Cidade Maravilhosa não é a favela. Nunca se pretendeu que fosse a favela. Dito isso, o Rio de Janeiro não poderia ser a cidade que é caso não existissem as favelas. Elas são centrais para o funcionamento do Estado normativo (neo)liberal no contexto político contemporâneo. Essas considerações ressoam com operações (neo)liberais em uma perspectiva mais global:

> Os bairros de abandono urbano, as favelas decadentes no Brasil, o implosivo hiper-gueto nos Estados Unidos, os degradados *banlieues* na França e as desoladas *inner cities* na Escócia

---

137 PANDOLFI e GRYNSZPAN, A *Favela Fala*, 22.

138 DERRIDA, *Writing and Difference.*

ou Holanda mostram ser o principal espaço físico e social dentro do qual o Estado penal neoliberal está sendo montado, adotado e testado de forma concreta.[139]

O liberalismo normativo opera por meio de processos de territorialização — promovendo a homogeneização da diferença. Evidências etnográficas sugerem que a situação no Rio de Janeiro é muito mais complexa do que as elites liberais gostam de pensar. O liberalismo normativo não é a única forma de liberalismo em operação. Mesmo que esse modo de liberalismo de "elite" não cumpra com a promessa da liberdade universal, isso não significa que as favelas não tenham liberdade em sentido absoluto; os modos de liberalismo disponíveis para os moradores das favelas são diferentes dos que existem no asfalto. Dito de outra forma, quando há um desejo de liberdade (que não é algo dado), também pode haver uma proliferação de formas de liberalismo. Em uma cidade como o Rio de Janeiro, existem vários modos de liberalismo operando ao mesmo tempo. Múltiplas formas de poder, com diferentes modos de opressão e possibilidades de liberdade, coexistem na vida cotidiana. O "contrato social" liberal sugere que o Estado-nação seja o único garantidor das liberdades e o legítimo detentor do monopólio da violência; no entanto, a forma como a governamentalidade opera nas favelas fornece um quadro diferente. Nelas, o Estado-nação está intencionalmente retirando-se da provisão de igualdade e direitos universais, enquanto intensifica seus poderes policiais. Esses diferentes papéis desempenhados pelo Estado não são mutuamente exclusivos; eles se sobrepõem ambiguamente. A liberdade normativa é muitas vezes violenta. O poder do Estado continua assassinando moradores das favelas a uma taxa muito maior do que mata cidadãos do asfalto.[140] Quando questionados sobre esse fato, os representantes do Estado

---

[139] WACQUANT, *Rumo à Militarização da Marginalização Urbana*, 216.

[140] Essa é uma tendência histórica bem conhecida no Rio de Janeiro. De acordo com Eduardo Campos de Lima, em 2019, "entre janeiro e outubro, 1.546 pessoas foram mortas pela polícia no estado do Rio de Janeiro, a maioria delas durante operações em favelas, ou bairros pobres, muitas vezes nos morros de casas precárias e barracos que abrigam pelo menos 1,4 milhão de moradores do Rio. O número crescente de atos fatais da polícia está entre as preocupações emergentes abordadas pela Pastoral das Favelas, uma comissão arquidiocesana criada

oferecem uma série de justificativas: "Proteção contra o caos!", "Defesa da propriedade privada!", "A garantia da ordem para o progresso!" Nunca esqueçamos o lema da bandeira brasileira: "Ordem e progresso". Mortes sem lágrimas?[141] A violência cotidiana é a mais difícil de perceber e a mais dura de aceitar. Há séculos, o contratualismo vem tentando justificar a necessidade de tolerar os efeitos negativos do poder do Estado-nação em nome de uma prometida liberdade.

## CRIADO NA IGREJA CATÓLICA

Apesar da importância que tem, o Estado-nação não é a única fonte de regulações e liberdades na vida cotidiana. Convivendo mais com a família de Natasha, tomei notas sobre um episódio que aconteceu em 22 de julho de 2009. Passávamos pela orla de um mar esmeralda, em alta velocidade. Eu estava olhando pela janela da van usada como meio de transporte público na Zona Sul. Naquele dia, o motorista estava realmente voando pela Avenida Niemeyer — uma estrada de concreto armado que seguia o litoral e parecia flutuar sobre a água. Momentos de fluxo livre de tráfego, como aquele, eram raros na cidade. A rota popular levava passageiros da Rocinha a um dos mais conhecidos bairros da elite: Ipanema (famoso pela canção de 1962 "A Garota de Ipanema", de Antônio Carlos Jobim). A van continuava correndo dia e noite, levando os moradores da Rocinha para seus empregos, servindo aos mais ricos. Havia babás, garçons, faxineiras, professores, profissionais do sexo, motoristas, vendedores, traficantes, cozinheiros, seguranças e até comissários de bordo na van. "Ipanema é o bairro da elite de verdade!" Auro me falou.

Dona Rosário, mãe de Natasha, sentava-se à minha direita na van. À minha esquerda, eu avistava os barracos da Favela do Vidigal. Do lado oposto, podia observar as ondas fortes quebrando contra

---

há 42 anos para responder às necessidades dos moradores das favelas do Rio". CAMPOS LIMA, *Police Are Killing Poor Civilians in Brazil's Favelas.*

141 Em um estudo realizado no Brasil, Nancy Scheper-Hughes descreve contextos em que a violência cotidiana seria tão difundida que as mães não costumavam mais chorar pela morte de seus filhos. SCHEPER-HUGHES, *Death Without Weeping.*

o imenso rochedo que se projetava mar adentro. Aquela montanha oferecia uma base sólida que sustentava as estruturas de concreto e tijolo do Vidigal. Dona Rosário, contudo, atrapalhava parcialmente minha visão, movendo-se inquieta em frente à janela. Estávamos a caminho de Ipanema, à procura de ajuda médica para o irmão mais novo de Natasha. O menino, que não estava conosco no dia (pois ainda morava no Ceará), sofria de graves problemas de coluna. Esperávamos conseguir marcar uma consulta para ele com um especialista. "Ele não consegue segurar o corpo em pé!" — a mulher de quase cinquenta e três anos me contou. Dona Rosário precisava da minha ajuda porque não sabia ler nem escrever, o que dificultava a navegação dela no asfalto. Nenhum de seus filhos estava disposto a acompanhá-la até Ipanema naquele dia.

A mãe de Natasha confessou que estava preocupada com Clodoaldo.

— Clodoaldo? — retruquei instintivamente.

— Eu digo Clodoaldo. Você diz Natasha — a mulher explicou, mas eu não estava muito interessado em ouvir falar de Clodoaldo.

— Deve ser algum espírito ruim que tá com ele, que faz ele ficar assim! E também faz meu outro filho lá no Ceará beber tanto álcool... Ave Maria! — Dona Rosário lamentou.

Desviei meus olhos do mar mais uma vez e olhei para os olhos castanhos de Dona Rosário.

— Não se preocupe, Natasha parece estar feliz como ela é! — respondi. Isso era 2009, muito antes da grave doença de Natasha.

A mãe dela apenas sorriu e continuou a reclamar:

— Você vê, Moisés? Todos os meus filhos foram criados na Igreja Católica, mas mudaram muito quando chegaram naquele inferno chamado Rocinha.

Não respondi nada. Ofereci-lhe um sorriso educado e depois continuei olhando pela janela. Meus olhos seguiam as ondas espumosas, brancas. Dona Rosário continuou:

— Sabe de uma coisa? Tanto o Clodoaldo quanto o meu filho bêbado lá do interior têm mesmo é de buscar a Deus! Para se *libertar* de seus pecados.

"Ela estava falando sobre libertação?" — percebi e logo tirei meu caderno de bolso. Rabisquei algumas notas e esperei por mais informações vindas de Dona Rosário, mas ela ficou em silêncio.

Logo depois, chegaríamos ao nosso destino, saltamos em uma rua próxima ao Hospital Federal de Ipanema.

Encontramos longas filas, como na maioria dos hospitais públicos. Seria necessário esperar. Enquanto isso, uma equipe sobrecarregada lidava com documentos, arquivos, prescrições e centenas de outros pacientes. Tentamos atendentes diferentes, esperando em filas diferentes. Todos nos disseram a mesma coisa: não havia vagas. A melhor notícia que Dona Rosário recebeu foi a promessa de que seu filho seria atendido no futuro. Conseguiram marcar uma primeira consulta para o final do ano. Muito mais tarde do que esperávamos, mas Dona Rosário parecia satisfeita.

A viagem de volta à favela foi mais agradável, embora menos interessante. Dona Rosário me contou sobre seus planos de viajar para o Ceará e trazer o menino doente com ela para o Rio de Janeiro para receber tratamento. Na Rocinha, descemos no exato local de onde a van partira, sob a Autoestrada Lagoa-Barra. Dona Rosário segurou meu braço com força para saltar da van. Continuou segurando-o, enquanto caminhávamos para a favela, de braços dados. Paramos em uma papelaria onde meu amigo Pedro trabalhava há anos, localizada perto de uma das entradas principais da favela. O recinto tinha recebido uma mão de tinta branca nas paredes, mas já estava suja. Havia teias de aranha no teto. Não mais do que três clientes cabiam dentro da loja ao mesmo tempo.

O Largo do Boiadeiro era uma área movimentada. O comércio na Rocinha era intenso. Não parecia haver problemas de segurança em manter as lojas funcionando até tarde da noite.[142] Apresentei Dona Rosário ao Pedro. Ambos eram de baixa estatura. A cabeça dela, contudo, já estava bem mais grisalha; sempre com cabelos presos em um rabo de cavalo. Ele aparentava ser um pouco mais jovem. Enquanto conversávamos, percebi que tanto Pedro quanto Rosário haviam nascido no Ceará. Ambos eram católicos. Pedro foi um dos membros mais ativos da Igreja Católica na Rocinha durante o auge da teologia da libertação, na década de 1980. O foco era em um tipo

---

[142] Comerciantes de roupas, papelaria, supermercados, comerciantes de materiais de construção, açougues e restaurantes operavam na favela. Alguns grandes bancos brasileiros também tinham agências lá — Banco do Brasil, Banco Bradesco e Caixa Econômica Federal. As redes nacionais de eletrodomésticos às vezes vendiam mais nas favelas do que na maioria dos locais do asfalto.

de libertação mais inspirado no socialismo, voltado para o empoderamento das classes trabalhadoras oprimidas. Eu contei ao Pedro que eu era amigo da filha de Dona Rosário.

— Você é amigo do meu *filho*! — ela me corrigiu. Pedro ficou confuso. Dona Rosário notou e acrescentou: — Ah, é um assunto complicado aí...

Houve um momento de silêncio.

Pedro e Dona Rosário começaram a falar sobre a igreja, e ele comentou sobre as belas cerimônias católicas que aconteciam na Igreja do Largo do Boiadeiro. A outra igreja católica na favela era maior e mais conhecida, só que mais distante da minha casa: subindo o morro, perto da Cachopa — a Paróquia de Nossa Senhora da Boa Viagem. Sabendo que Pedro era partidário da teologia da libertação, perguntei a ele:

— Se Dona Rosário quiser libertar os filhos do pecado, como a Igreja Católica pode ajudar, Pedro? Ou isso de libertação é mais coisa de evangélico?

A pergunta estava obviamente fora de contexto naquele momento da conversa, mas Rosário entendeu minhas intenções. Eu sabia que ela estava preocupada com a libertação de Natasha. A senhora prontamente afirmou seu interesse no assunto, confirmando isso com um movimento de queixo. Dona Rosário começou a repetir o que já havia dito algumas vezes:

— Tô preocupada com meus meninos! Queria que eles fossem gente decente, que se casassem e cuidassem de suas vidas — disse ela.

Pedro virou-se para mim e respondeu:

— Olha, na Igreja Católica, nossa missão é maior. Estamos preocupados com a libertação da classe trabalhadora e a batalha do povo por terra. Todo mundo quer libertação fácil nos dias de hoje. Não existe isso! Nós também temos que carregar a cruz, assim como Jesus o fez. Olhe para a cruz católica! Jesus não está lá? Isso é para nos lembrar de seu sofrimento.

Pedro continuou:

— Você já viu uma cruz evangélica? Jesus já foi até libertado dela! Ele não está mais lá. Hoje, todo mundo quer uma libertação individual assim. Eles querem que tudo seja fácil e rápido!

Ele ainda acrescentou:

— Os problemas são resolvidos com o tempo!

Pedro havia dito mais do que eu esperava, e mais do que Rosário queria ouvir. Foi quase um sermão. Ouvimos e ficamos em silêncio. Um sermão é um sermão.

## UM VIADO LIBERADO

Em outra ocasião, ainda em 2009, estávamos no apartamento que Natasha dividia com sua família "de sangue". Contei três velhos colchonetes de solteiro compartilhando espaço com um sofá vermelho de dois lugares em uma pequena sala de estar. Uma prateleira, coberta com objetos decorativos de plástico barato, dividia espaço com um sistema de som caro e uma grande TV de tela plana. Ao lado da janela, Natasha lutava com a fraca iluminação para terminar a maquiagem. O pequeno espelho, com uma moldura de plástico laranja fluorescente, não ajudava muito. No cômodo ao lado, seu irmão mais velho, Claudenir, cozinhava um prato chamado "baião de dois". Era um prato típico do Ceará, feito com arroz branco, feijão de corda e queijo coalho — tudo misturado na mesma panela. Claudenir me convidou para comer com ele. Natasha respondeu em meu nome, dizendo ao irmão que não tínhamos tempo para jantar. O irmão dela ficou claramente desapontado. Ele chegou perto de onde estávamos e olhou bem no meio da cara de Natasha, dizendo:

— Você fica horrível de maquiagem!

Natasha o ignorou, enquanto continuava a fazer movimentos rápidos sobre o rosto com uma esponja coberta com um pó compacto brilhante.

— Pronto! Estou linda agora. Vamos, querido? — ela disse para mim, olhando para si mesma uma última vez, agora usando um espelho maior, que ficava preso ao guarda-roupa do quarto.

Natasha puxou o vestido de lycra preto um pouco mais para cima, para mostrar melhor as nádegas. O irmão de Natasha seguia todos os nossos movimentos na casa com o canto dos olhos. Sinistramente, sorria de vez em quando. Ele era quieto, mas abertamente sarcástico ao falar. Antes de sairmos da casa, ele acrescentou:

— Engraçado... no Ceará você não era assim, né? No Ceará, você se vestia de homem. Então você veio pra aqui e perdeu a vergonha. Que safadeza, mano!

Nesse exato momento, Natasha perdeu a paciência e gritou com ele:

— Acorda! Eu usava roupa de menino antes, mas já era viado!

Sobre seus saltos altos, ela desfilou pela casa e continuou:

— A diferença é que eu era um viado encubado. Na favela, sou um viado *liberado*! Totalmente *liberado*, meu amooor.

Natasha então parou de falar e apenas gargalhou, batendo palmas três vezes seguidas para encerrar o "show". Momentaneamente sem resposta, Claudenir acabou rindo dela, ou com ela. Natasha pegou sua bolsa na prateleira, abriu a porta e me tirou de casa pelo braço.

Logo estávamos desfilando, de mãos dadas, entre as multidões, descendo a Rua do Valão. Caminhávamos de cabeça erguida até o ponto de ônibus. Nosso destino naquela noite era o Bar & Mar, uma boate LGBTQ no Rio das Pedras, o mesmo local onde um dia tiramos uma foto histórica contra uma parede de azulejos em branco e preto.[143] Ao longo do caminho, as pessoas olhavam para nós. Algumas riam, outras acenavam. Sentíamo-nos seguros. Na favela, uma travesti podia andar de mãos dadas com uma bicha-boy. Quando entrávamos no ônibus, contudo, a cena mudava um pouco e as pessoas olhavam mais agressivamente para nós. Não entrávamos de mãos dadas. Ali, estávamos mais vulneráveis às agressões dos passageiros. Naquele dia, quando nos sentamos e relaxamos um pouco no ônibus, Natasha mencionou o episódio anterior com seu irmão Claudenir:

— No Ceará, as pessoas são muito ignorantes! Mais do que os cariocas. Se importe com ele não! — ela se desculpou comigo.

## MAIS LIBERDADE NA FAVELA

O exercício de seguir etnograficamente diferentes liberdades muitas vezes levou-me a observações inesperadas. Kyle era um surfista australiano, um adolescente loiro e bem magro, com o bronzeado de alguém que curtia o sol do Rio de Janeiro. Nós dois éramos professores voluntários de inglês na mesma ONG da Rocinha, conhecida como Escola Amigos Unidos (EAU). Kyle era muito tímido, mas parecia gostar da vivacidade da favela. Pouco antes de retornar

---

143 Conforme descrito no prefácio.

à Austrália, ele organizou uma grande festa no albergue onde morava, em um bairro chamado Flamengo, próximo ao centro antigo do Rio de Janeiro. Ele me disse que eu poderia convidar quem eu quisesse para o evento. Todos os envolvidos nas atividades da EAU estariam lá, até mesmo os alunos da nossa aula básica de inglês. Decidi convidar Natasha para a casa de Kyle, como minha convidada pessoal. Ela, contudo, não se empolgou com a proposta:

— Você realmente acha adequado, querido? Isso vai funcionar? Eu num lugar desse? — ela comentou.

Natasha não havia estudado muito, dizia que não tinha paciência com escolas.

— Claro! Vai ser fabuloso! — disse a ela.

No dia da festa, por volta das 19h, fui buscar Natasha em frente à EAU, como havíamos combinado. Ela não apareceu. Esperei um pouco mais. Será que ela havia mudado de ideia? Eu não queria me atrasar. Liguei para o celular dela. Sem resposta. Estava desligado ou sem sinal. Eu decidi ir até a casa dela para não perder mais tempo. Quando cheguei lá, quase sem fôlego, bati com força na porta de madeira envernizada do apartamento. Foi Claudenir quem abriu.

— Natasha não está? — perguntei apressadamente.

Ele me convidou para entrar.

— Ela está no quarto faz um bom tempo, trocando de roupa toda hora! — Claudenir relatou. Ele usou o pronome feminino *ela*, como Natasha preferia. Fiquei aliviado ao saber que ela estava em casa e preparando-se para sair.

Assim que me viu, antes de qualquer coisa, Natasha perguntou angustiada:

— É melhor eu usar calça, né? Vestido, hoje, não! Calça é melhor para esse evento?

Sair da Rocinha para um bairro de classe média parecia exigir mais esforço por parte dela do que ir para o Rio da Pedras. Não falo apenas do esforço de se vestir de uma maneira particular, mas percebi uma certa angústia. Como ela se encaixaria naquele lugar desconhecido? Sentir-se-ia bem? A insegurança dela preocupou-me, mas tentei manter a empolgação (que parecia ser mais minha do que dela). Disse animado:

— Estamos atrasados, garota! Vai começar essa festa. Vai ser maravilhoso!

Ela sorriu melancolicamente quando terminou de abotoar um par de jeans bem apertados. Como que para compensar a dor de não usar um vestido, Natasha afirmou-se com a maquiagem. Passou uma camada grossa de base no rosto e muito brilho nas pálpebras. Sua boca estava pingando batom de uma cor vermelho-alaranjada. Ela também resolveu usar um de seus saltos mais altos para a festa de Kyle.

Quando estávamos prontos para sair, Claudenir olhou para ela, dos pés à cabeça, e criticou:

— Lembra quando você costumava roubar minhas meias pra jogar futebol nas ruas de Martinslândia? Olha os teus sapatos hoje! O que é isso? Você não tem sapato de homem, não? Posso te emprestar um par?

Ela respirou fundo e respondeu:

— Agora que minha mãe voltou para o Ceará, a última coisa que preciso é que você me aborreça no lugar dela!

Quando Natasha passou por Claudenir, porta afora, soltou-lhe um beijo debochado. Estávamos com pressa para chegar ao Flamengo, mas Natasha andava devagar, tentava caminhar elegantemente de salto, apesar dos buracos nos becos. Ela apoiava-se nas paredes morro abaixo. Quando finalmente chegamos ao asfalto, dei sinal a um táxi, rumo ao Flamengo. Abri a porta para ela, com prazer. Graciosamente, ela entrou no carro amarelo, pela porta de trás.

Logo chegamos ao prédio de Kyle. Natasha bebeu, comeu e conversou a noite toda. No início, disse que estava curtindo o evento, e só depois confessou:

— Não gosto de festa de rico! Tenho muito mais *liberdade* na favela para ser quem eu sou!

Pensar que liberdades existam apenas em partes privilegiadas da cidade, em oposição simplista a uma suposta ausência de liberdade nas favelas, não fazia sentido na vida de Natasha. Durante o evento de Kyle, esse fato ficou evidente para mim. O liberalismo normativo por si só não era capaz de explicar as vivências de Natasha.

## O DONO DO MORRO

Aqueles que conhecem as liberdades proporcionadas pelas "leis do morro" (no contexto de um liberalismo de favela) podem entender melhor as observações de Natasha. Os narcotraficantes dominavam, de forma antidemocrática, o território de muitas favelas, constituindo nelas um tipo de aparato "estatal". O poder deles decorria da violência simbólica e física, mas não apenas por meio delas. A principal autoridade política da Rocinha era conhecida como o "Dono do Morro". Essa posição combinava poder econômico, principalmente dos lucros do narcotráfico, com poder político, resultando em uma forte autoridade sobre o território da favela. O Dono do Morro exercia funções legislativas e judiciais. Ele estabelecia regras sobre questões de interesse comum no cotidiano da favela, normas que, em conjunto, eram conhecidas como as "leis do morro". Cabia também a ele conduzir julgamentos em casos de conflitos entre vizinhos, de violência doméstica e qualquer outra infração às leis da favela.

A mídia do Rio de Janeiro, frequentemente, descrevia esses poderosos traficantes como tiranos. Ao fazerem isso, a quimera liberal normativa das elites era reforçada; o Dono do Morro era entendido fora da favela como a personificação de uma figura antiliberal, um líder que governava com tal força bruta que qualquer possibilidade de liberdade no morro seria um contrassenso. Do ponto de vista da favela, a história era bem diferente. Era verdade que a autoridade do Dono não era democrática e que os mais libertários provavelmente considerariam inaceitável essa forma de governança. No entanto, o Dono do Morro legislava a favor de formas minoritárias de liberdade e obtinha legitimidade política por outros meios.

— O que está acontecendo aqui? — perguntei um dia à Amélia, depois de perceber a presença inusitada de brinquedos infláveis coloridos e gigantescos espalhados pela Rua do Valão.

Ela respondeu alegremente:

— Ah, são os bandidos! Todo Dia das Crianças [12 de outubro], eles colocam esses brinquedos por ali. Os pequenos se divertem bastante!

Pensando em voz alta, eu disse:

— Prestação paternalista de serviços aos mais pobres?

Amélia não me ouviu. Para ela, o evento era uma oportunidade para as crianças se divertirem. Era uma demonstração de que os narcotraficantes apoiavam a comunidade.

Amélia me assegurou:

— O povo do "movimento" [os traficantes] ajuda, Moisés! Esses bicho são ruim, mas são bom. Eles dão dinheiro pra remédio e até pra enterro, sabe? Teve gente do nosso beco que já precisou deles na hora do aperto, e eles ajudaram!

Entre 2009 e 2010, quando morei na favela, o Dono do Morro era um homem negro de pele clara, esguio, chamado Nem. Ele havia se juntado ao movimento do tráfico — numa facção chamada ADA — quando sua primeira filha estava com problemas de saúde, prestes a morrer. Sem dinheiro para o tratamento médico, Nem pediu apoio financeiro aos traficantes. Inteligente e bom com números, ele rapidamente descobriu que ganharia mais dinheiro fazendo contabilidade para os traficantes de drogas do que trabalhando como vendedor em uma loja de sapatos. Uma vez que ele estava dentro do esquema, subiu rápido na hierarquia do tráfico. Finalmente, a filha doente se recuperou, porque ele conseguiu pagar pelo tratamento, e Nem se tornou um dos homens mais ricos e poderosos da Rocinha. Essa é a história oficial, como contada nos jornais de todo o Brasil.[144]

Nem não era tão querido pelos locais quanto outros traficantes já foram. Ainda assim, era respeitado. Apesar de conhecido por ser violento, as decisões dele eram consideradas justas.

— Se alguém leva surra dos traficantes, alguma coisa aprontou! — um dos meus vizinhos disse, depois de ver um jovem sendo espancado por homens do "movimento".

A popularidade de Nem era mais evidente entre os meus amigos LGBTQ. Algumas leis do morro beneficiavam diretamente o nosso grupo, ao prover certas liberdades à população *queer* da favela.

— Ele gosta de nós! Não pode mexer com bicha por aqui! — Auro afirmou e continuou: — Ele herdou essa lei de um outro Dono, chamado BTV. Foi inteligente da parte dele manter isso!

Leis internas que garantiam liberdades minoritárias, como essa, tinham um impacto profundo na legitimidade e na autoridade do Dono do Morro. Esse fato estava implícito nas observações de Natasha quando ela comparou as liberdades que ela tinha na Rocinha com as liberdades que ela não poderia ter na festa de Kyle no Flamengo.

---

144 ALESSI, *Subiu o Morro como Antônio, Desceu como Nem da Rocinha.*

No passado, o Valão era um dos principais palcos para o famoso traficante BTV brilhar.[145] Dono do Morro entre 2004 e 2005, ele era um homem sedutor. Amélia lembrava-se dele com carinho:

— Forte... Assim! — ela flexionou o braço e adicionou: — Um nordestino forte. BTV era muito bonito, hein!

Imaginei um homem que era sedutor e ciente desse fato. Amélia contava como ele gostava de exibir seu corpo, suas mulheres e seu dinheiro.

— O BTV era o bandido mais amado dessa favela! Puta merda, mona... Precisava ver! As bichas ficavam loucaaas por aquele homem! — em uma conversa, Auro contou-me animadamente.

O apelido de três letras veio do belo pássaro amarelado chamado Bem-Te-Vi. Esse traficante era conhecido por ter uma arma de ouro, que Auro descreveu nostalgicamente para mim:

— Era ouro de verdade, sabe! O homem tinha uma pistola toda feita de ouro!

Às vezes, esses relatos e memórias emergiam quando passávamos pelo exato local, no Valão, onde um atirador de elite da polícia havia atirado na cabeça de BTV. Um pássaro morto! O BTV tornou-se espetacularmente famoso — o primeiro "traficante-celebridade" da Rocinha. Ele ficava ainda mais famoso por andar na companhia de outras celebridades (e subcelebridades, que eram abundantes no Rio de Janeiro, sede da Rede Globo.) Todavia, um traficante de drogas que se expõe demais também se torna um alvo vulnerável. Em outra ocasião, conversando com Auro sobre a linha de sucessão do tráfico, falávamos de diferentes Donos do Morro. Meu amigo perguntou:

— Sabe qual o segredo das festas dele [BTV]?

Eu não sabia a resposta. Não o conheci nem frequentei as memoráveis festas daquele período.

— Segurança fortemente armada, fornecida pelos soldados do tráfico — Auro me disse. — Rifles enormes! Enormes, bicha. Muitos rifles! Muitos, bicha. Poder! Celebridades, várias celebridades.

---

145 A Rua do Valão era relativamente larga e conectava-se com a Autoestrada Lagoa-Barra. Era um dos principais campos de batalha entre a polícia e os traficantes da Rocinha. Os bandidos ficavam mais expostos na área do Valão, mas os lucros da venda de drogas em um local de fácil acesso para o asfalto pareciam compensar os riscos.

Jogadores de futebol. Era uma loucura! Uísque, muita cocaína e a batida do funk. Ah, e nós também! Muitas gays, bichas, travestis e prostitutas.

Auro fez uma breve pausa, apenas para recuperar o fôlego:

— Olha, o BTV realmente valorizava a *liberdade*, especialmente a liberdade sexual. Ele sabia que sem nós, bichas, não tinha diversão! Não tinha essas festas incríveis na favela.

Auro sabia bem que o próprio BTV lucrava muito com esses eventos na favela. Ele continuou:

— Não era só por amor à vida noturna! Ele curtia muito e festejava muito. Porque você sabe, né? Bandido nunca sabe se estará vivo nem em *liberdade* no dia seguinte! O destino de um traficante de drogas é acabar na prisão, ou em um caixão. Eles têm que aproveitar a vida! Só que o BTV fazia tudo isso ao mesmo tempo em que estava ganhando rios de dinheiro! A quantidade de drogas que ele estava vendendo nessas festas, imagina? Você acha que uma arma feita de ouro maciço é barata, querida?!?

A análise de Auro era muito perspicaz. A lógica capitalista de incentivar a venda de drogas era um aspecto importante do liberalismo defendido por BTV. Essas mesmas drogas "escravizavam" muitas pessoas, incluindo alguns moradores da Rocinha, que caiam no vício. Além disso, o trabalho na "indústria" das drogas era bastante cruel. Enquanto isso, BTV usava o poder que tinha para conquistar ainda mais poder. As leis do morro, aliadas à forte provisão de segurança armada não-estatal, garantiam uma territorialidade diferenciada para as liberdades sexuais e o uso de drogas na favela. Isso em um contexto em que a venda e o uso de drogas eram ilegais no asfalto (e, no momento em que escrevo, ainda são). Esse arranjo político, do liberalismo de favela, possibilitava certos tipos de liberdade na Rocinha e não em outros bairros, como no Flamengo.[146] As observações de Natasha, sobre os diferentes modos de liberdade entre a favela e o asfalto, faziam mais sentido quando consideradas como parte de uma *assemblage* mais ampla do tráfico de drogas, das leis

---

146 Certamente, o uso de drogas também ocorria em áreas como o Flamengo, mas sob diferentes condições e preocupações. No dia da festa de Kyle, não observei nenhuma droga "ilegal" sendo consumida.

*queer* do morro, das celebridades e das liberdades sexuais no Rio de Janeiro.

## A LIBERDADE DA FAVELA NA PRÁTICA

A forma de governo do BTV tinha efeitos diretos no cotidiano dos moradores da Rocinha. Testemunhei isso certa noite em que fui jantar com Auro em uma pizzaria. Ele queria conhecer a praça de alimentação de um supermercado que acabara de ser inaugurado em São Conrado. Auro conhecia muitas pessoas que trabalhavam lá. Como sobrinho de um ex-traficante, ele conhecia pessoas em todos os lugares. Enquanto a arquitetura do supermercado lembrava-me um estabelecimento de "novos-ricos", tanto os trabalhadores quanto os clientes do novo supermercado eram, em sua maioria, moradores da Rocinha. ("Pelo menos este lugar é, assim, mais agradável... E não fede como a Sendas!" — Amélia comentou, certa vez, comparando o novo local com um supermercado mais antigo, também localizado em São Conrado.)

Em nosso caminho, descendo o morro rumo ao mercado, Auro e eu deparamo-nos com um grupo de cinco adolescentes jogando cartas em um beco sombrio. Dois deles olharam enquanto nos aproximávamos. Auro sentiu os olhares intimidadores dos rapazes e começou a mexer os quadris, como se estivesse desfilando em uma passarela. Um dos rapazes apontou o dedo para nós e riu:

— Maior bichona, mané! Um viadão e um viadinho!

Eu senti o peso ofensivo daquelas palavras, e Auro também. Foi então que o meu amigo parou, virou noventa graus para a direita, e foi conversar com o grupo. Eu esperava uma briga, ou algo pior! Auro começou em tom baixo, mas logo estava berrando, sacudindo o dedo e exigindo respeito. Os rapazes ficaram mudos, assustados. Auro veio em minha direção e disse:

— Vamos, querido! Vamos comer a nossa pizza!

Olhei para trás mais uma vez para ter certeza de que ninguém estava nos seguindo. Eu não conseguia entender bem o que havia acontecido e não queria nem perguntar sobre o ocorrido. Seguimos em frente.

No caminho de volta, depois de comer nossa deliciosa pizza de rúcula e tomate seco, Auro escolheu entrar pelo mesmo beco escuro.

— Ainda estou com raiva! Quero olhar esses moleques na cara de novo! — declarou. Eu me recusei a voltar pelo mesmo caminho. Não podia imaginar que teríamos a mesma sorte novamente.

— Eu sei o que estou fazendo... Venha! — ele insistiu.

Auro era um homem grande, com uma estrutura óssea pesada. Eu o acompanhei. Uma vez de volta àquele beco escuro, ele se aproximou do grupo de adolescentes novamente. Auro não mostrou medo, apenas gritou com ódio no olhar:

— Até onde eu sei, a lei do morro não é essa de tirar sarro com a cara dos viados! Tenham muito cuidado, tá?

Os rapazes ficaram tensos, eles não esperavam por uma segunda rodada! Quando terminou tudo e saímos do local, Auro me perguntou com prazer:

— Você viu o medo estampado no rosto deles?

Auro estava orgulhoso de si mesmo. De uma forma estranha, eu também estava orgulhoso, mesmo que ainda tremendo por dentro. Meu amigo continuou:

— Desde a época do BTV, é proibido mexer com bichas na Rocinha. A punição pode ser muito severa! BTV trouxe a *liberdade* para as bichas da favela! — Ele concluiu: — Hoje, é o Nem quem garante nossas liberdades!

Naquele momento, senti e entendi algo importante sobre como era ser uma bicha morando na Rocinha. Certamente, nem sempre era fácil. Mas havia dias de vitória! Talvez Auro não tenha percebido que fiquei muito tocado. Ele continuou falando com orgulho:

— O BTV costumava dizer: "Você vai mexer com os meus viados? Nem pensar! Não mexa com os meus viados!"

O legado de BTV continuava vivo e forte.

## APRENDIZADO DE LÍNGUAS: MAVAMBO

Para entender melhor a vida LGBTQ na favela, é preciso aprender não só a gíria da favela, mas um tipo de dialeto chamado pajubá (ou bajubá).

— Eu amo mavambo! Eu acho que é um vício! — Natasha contou-me, sorrindo.

Ela estava sentada comigo, Samira e Segata, em uma calçada, em frente a um bar no Beco do Foguete. Muitos dos meus amigos e amigas *queer* na Rocinha usavam o termo "mavambo" para se referir aos traficantes de drogas — também conhecidos como "bandidos". Segata, uma travesti negra, com cabelos longos e crespos, era uma das amigas de Natasha. Observei que esta última estava preocupada em não sujar a saia dela no chão. Por isso, removeu as chaves, o telefone celular e um canivete de sua pequena bolsa de pano e a usou para forrar o meio-fio antes de sentar-se. Enquanto conversávamos, ela ficou segurando os objetos pessoais na mão esquerda.

— E quem não gosta de um bandido, Nat? Affff... só de falar deles, já fico excitada. Esses mavambos são uma perda de tempo, mas é só ver um que o meu pau levanta! — Segata respondeu, gargalhando.

— Ei! E eu? Eu não gosto desses caras! Você tá louca? Me respeita! — Samira, uma das minhas melhores amigas, com covinhas profundas nas bochechas, sorriu e acenou com o dedo em negação.

Ao que Segata respondeu:

— Ahhh, para com isso! Você não gosta deles porque nem gosta de homem. Sua sapatona! Para de treta, hein?

Todos riram.

— Uma vez, um mavambo me fodeu em pleno beco! Em público, gente. Sabe um negão que fica em torno dessa área da Roupa Suja? Esse! — Segata confessou.

— No beco? Já fiz muitos! Mas negro assim, não... Não gosto de homem negro — Natasha respondeu.

Segata reagiu imediatamente ao comentário racista. Natasha não se considerava negra e, por vezes, tentava marcar essa diferença.

— O quê? Sua racista! E a anaconda? O pauzão do preto, querida? Eu tenho um buraco apertadinho, tá! Você pode imaginar minha situação quando saio com eles? Adoro! — Segata afirmou e riu alto.

— Vocês são terríveis. Que porra! Que conversa é essa? — Samira reclamou.

"Que experiência tinha eu com mavambos?" — pensei sozinho. Eu concordava com Segata em relação ao racismo de Natasha, mas a verdade era que eu nem conhecia a palavra mavambo até morar na favela. Disseram-me apenas para eu manter distância deles. Esse foi o conselho de Dona Tetê para mim quando me mudei para a Rocinha: não me "misturar" com os traficantes.

Passei por um intenso aprendizado linguístico na Rocinha, apesar de ser falante nativo de português brasileiro. Auro ficou surpreso com a minha falta de habilidades no início.

— O pajubá é o dialeto bicha da favela, querida! Você não fala nada? — ele continuou, com desprezo: — Grande parte do pajubá vem de macumba! E de macumba, você gosta, meu amor? — Auro perguntou, referindo-se às práticas religiosas afro-brasileiras.[147] Quando manifestei interesse em aprender pajubá, no entanto, ninguém queria me ensinar. Meus amigos gostavam de falar esse dialeto *queer,* mas não gostavam muito de falar sobre o dialeto, muito menos de ensiná-lo.

Giulia, uma das travestis mais conhecidas da Rocinha, também zombou de mim:

— Que bicha *kosi*!

*Kosi* era um termo usado para indicar falta de conhecimento, refinamento, sabedoria. Eu era *kosi* porque não sabia falar pajubá. Se eu tivesse mais conhecimento naquela época, também saberia que *kosi* é uma derivação da língua iorubá (algo que aprendi muito mais tarde), predominantemente falada na Nigéria e no Benim, na África ocidental. *Kosi* significa literalmente "não tem", "não há". Um léxico iorubá limitado ainda é usado nas religiões afro-brasileiras, em diferentes medidas. Geralmente, está mais presente no candomblé e menos na umbanda e quimbanda. (As duas últimas religiões usam mais a língua portuguesa em seus rituais.) O fato é que, de alguma maneira, a herança linguística da escravidão era mobilizada como um estratégia a favor de um "liberalismo *queer*" fora dos contextos religiosos também.

Auro era o único que era mais didático sobre o pajubá:

— Ora... falamos assim para que ninguém entenda, não é, *adé*? Viu? *Adé* significa bicha em pajubá! E bichas são macumbeiras. Elas gostam desse babado! Ficam aprendendo essas palavras no terreiro e depois saem por aí usando tudo com as amigas. Logo, todo mundo

---

147 "Macumba" pode ser um termo depreciativo quando usado por pessoas fora do contexto religioso afro-brasileiro. Às vezes, pode ser empregado com a conotação de "feitiçaria". No entanto, entre os meus amigos LGBTQ, era usado mais como um termo cotidiano para referirem-se às suas próprias práticas religiosas.

está falando pajubá! Todo mundo? Não... Só as bichas! É coisa nossa. Ninguém de fora entende, sacou? Por exemplo, podemos falar sobre a bunda de um bofe e ninguém entende nada. Eu rio tanto!

Com Auro, também aprendi que, no dicionário iorubá, *adé* tem o significado literal de "coroa". Rainhas usam coroas e as bichas são rainhas. Seria essa a lógica? Auro disse também que o termo *mavambo* tinha origem bantu, talvez, kikongo. Juntamente com os iorubás, a região Congo-Angola, na África, contribuiu significativamente para a formação da chamada "macumba" no Brasil e para a constituição do léxico pajubá.

— *Mavambo* e *mavula* são semelhantes entre si. Significa "bandido", "traficante" — concluiu Auro.

Os traficantes sabiam que eram chamados de mavambos; sabiam que eram ardentemente desejados pelas bichas da favela. Muitas outras pessoas também se sentiam atraídas por eles. Os traficantes cultivavam esses desejos, dominando os outros, em parte, por meio do poder erótico e fálico que detinham. Além das armas e do ouro, eles confiavam também em seus músculos e suor. Homens heteronormativos eram seduzidos por eles também. Ainda que, nesse último caso, não necessariamente pelo sexo. Esses homens queriam estar por perto dos traficantes, principalmente, em razão do poder e da riqueza que os bandidos ostentavam. Os traficantes tinham diferentes ocupações hierárquicas dentro da facção. A maioria deles eram negros e jovens. Viviam intensamente e morriam jovens; traficantes com mais de trinta anos eram mais raros. As crianças começavam a servir à facção como "olheiros", empacotadores e entregadores. Jovens e adolescentes eram recrutados o tempo todo para compor o "exército do tráfico".

— Eu gosto de [homem] "novinho"! Odeio velho. Velho só se tiver dinheiro! — Natasha nos contou um dia.

O negócio do tráfico era complexo. Envolvia gerentes, subgerentes, seguranças, soldados, contadores e executores. Na área onde ficava a minha moradia na Rocinha, o gerente era Belenzinho, um homem branco, baixo, magro e com alguma deficiência nas pernas, mancava. Belenzinho tampouco era bonito. Ainda assim, o poder que tinha chamava muita atenção. Belenzinho era cruel. Sua metralhadora semiautomática causava medo e desejo. Ele era odiado por muitos e temido por quase todos. Ao amanhecer, ele era visto, frequentemente, transando com algumas adolescentes nos becos da favela. Kayanna, minha vizinha de frente, reclamou comigo:

— Mais um lanchinho? Tenho nojo daquele homem! Ele tá sempre nesses becos, fodendo até de manhã cedo. Parece mais um cachorro! E precisa ver... ele escolhe só as novinhas e as mais bonitas!

De sua janela, que era posicionada acima da minha, Kayanna acompanhava os "shows" ao vivo, durante a madrugada. Minha vizinha duvidava que todos os relacionamentos de Belenzinho fossem consensuais.

— Como pode isso? Aquele homem feio! Só porque ele é bandido? Ou ele tá obrigando elas a sair com ele? No mínimo, no mínimo, ele está pagando, comprando essas garotas![148]

A masculinidade agressiva dos mavambos era marcada pelo medo e o desejo que os bandidos despertavam. Para minhas amigas travestis, às vezes, era uma atração fatal. Nunca ouvi falar de um traficante famoso que fosse abertamente LGBTQ na Rocinha. Ainda assim, havia muitas histórias de sexo entre meus amigos *queer* e alguns traficantes de drogas. Eram histórias suadas, cheias de perigos e tesão. Nem todas eram verdadeiras, mas todas eram vividas de alguma forma, mesmo que sob a forma do desejo. Quando esses encontros de fato aconteciam, era necessário sigilo absoluto. No entanto, a fofoca sempre circulava. Um jogo de roleta russa para quem espalhava essas histórias. E se uma das esposas desses traficantes descobrisse?[149]

---

[148] Várias decisões judiciais no Brasil, inclusive de tribunais superiores, expuseram entendimentos divergentes sobre o "consentimento" sexual para adolescentes com mais de quatorze anos. Em todo caso, a lei (do asfalto) estabelece que qualquer tipo de prática sexual com criança menor de quatorze anos, mesmo sem violência evidente, e com "consentimento", deve ser classificada como estupro (Art. 217-A do Código Penal Brasileiro).

[149] Não havia muitas mulheres que eram traficantes conhecidas de drogas na Rocinha. Muitas eram mais famosas por serem "esposas de bandidos". Os bandidos de mais alta hierarquia demonstravam seu poder desfilando com mulheres bonitas e ricamente adornadas. Isso certamente era um lembrete de que, também no território da favela, o gênero masculino constituía uma força dominante (apesar de reconhecer outros aspectos minoritários na vida desses homens). Os traficantes "possuíam e exibiam" mulheres.

Auro me contou sobre um desses encontros em detalhes, enquanto tomávamos café, comendo bolo de milho na sala de estar de Amélia.

— Você se lembra daquele cara de quem eu falei? Que saiu comigo e estava armado? — ele começou.

Eu balancei a cabeça em afirmação. Ele continuou:

— Então, meu bem... Ele veio me procurar novamente! Veio bater na minha porta ontem. Irmã, que cena! Olhei pela janela e vi logo quem era. Ele bateu, bateu, bateu na minha porta. Eu não queria abrir! Mas quem pode resistir a um homem gostoso daqueles, hein? Quando abri a porta, ele entrou correndo pra dentro. Estava chateado porque demorei muito a abrir! Acho que ele não queria que ninguém o visse chegando. E já começou a me agarrar, metendo as mãos na minha bunda. Logo, eu empurrei ele e gritei: "onde está a arma?" Ele fingiu que não entendeu. "Onde está a arma?" Eu repeti. Ele tirou a camisa. A arma estava presa na cintura dele, ao lado, assim... Eu estava vendo a arma! Enquanto isso, minhas pernas tremiam, né? Logo, ele começou a se esfregar em mim. Eu o empurrei e pedi. "Tire a arma!" Ele me abraçou forte e me deu um beijo. Fiquei tonta. Não sabia o que fazer! Então, ele pegou a arma. Passou a ponta da pistola bem no meu rosto, assim. Ele perguntou se eu queria chupar! Você pode imaginar, meu amor? Olha, aquilo foi uma loucura! Logo fodemos... tão forte e quente, que você deveria ter visto. Uma das melhores fodas da minha vida!

Meu relacionamento com Auro era baseado, principalmente, na troca de histórias como essa — pareciam mais reuniões de narração de histórias. Natasha também teve seus episódios de sexo tórrido com bandidos, mas ela nem sempre me contava sobre eles. O tempo que passávamos juntos, geralmente, era para sair para algum lugar. Mas eu nunca testemunhei o encontro de Natasha com nenhum mavambo. Será que ela era mesmo "a travesti dos mavambos"? Não importava tanto se as histórias eram reais ou fantasiosas. Em vez disso, a longa trajetória de transformações pelas quais Natasha havia passado, depois da mudança do Ceará, é que era importante para ela — de "bicha-boy" para tornar-se uma "travesti dos mavambos".

## UMA HETEROTOPIA LIBERAL

A territorialidade da favela afeta diferentes possibilidades de existência.

— Tenho muito mais *liberdade* na favela para ser quem eu sou! — Natasha declarou depois da festa de Kyle.

Antes de irmos para aquela festa no asfalto, ela parecia estar cheia de dúvidas. "Ela era livre para ser quem é?" — cheguei a duvidar em pensamentos. Ao mesmo tempo, Natasha não parecia buscar por um único eu, uma pessoa em um corpo fixo. Possibilidades flexíveis de ser eram mais importantes para ela. O corpo dela era maleável; assumia muitas formas. Em alguns dias, estava mais feminino. Em outros, parecia mais masculino.[150] Por essa razão, Natasha não gostava de hormônios e não queria fazer transformações mais drásticas valendo-se de cirurgias plásticas. Ao longo dos anos morando na Rocinha, as possibilidades de ser para Natasha, de ser Natasha, foram sendo criadas. De muitas maneiras, o processo de transição de Natasha dialogava com as próprias mudanças na favela — território de mudanças aceleradas — em uma temporalidade diferente em relação ao asfalto. Milhares de pessoas entravam e saíam daquela favela todos os dias. As taxas de natalidade e mortalidade eram ambas altas. Novas construções estavam sendo levantadas e demolidas o tempo todo. Apesar da desastrosa presença do Estado nas favelas, apesar do paternalismo dos traficantes, e apesar do preconceito dos irmãos com quem Natasha às vezes era obrigada a viver, a favela continuava oferecendo diferentes oportunidades para práticas não-normativas de sexo e de gênero.

Auro, certa vez, articulou alguns princípios de um "liberalismo de favela":

— Bem... putas vivem aqui, certo? As sapatonas vivem aqui também. Bandidos também moram aqui, né? Há bichas por toda parte, concorda? Há ladrões, viciados em drogas, trabalhadores... todo mundo vivendo aqui. A favela tem de tudo! Você tem de tuuudo,

---

150 Para uma análise mais aprofundada da importância da masculinidade como uma consideração na vida das travestis brasileiras e de seus amantes, ver: PELÚCIO, *Abjeção e Desejo*.

querida! Então, você tem que aprender a lidar com as diferenças e viver a sua vida de acordo com isso!

Nesse sentido, a Rocinha constituía uma espécie de "heterotopia liberal".[151] Se as operações de territorialização em benefício das elites estavam entre os principais mecanismos de controle efetivados pela liberdade normativa, na favela, outras possibilidades liberais emergiam devido a operações de desterritorialização das liberdades (mesmo quando estas eram seguidas por processos de reterritorialização).

A desterritorialização tornava o território da favela o mais heterogêneo possível, acomodando as diferenças daqueles que seriam considerados desviantes no asfalto, por exemplo: criminosos, viciados, bichas e muitos outros. No caso das travestis, a marcada vulnerabilidade que viviam no asfalto tornava os direitos delas na favela bastante excepcionais. Mesmo que a submissão LGBTQ ao poder masculino do Dono do Morro operasse como vetor territorializante das relações de gênero, não se tratava também de um caso simples de troca de obediência por proteção, como no exemplo oferecido por Carole Pateman sobre o casamento heteronormativo.[152] Havia uma acomodação mais radical da diferença na governamentalidade da Rocinha, em um espírito minoritário.[153]

## "PAZ, JUSTIÇA E LIBERDADE"

O "liberalismo de favela" não é algo simplista. Precisa ser compreendido como parte de relações territoriais mais amplas, para além da própria favela. Lembro-me de uma madrugada, no final de julho de 2009. Enquanto me preparava para sair de casa, uma mulher passou pelo meu beco falando alto, conversando com uma ami-

---

[151] Heterotopia poderia ser definida como "sendo uma contestação, simultaneamente mítica e real, do espaço em que vivemos..." FOUCAULT, *Of Other Spaces, Heterotopias*, 4.

[152] Conforme discutido na introdução. Ver PATEMAN, *The Sexual Contract*.

[153] Em termos de racismo, no entanto, eu não estava ciente de nenhuma "lei do morro" adaptada para proteger os negros como um grupo minoritário. Talvez, porque as favelas já eram consideradas espaços "enegrecidos". Ver LEU, *Defiant Geographies*.

ga. Eu nunca tinha visto essa pessoa antes. Ela contava à colega dela que um parente havia sido preso. Depois, acrescentou algo, que não entendi muito bem. Diante do espanto da amiga, respondeu com a seguinte pergunta:

— O que você ia preferir? Comprar sua liberdade ou apodrecer lá dentro?

Infelizmente, não consegui ouvir a resposta. Elas estavam cada vez mais longe da minha casa, mais difícil de escutá-las. Tudo o que eu consegui fazer foi escrever em minhas notas de campo: "O que acontece quando a liberdade se torna uma mercadoria?"

Muitas liberdades eram passíveis de comércio. Cada vez mais, liberdades estão sendo vendidas no capitalismo tardio. Até motocicletas são mercantilizadas em nome da liberdade. Preservativos também são vendidos sob a forma de liberdade. "Favores" dos agentes carcerários nas prisões brasileiras podem ser comprados e revertidos em liberdade. O liberalismo de favela depende, em parte, de um esquema de venda de drogas com fluxos financeiros vultosos, que também beneficia pessoas de elite, moradoras do asfalto, envolvidas nas complexas redes do tráfico. Ao mesmo tempo, as liberdades que o liberalismo de favela produz contempla a população moradora do morro, ainda que de outras formas.

No dia em que testemunhei aquela conversa no meu beco, terminei de me vestir rapidamente porque tinha um compromisso em outra favela. Desta vez, eu iria para o Pavão-Pavãozinho-Cantagalo (PPG), uma conurbação de três favelas em uma. Lá, conheci Rose, uma mulher negra, lésbica e fotógrafa. Belos cachos, de um cabelo encaracolado, cobriam a maior parte do rosto dela. Ela queria saber sobre mim. Como fui parar na Rocinha? Como cheguei ao PPG? Por conta de uma exposição fotográfica em andamento, o território daquele complexo de favelas em Copacabana estava aberto ao público do asfalto naquele dia.

— Porra! Se fosse outro dia, você seria capaz de chegar aqui sozinho? Com essa cara de *playboy*? Duvido, meu irmão! Acho a Rocinha muito mais liberal nesse sentido... — Rose comentou.

Ao mesmo tempo em que as favelas eram incrivelmente diversificadas internamente, e tolerantes com as diferenças, a manutenção de tais territórios também se baseava na existência de limites bem guardados em relação ao asfalto. Na maioria das favelas, a burguesia só era bem-vinda na qualidade de "consumidores". Segundo Rose, essa situação era menos tensa no caso da Rocinha. Ainda assim, as fronteiras das favelas estavam relativamente fechadas para estranhos, e eram ainda mais vigiadas para prevenir a entrada de alguns representantes do Estado-nação, como os policiais. Os mecanismos de fronteira para evitar invasões da polícia eram muito elaborados e custosos para os traficantes manterem. Envolviam não apenas subornos a policiais corruptos, mas a implantação de uma "força de segurança" da favela — que envolvia guarda-costas para proteger os traficantes de mais alto escalão, vigias com equipamentos de rádio posicionados perto das fronteiras da favela e até mecanismos de alarme, como o uso de fogos de artifício para alertar os moradores sobre conflitos iminentes. Como poderia haver liberdade sob uma vigilância tão forte? Ocorre que muitos outros processos internos de desterritorialização aconteciam ao lado desses mecanismos de controle das fronteiras das favelas.

Em uma conversa despretensiosa, Rose me ofereceu uma teoria potente sobre o liberalismo minoritário:

— O PPG é para aqueles que são "cria" de verdade, aqueles nascidos e criados na favela... Para nós, o bagulho é outro! A vida aqui dá um tipo de *liberdade* que não existe noutro lugar. Você sabe por quê? Isso segue muito a lógica do que acontece na prisão. As pessoas crescem aqui, tornam-se bandidos, e muitos deles vão parar na cadeia. Eles ficam lá presos. As pessoas aqui vão visitar eles e tudo, né? Você pode ficar trancado por um longo tempo, o tempo que tiver que cumprir. Mas, um dia, um dia você vai voltar! Então, como as pessoas voltam? Uma parada sinistra! Eles vêm com uma mentalidade de prisão, cara. Eles voltam com muitas amizades na cadeia e com conhecidos no morro. Alguns mal acabam de voltar e já estão dando as cartas na favela! Muitas leis do morro são derivadas das experiências na prisão. E ex-presidiários, do que eles gostam? De *liberdade*, cara! É por isso que você tem um tipo especial de liberdade na favela! Mas para um *playboy*, você não tem essa liberdade. Essa liberdade é para nós do morro. Qual é o lema da ADA [a facção Amigos dos Amigos]? Qual é? Você não sabe? "Viva e Deixe Viver!" E o lema do CV [a facção Comando Vermelho]? Sabe qual é? "Paz, Justiça e Liberdade"! É isso aí.

As cadeias são territórios em íntima conexão com as favelas. Os Donos do Morro conheciam a realidade da prisão. Nem todos passaram, eles mesmos, por essa experiência, mas as possibilidades de aprisionamento (assim como a possibilidade da morte) sempre estiveram lá, como uma presença fantasmagórica.[154] Ao mesmo tempo, a construção de relações na cadeia era algo de valor, conexões feitas com outros bandidos eram úteis para ajudar na governança das favelas. O território da prisão influenciava diretamente as possibilidades de liberdade nas favelas.

Para Natasha, o liberalismo da Rocinha dependia de arranjos complexos, incluindo as festas do BTV, o tráfico de drogas e as leis do morro: "Não mexa com os meus viados!" Nesta última frase estão manifestas contradições típicas do liberalismo: autoridade e posse junto com proteção e liberdade. Os *liberalismos minoritários* propõem liberdades baseadas em múltiplas diferenças dentro de uma heterotopia que se estende até a prisão: "Viva e Deixe Viver!"

Rose me ensinou tanto em um encontro tão breve. Infelizmente, nossos caminhos nunca mais se cruzaram. Independentemente disso, aquele episódio trouxe a certeza de que eu deveria continuar traçando as várias liberdades em campo, por onde quer que elas me levassem. Para entender melhor o liberalismo de favela, terminei traçando relações territoriais internas e externas à Rocinha. Às vezes, bem longe da Rocinha, mesmo que ainda ligadas a ela.

---

[154] Walter Benjamin afirma que "o mundo dominado por suas fantasmagorias é —para usar uma expressão de Baudelaire — a modernidade". BENJAMIN, *Das Passagen-Werk*, 77.

# 3. O SERTÃO NORDESTINO

> Se a capacidade de efetuar mudanças no mundo e em si mesmo é histórica e culturalmente específica (tanto em termos do que constitui "mudança" quanto dos meios pelos quais ela é efetuada), então o significado e o senso de agência não podem ser fixados antecipadamente.
>
> **Saba Mahmood, *Politics of Piety***

Segundo a socióloga Licia do Prado Valladares, as distinções e conexões entre os centros urbanos e o sertão brasileiro são elementos constitutivos da concepção histórica das favelas.[155] Muitas vezes, ao referirem-se às favelas como um "problema" a ser resolvido, os agentes públicos apontam semelhanças entre essas áreas e as regiões mais "pobres" e mais "atrasadas" no interior do Brasil. Isso não só porque muitos migrantes morando nas favelas cariocas são oriundos do sertão, mas também porque eventos como a guerra de Canudos, no interior da Bahia, oferecem um repertório importante para conceitos sobre justiça social e liberdade no Brasil.[156] Neste capítulo, seguirei algumas conexões entre a favela e o Sertão do Nordeste brasileiro, traçando como experiências *queer* de liberalismo interagem com questões de migração, violência e algumas concepções campesinas de liberdade.

No meu aniversário, em janeiro de 2010, não houve grande celebração. Em vez disso, meu presente foi uma viagem do Rio de Janeiro para o interior do estado do Ceará, com Amélia e sua filha,

---

155 VALLADARES, *A Invenção da Favela*.

156 Conforme discutido na introdução.

Maria Beatriz. O plano era explorar as relações entre o ponto inicial da minha pesquisa, a Rocinha, e a região de onde muitos dos meus amigos haviam migrado, incluindo Natasha e Amélia. Mais de vinte anos se passaram desde que esta última, minha vizinha de cima, havia deixado sua terra natal, sem olhar para trás.

— Eu realmente preciso ver minha mãe... ela está doente! — Amélia tinha me dito, chorando.

Estávamos sentados em frente à televisão dela, na Rocinha, quando decidi comprar nossas passagens de avião, durante uma promoção relâmpago. Amélia e sua filha voaram pela primeira vez em minha companhia. Elas ficaram empolgadas com a aventura, mas agoniadas ao entrar no aeroporto, um espaço tradicionalmente ocupado por pessoas para quem Amélia costumava trabalhar como faxineira.

O destino do nosso voo, saindo do Rio de Janeiro, era Fortaleza, a capital do Ceará. Uma vez em Fortaleza, pegaríamos um táxi do aeroporto até a rodoviária da capital e, a partir de lá, a viagem de ônibus levaria mais oito horas para chegar à cidade natal de Amélia, no interior do estado, chamada Guaraciaba do Norte, com cerca de 37.700 habitantes em 2010.[157] Chegamos tarde da noite à casa da família de Amélia e dormimos bem naquele primeiro dia. A longa viagem desde que saímos da Rocinha havia cansado nossos corpos, e o acalentado reencontro com a família nordestina de Amélia aqueceu nossos corações.

Infelizmente, Natasha se recusou a viajar conosco. Ela não tinha nenhum interesse no Ceará. Ainda assim, pedi para ela marcar um encontro meu com os familiares dela que moravam no Nordeste, e ela prontamente concordou. A pedido de Natasha, um de seus irmãos mais novos que vivia no Ceará, chamado Vadson, instruiu-nos por telefone que, se realmente quiséssemos visitar o vilarejo onde a família morava, precisaríamos viajar ainda mais interior adentro. A partir da cidade natal de Amélia, teríamos que embarcar na traseira de uma caminhonete velha, uma D-20, que servia de transporte público ligando Guaraciaba do Norte a Martinslândia.[158] A terra natal de Natasha não era um lugar fácil de visitar.

---

[157] Censo Demográfico Brasileiro de 2010.

[158] Quanto mais longe se vai para o interior do Brasil, maiores as chances de ver uma D-20. A caminhonete fabricada pela subsidiária brasileira da *General Motors* havia sido lançada na América Latina por volta de 1985.

Depois de passar alguns dias na casa da mãe de Amélia, decidimos que era hora de nos aventurarmos. Procuramos pela parada onde uma D-20 vermelha aguardava por pessoas e cargas, na Praça Central de Guaraciaba do Norte. Desde nossa decolagem inicial até Guaraciaba, e depois Martinslândia, teríamos viajado milhares de quilômetros para terminarmos dentro de um veículo projetado mais para o transporte de gado do que de humanos. A D-20 era um "pau de arara" contemporâneo, o único meio de transporte que alguns migrantes nordestinos podiam pagar, e o mesmo nome dado a uma técnica de tortura amplamente utilizada durante a ditadura militar brasileira de 1964-85.[159] "O que achariam as elites dessa jornada na caçamba de uma D-20? Aprovariam perversamente? O pau de arara também funcionava como uma forma de contenção de movimento? Uma forma de punição?" — pensei comigo, sem muita clareza, apenas ressentimento. Naquele dia, lembrei-me de Armando, diretor da Escola Amigos Unidos (EAU) da Rocinha, zombando de um ditado comum entre as elites do asfalto: "Não pode dar *liberdade* para pobre!"

Nas regiões Sul e Sudeste do Brasil, mesmo dentro das favelas, o Nordeste é muitas vezes percebido como o lugar de onde originam os migrantes "indesejáveis", associados à pobreza extrema. Embora também houvesse fluxos significativos de remessas financeiras e mercadorias circulando entre essas regiões, eles não recebiam muita atenção.[160] Curiosamente, pouco tem sido dito sobre outros fluxos migratórios no Brasil, como o grande número de pessoas que deixam o Rio Grande do Sul para colonizar a Amazônia, na região Norte do país. Nem todos os migrantes brasileiros são nordestinos.

---

159 Uma das narrativas para explicar o significado do termo "pau de arara" vem do fato de que as araras eram muitas vezes amarradas a um poste (ou pau) durante o transporte para venda. Essa mesma imagem foi então aplicada aos seres humanos, por analogia, em referência aos meios de transporte desconfortáveis em caminhões. A expressão também se aplica a um dispositivo de tortura empregado durante a ditadura militar brasileira. Teresa Caldeira discute esse mecanismo de tortura em mais detalhes, em *City of Walls*.

160 Por exemplo, alguns produtos nordestinos circulavam em abundância entre o Nordeste e o Rio de Janeiro — alimentos como rapadura, biscoitos, feijão verde e um tipo especial de farinha de mandioca, farinha d'água, sempre podiam ser vistos à venda na Rocinha. Itens da indústria de roupas de Fortaleza, com bons preços, também eram uma presença comum nos mercados da favela.

Nem todos os nordestinos são migrantes. Além disso, nem todos os migrantes eram iguais. Os corpos *queer* nem sempre podiam circular nas mesmas condições que os outros. Por exemplo, para as travestis, havia liberdades diferentes no Nordeste e no Sudeste. Essas considerações afetavam profundamente a capacidade delas circularem entre a Rocinha e Martinslândia.

## A QUESTÃO DO PARENTESCO

O vilarejo de Martinslândia ficava dentro dos limites legais do município de Guaraciaba do Norte. Dirigindo em direção à Croatá, na estrada CE-192, teríamos que virar à esquerda em uma localidade chamada Várzea de Espinhos. Ao contrário das fronteiras territoriais entre a favela e o asfalto no Rio de Janeiro, os limites administrativos no interior do Ceará não eram visíveis. Várzea de Espinhos, no entanto, parecia ser um nome adequado para marcar a entrada do lugar onde Natasha passou a maior parte de sua vida antes de migrar para o Rio de Janeiro. O interior do estado do Ceará tinha fama por ter um solo seco e por faltar recursos.[161] Sempre que Natasha começava uma frase com "Lá na minha terra...", eu sabia que memórias dolorosas viriam. Clodoaldo nasceu no Ceará. Natasha nasceu na Rocinha.

Para ter certeza de que conseguiríamos identificar Vadson na praça central de Guaraciaba, no dia da nossa viagem a Martinslândia, Natasha me ligou no celular. Dona Rosário tinha enviado o irmão de minha amiga para a cidade para pegar farinha de mandioca e depois nos acompanhar de volta para sua casa. Nós não o conhecíamos, mas ele era fácil de identificar. Amélia foi quem o apontou na multidão. Maria Beatriz, entretanto, recusou-se a sorrir para o desconhecido. Ele tinha cerca de vinte anos e parecia um pouco com Natasha, apesar de ser ainda mais alto que sua irmã. Carregava um saco de

---

[161] No ano de 2010, o Ceará contava com pelo menos 1.502.924 moradores residentes em domicílios com renda mensal inferior a 70 reais per capita (Fonte: IBGE, 2010). Isso seria o equivalente a aproximadamente 16 dólares americanos (taxa de conversão usada: 1 USD = 4,3 BRL em janeiro de 2020).

vinte e cinco quilos de farinha nos braços. Logo depois que nos encontramos e subimos na caçamba da D-20, o motorista anunciou:

— Partiremos em breve!

Os passageiros se apertavam na parte de trás do caminhão, sem falar muito. Era difícil conversar enquanto viajávamos naquele pau de arara. O vento e o desconforto sopravam nossas palavras para longe.

Durante o trajeto para Martinslândia, a D-20 levantava a fina camada de poeira que cobria as estradas de terra batida. O ano e o início da estação chuvosa muitas vezes coincidiam naqueles sertões, mas no dia de nossa viagem não havia sinal de chuva. Estava inesperadamente seco e frio na nossa chegada ao Ceará. Guaraciaba do Norte fica a quase mil metros acima do nível do mar — uma altitude muito maior do que as praias do Rio de Janeiro. Parecia especialmente frio para nós, vindos do auge do verão da Cidade Maravilhosa. (Uma famosa canção diz: "Rio, 40 graus! Cidade maravilha, purgatório da beleza e do caos!")

Depois de cerca de vinte e cinco minutos, a caminhonete parou na beira da estrada para deixar uma senhora de idade descer. Eu estava ao lado de Vadson e arrisquei algumas palavras:

— Ainda estamos longe?

Vadson respondeu com uma voz grave, muito parecida com a de Natasha:

— Já devia ter chegado lá.

Eu não queria deixar a conversa morrer:

— Você conhece o Rio?

— Só na TV.

— Quando você vai visitar sua irmã Natasha? — insisti.

Ele respondeu:

— Natasha? Aquilo é uma praga!

Pensei na peste bubônica, depois no HIV — a fusão entre doença e sexualidade. Calei-me. O destino de qualquer viagem de pau de arara seria o sofrimento físico e emocional? Minhas primeiras notas de campo sobre a família de Natasha no Ceará foram sobre relações de parentesco e abjeção. Há famílias nas quais nascemos e há famílias que escolhemos.[162] Como feministas e estudiosos *queer* têm

---

[162] WESTON, *Families We Choose.*

argumentado, dentro do domínio familiar, as estruturas de parentesco podem ser profundamente opressivas.[163]

Em que mundo possível o estilo de vida liberal de Natasha se tornaria uma praga? Que tipo de praga seria essa, e quais seriam os possíveis danos que ela poderia causar? Eu sabia que era importante não universalizar o que eu conhecia sobre famílias.[164] Foi importante para mim passar um tempo no Ceará para entender melhor os arranjos específicos de propriedade da terra, moralidade, trabalho, religião e parentesco que transformavam a liberdade de Natasha em "libertinismo" e o liberalismo de favela em obra do diabo. Quais eram as políticas de liberdade por meio das quais Dona Rosário e sua família viviam em Martinslândia? Quais eram seus desejos liberais, caso tivessem algum? Era um desafio, como etnógrafo *queer*, lidar com a homofobia de Vadson.[165] Era doloroso ouvir suas observações transfóbicas. Mas minha posicionalidade como bicha-boy não me impediu de conduzir a pesquisa. Talvez, seja exatamente essa situação que me tenha permitido mediar entre Natasha e a família dela. Mesmo que isso exigisse um balanço delicado da minha parte, entender os diferentes modos de liberalismo existentes em Martinslândia e no Rio de Janeiro poderia ajudar a acalmar certos conflitos.

## PAI MORTO

A enferrujada D-20 parou na frente de uma casa de duas janelas, pintada de um bege muito claro. A poeira esbranquiçada das ruas deixava tudo um tom mais pálido. O telhado era no estilo colonial brasileiro, chamado "cangalha", com telhas grossas, irregulares, e aparentemente velhas. Objetos parabólicos decoravam quase todos os telhados da vila: antenas de TV via satélite. Martinslândia não era destituída como as pessoas acreditavam no Rio de Janeiro. As casas não eram as mais elaboradas, mas eram bem cuidadas e relativamente espaçosas. A paisagem do vilarejo estava cheia de cores, ainda que empoeiradas. A maioria das casas tinham quintal.

---

163 RUBIN, *The Traffic in Women.*

164 SCHNEIDER, *American Kinship.*

165 KULICK, *Can There Be an Anthropology of Homophobia?*

Dona Rosário apareceu sorrindo na janela durante nossa chegada. Vadson rapidamente pulou da caminhonete e descarregou sua compra. Desci de forma mais desajeitada, e alguns passageiros ajudaram Amélia e Maria Beatriz a desembarcar. Dona Rosário abriu a porta da frente e desceu dois degraus para chegar ao nível do solo. Ela abraçou o filho primeiro, depois virou-se para me abraçar, com força, e disse:

— Quanto tempo, Moisés!

Eu a apresentei a Amélia e a Maria Beatriz. Amélia disse que já se tinham visto antes na Rocinha. Dona Rosário ficou animada:

— Então você chegou aqui, hein? Martinslândia! Quem diria?

Agradeci a ela por enviar Vadson para nos encontrar:

— Nunca encontraria sozinho! — comentei.

Ela riu e respondeu:

— Encontraria, sim... Era só sair por aí perguntando. Todo mundo conhece todo mundo por aqui! Mas Vadinho [o apelido de Vadson] é muito bom. Este é o meu melhor filho!

Vadson já havia sumido com a pesada carga de farinha no topo da cabeça. A D-20 partiu, levantando mais poeira.

Vadson era o melhor? Talvez sua timidez tivesse me impedido de conhecê-lo. Ou talvez o diálogo truncado que tivemos durante a viagem tivesse me influenciado negativamente. Ele disse que Natasha era uma praga! Talvez Vadson não soubesse que eu era uma bicha-boy. Por isso que ele se sentia confortável maldizendo sua irmã travesti? Talvez ele quisesse que eu pensasse que ele era um homem "de verdade"; poderia estar tentando se distanciar moralmente de Natasha. Mas por que seria ele o favorito de Dona Rosário? Algo naquela situação me fez sentir melancólico. Dona Rosário sabia que eu era uma bicha-boy! Contudo, como ela me disse uma vez, quando estávamos na Rocinha:

— Pelo menos você usa calça de homem, Moisés! Eu só queria que Natasha usasse calça também.[166]

Agora eu estava no território deles. Temia ser maltratado por ser bicha, mesmo que estivesse de calça.

Dona Rosário continuou com os elogios ao filho:

---

[166] Talvez isso possa ajudar a explicar a preocupação de Natasha em usar calças ao sair para a festa de Kyle.

— Vadson será professor e cuidará do nosso cantinho de terra [sítio]. Ele nem pensa em ir perder tempo no Rio! Este não vai me abandonar.

A senhora, naquele momento, nos convidou para entrar. O irmão mais novo de Natasha, Dudu, foi quem nos recebeu dentro de casa. Ele estava deitado no sofá da sala, assistindo à TV. Esse era o irmão que precisava do tratamento ortopédico que Dona Rosário e eu tínhamos ido buscar em Ipanema. Naquela época, havíamos conseguido uma consulta para o início de outubro de 2009. Em seguida, ela foi remarcada para dezembro de 2009. Finalmente, mudaram a consulta médica para março de 2010. Recém-chegado à adolescência, o menino ficava em casa a maior parte do tempo. Ele ocupava todo o sofá, que estava forrado com um pano cor de vinho.

— Levanta daí, Dudu... Deixa as visita sentar! — a mãe dele ordenou.

O menino virou de lado antes de erguer a parte superior do corpo, revelando um protuberante desvio lateral na coluna.

— Não se incomode, Dona Rosário! — reagi quase instintivamente depois de ver a condição do menino.

— Eu também não quero me sentar — Amélia concordou rapidamente.

Dudu sorriu e voltou à sua posição original.

Dona Rosário comentou:

— Se não quer ficar na sala, vem todo mundo pra cozinha!

— A cozinha é o melhor lugar de casa! — disse Amélia, acenando com a cabeça.

As duas mulheres se dirigiram para o cômodo ao lado, enquanto eu me distraía olhando para uma foto antiga pendurada na parede, logo acima do sofá. Um homem e uma mulher estavam vestidos muito formalmente, aparentemente, em trajes de casamento. Estavam muito sérios. As cores da fotografia pareciam surreais, como se pintada com aquarela.

— Venha tomar uma xícara de café, Moisés! Cadê você? — Dona Rosário me chamou.

Ao entrar na cozinha, encontrei todos sentados ao redor de uma pequena mesa. O cômodo era iluminado apenas pela luz forte que entrava pela porta dos fundos, que levava ao quintal. As paredes internas da cozinha não estavam pintadas. Dona Rosário deve ter notado que eu estava observando as paredes, porque rapidamente explicou:

— A cozinha tá em reforma. Este mês acho que posso comprar o material que falta para finalizar essa parte. O material de construção é caro! Mas eu vou terminar. É a nossa casa! Esperando só pra entregar o feijão de corda que vamos colher no sítio. Vendi tudo a um cabra que ainda não me pagou. Temos uma terrinha e a família trabalha lá. De vez em quando, algum dinheiro entra!

Amélia logo respondeu:

— Não se preocupe com parede... Ninguém se importa com essas coisas na Rocinha![167]

A mãe de Natasha sorriu, mas discordou:

— Eu me importo com essas coisa. Aqui no Ceará, se você não rebocar e pintar a casa? Ah, meu Deus! Só os muito pobrinho não pinta a casa!

Depois de algum silêncio, perguntei sobre a fotografia que tinha visto na sala de estar:

— Tem uma foto na sala, uma foto antiga. É a senhora, Dona Rosário?

Ela retrucou:

— Que foto? Aquele retrato *véi*? Do pai dos meus filho e eu? Eu ainda era jovem ali... tinha acabado de começar a morar junto. Eu tinha um rosto bonito naquela época, você notou?

Eu estava interessado em ouvir mais sobre o pai de Natasha. Minha amiga não gostava de falar dele. Sabia que ele não era vivo, mas não muito mais que isso.

Amélia parecia tão curiosa sobre aquela situação marital quanto eu. Ela perguntou diretamente:

— Você tem marido, Dona Rosário?

— Não... nunca casamo no papel. Mas ele foi o único homem da minha vida! — respondeu Dona Rosário.

Amélia, que também nunca havia se casado oficialmente com o seu parceiro de vida, continuou:

— E onde ele tá agora?

Então, Dona Rosário contou:

---

[167] Para uma discussão mais ampla sobre esse assunto, consulte LINO E SILVA, *Red Brick in Rio*.

— Ele morreu faz é tempo! Fumava muito. Até eu fumava, você acredita? Eu só parei de fumar depois que fui ver uma benzedeira. Dei a ela meus 25 reais, pensando que nunca daria certo. E olha para mim hoje! Realmente funcionou. Ele que nunca conseguiu parar, nem quando ficou doente. Tinha câncer de pulmão e, de repente, ele se foi! Deixou os menino e eu. Esses mais moço? Eu criei todo mundo sem homem! Tudo sozinha, e com a ajuda de Deus.

Amélia comentou com raiva:

— Viu, Beatriz! Você vê porque eu reclamo tanto com o seu pai? Ele tem que parar de fumar! Ele vai morrer, escuta só. Ele vai morrer!

Dona Rosário acrescentou:

— Estou sempre de olho nos meu menino no Rio! Já peguei uns fumando e quase dei um soco na cara deles. Eu não aceito isso!

Natasha não fumava, nem mesmo maconha. Nem de álcool ela gostava.

Pedi por um copo de água, do filtro de barro, e depois saímos pela porta dos fundos. Maria Beatriz ficou encantada com o quintal:

— Olha, mãe! Tanto espaço!

A terra parecia sem vida. Vadson estava ocupado por lá, empilhando galhos secos retorcidos, para usar no fogão a lenha.

Dona Rosário gritou para ele:

— Vamo levar o povo lá para ver se sua vó tá em casa! Vamo?

Ele concordou em silêncio. Para nós, Dona Rosário disse:

— Vamo dar uma volta até mais perto da hora do almoço. Vai chegar um pessoal que tá no sítio que vem almoçar. Vamo agora e voltamo pra terminar de cozinhar.

Saímos, seguindo uma trilha de terra pelo quintal. Os arbustos secos ao longo do caminho estavam cobertos de poeira. O sol estava esquentando. Enquanto caminhávamos pela aldeia, notei crianças brincando com um pneu de carro velho. Logo chegamos a um galpão feito de madeira e folhas de zinco, cobria uma área cimentada redonda.

— Mãe! Ei, mãe! — Dona Rosário gritou.

Amélia explicou o uso do galpão para Maria Beatriz:

— Isso é pra torrar farinha de mandioca.

Dona Rosário replicou:

— Minha mãe faz farinha aqui. Mas ela não trabalha há um tempo. Esta é a farinha que gostamo de comer. Aquela que nós mesmo faz. A que compramo no mercado né boa não! — era importante para Dona Rosário produzir sua própria comida.

Uma senhora com traços faciais afilados e um tom de pele quente surgiu. Seu longo e brilhante cabelo prateado chegava até a cintura. Finalmente, ouvimos a voz de Vadson novamente:

— Bênção, vó?

Dona Rosário disse à anciã:

— Estes são os amigo do Clodoaldo do Rio, mãe!

— Eu sou amigo da Natasha! — eu a corrigi quase instintivamente, mas logo duvidei se faria sentido, imaginando se a avó de Natasha a conheceria pelo nome.

— Natasha! — a anciã repetiu, usando o nome feminino. — Como está minha Natasha? — ela perguntou carinhosamente.

Repeti o pronome feminino e respondi:

— Ela? Tudo bem! Tudo bem, ela está bem!

A avó de Natasha respondeu, usando o pronome feminino novamente:

— Gosto muito dela mesmo! Pessoas como Natasha têm muita proteção!

Proteção? Pensei em como Natasha era astuta nas artes da autodefesa. Ela sempre tinha uma resposta para ofensas verbais. Sempre carregava um canivete ou um chaveiro em forma de bola de aço na bolsa para ajudar em caso de briga de rua. Natasha também era habilidosa com a polícia. Sim, era verdade que me sentia protegido na companhia dela. Ela parecia gostar de cuidar de mim. Para alguém que passou a vida sendo atacada, parecia ser prazeroso poder oferecer algum conforto aos outros. Mas a avó dela estava se referindo a outro nível de proteção — espiritual.

Dona Rosário explicou:

— A mãe é filha de índio... Ela gosta de rezar pro santo tudo e também pede pros encantado!

A anciã sorriu e respondeu:

— Rezo sempre pela proteção dos meu neto na Rocinha!

A avó de Natasha ofereceu-nos uma xícara de café, mesmo que tivéssemos acabado de tomar café. Maria Beatriz reclamou que estava cansada e queria voltar para Guaraciaba do Norte. Amélia, por sua vez, reclamou de Beatriz.

— Dá um tempo, Bia! Vamo em breve!

Beatriz abraçou a mãe pela cintura e não a deixou mexer.

— O que é isso, garota? Você é velha demais para isso. Onze anos! — a mãe dela reclamou.

Todos riram de Beatriz. A garota estava entediada.

— A senhora já almoçou, mãe? — perguntou Dona Rosário. — Na roça o povo come cedo! — explicou a mãe de Natasha.

— Ainda não... Essa menina tá assim é de fome, é? — a anciã comentou, olhando para Beatriz.

Amélia retrucou:

— Né nada! Ela gosta de encher o saco mesmo... Depois que temo filho, nossa *liberdade* acaba, né?

Dona Rosário riu e disse:

— E você só tem ela, hein? Imagina eu. Eu tive treze filho! E isso sem contar os que morreram.[168]

Amélia respondeu:

— Tenho dois filho! Essa menina e um menino mais velho. As criança tiram toda nossa liberdade. Como você conseguiu, mulher?

Aqueles de nós que não tínhamos filhos ouvíamos em silêncio.

Dona Rosário voltou à pergunta anterior:

— A senhora vai almoçar em casa com nós hoje, mãe?

A avó tirou o cabelo prateado do rosto, agradeceu à filha e lamentou não poder ir almoçar conosco porque tinha que terminar algumas tarefas. Dona Rosário respondeu:

— Foi bom para eles conhecer a senhora, mãe! Mas precisamo ir já... Tenho que terminar de fazer o almoço do povo!

## A LIBERDADE DAS MULHERES E A FAMÍLIA

O parentesco amarra as pessoas. Na maior parte do Brasil, as atividades de criação dos filhos — alimentar, vigiar e zelar deles — são destinadas a serem realizadas pelas mulheres e a serem realizadas no âmbito doméstico. No interior, uma certa privação de liberdade parecia proteger o valor moral feminino ou, até mesmo, elevá-lo.

---

[168] O Nordeste brasileiro é conhecido por suas altas taxas de mortalidade infantil. Por exemplo, ver a discussão de SCHEPER-HUGHES, *Death Without Weeping*.

Às vezes, Amélia e Dona Rosário reclamavam da situação em que viviam, domesticadas, sobretudo depois da maternidade

— Cai tudo nas nossa costa, as mãe! Porque muito pai nem quer saber de filho. Eles não ajuda em casa. E quando as filha chega em casa grávida? A culpa é toda nossa! — Amélia reclamou. — Eu sempre digo a Beatriz. Eu digo a ela para se comportar. Uma garota não pode brincar *solta* nos beco da Rocinha!

Mesmo ciente de sua própria falta de liberdade, Amélia pregava que o melhor para a filha era ser vigiada e não tomar liberdades. Parte do desafio de ser uma boa mãe era justamente reconhecer "o lugar" da mulher na família e "honrar" seus papéis como boas mães e boas filhas. Dito isso, a obrigação normativa liberal (universalizante) de ser livre não parece lidar bem com situações em que as mulheres usam a agência moral delas para aceitar certas limitações sobre suas liberdades.[169]

Na Favela da Rocinha, no entanto, nem todas as mulheres aceitavam a sujeição da maternidade. Muitas delas se "rebelavam" contra o que, por vezes, chamavam de "escravidão da maternidade". Minha vizinha de porta (em frente) no beco, Kayanna, que engravidou quando adolescente, era uma delas. Ela era uma mulher bonita e de baixa estatura.

— Sou mãe de três filhos, mas não estou morta! Eu tenho uma vida para viver! — ela me dizia.

Depois de longas jornadas trabalhando como faxineira na Barra da Tijuca, Kayanna nem sempre voltava para casa para cozinhar, limpar e cuidar das crianças. Frequentemente, ela ia para casa, tomava banho e se arrumava para aproveitar a vida noturna — apesar da desaprovação de alguns vizinhos.

A gravidez na adolescência era uma preocupação comum na favela. Na ONG onde eu lecionava inglês, este era um assunto favorito para fofocas, além de ser tema frequente nas aulas de educação sexual. Quando uma das alunas adolescentes ficava grávida, Armando anunciava à futura mãe:

— Sua *liberdade* acabou, querida!

---

169 Como Saba Mahmood havia notado anteriormente. MAHMOOD, *Politics of Piety*.

Muitas alunas diziam que tinham medo de perder a liberdade. Não queriam ter bebês. Nem se casar muitas delas queriam. Lilica, uma das alunas mais dedicadas da EAU, certa vez me disse:

— Não quero filhos! Não quero marido! Eu quero ter minha própria vida, ter minha própria liberdade. Estou estudando para poder ter um emprego e ser independente.

Na Rocinha, os laços de parentesco também eram uma ameaça às liberdades, mais ainda para meninas e mulheres. Dito isso, nem todas estavam felizes em viver suas vidas cuidando de seus filhos e maridos, limitando suas experiências ao mundo doméstico. Na verdade, devido a diferentes circunstâncias, quase metade dos domicílios no Brasil estavam sob a chefia de mulheres solteiras.[170] Esse parece ser também um distanciamento do "contrato sexual" — mesmo que muitos ainda acreditassem que trocas sexuais deveriam ser necessariamente reguladas pelo contrato do casamento.[171]

Pessoas como Amélia e Dona Rosário estavam na vanguarda de uma guerra intergeracional com suas próprias filhas, tentando regular a vida e, mais importante, a sexualidade delas. Maria Beatriz e Natasha eram observadas de perto em casa, embora sob formas diferentes e com expectativas diferentes — Beatriz deveria permanecer virgem até o casamento, e Natasha deveria se casar com uma mulher e constituir uma família heteronormativa. Natasha amava Dona Rosário, isso ela me disse algumas vezes. Ao mesmo tempo, Natasha se sentia presa quando estava com a família:

— Minha mãe me sufoca! E meus irmãos puxaram isso dela. É por isso que prefiro ficar na rua!

Para Natasha, a rua era um lugar de liberdade, enquanto a casa era um lugar de opressão. Em uma observação sobre esse tema, o antropólogo Roberto DaMatta aponta que os espaços públicos no Brasil tendem a ser generificados como pertencentes aos homens, enquanto os espaços domésticos são entendidos como pertencentes às mulheres.[172] Natasha desafiava algumas dessas associações: quanto mais estava nas ruas, mais se tornava mulher.

---

170 Fonte: PNAD, IBGE, 2015.

171 PATEMAN, *The Sexual Contract.*

172 DAMATTA, *A Casa & a Rua.*

— Esse aqui? Ele gosta de *libertinagem*! — Dona Rosário costumava reclamar de Natasha. Em casa, a vigilância heteronormativa era mais intensa.

Dona Rosário teve treze filhos que viveram, outros quatro ou cinco que morreram. Ela me disse que dentre aqueles que não "vingaram", houve alguns abortos espontâneos. Outros morreram logo após o nascimento. Não escutei nenhuma menção a abortos induzidos, se houve. Dona Rosário alegou não se lembrar do número exato dos mortos, mas talvez preferisse não pensar tanto nisso. Ainda assim, ela costumava orar por suas almas. Ela também rezava por seus filhos vivos e fazia o possível para controlá-los. No interior do Ceará, se a boa mãe era aquela que abria mão de suas liberdades, o bom filho era aquele que se submetia à família — geralmente, ao pai. No caso de Vadson, ele se submetia à mãe. Ele era taciturno, obediente e católico. O irmão de Natasha parecia feliz com a ideia de cultivar a terra, produzir seus próprios filhos, honrar os valores familiares e reafirmar as estruturas heteronormativas de gênero.

## CAMPONESES CONTRA A ESCRAVIDÃO

Dona Rosário não era uma tirana. Ela estava fazendo o possível para viver eticamente, o que para ela significava tentar evitar que sua família sofresse humilhação econômica e moral. Aceitar limitações à liberdade (como também acontece em outras formas de liberalismo) não é necessariamente o mesmo que apoiar a escravidão. De fato, para Dona Rosário, uma vida mais contida poderia até salvar seus filhos de serem vítimas dos perigos cotidianos em uma metrópole.

— Não pari ninguém para ser escravo! — uma vez ouvi dona Rosário desabafar.

Outros estudos realizados com campesinos no Nordeste revelam que arranjos específicos de propriedade da terra, liberdade, relações de parentesco, valores familiares e atitudes perante o trabalho moldam as formas distintas pelas quais os "campesinos" vivem cotidianamente. Observações etnográficas na Paraíba não só ajudam a apoiar algumas das observações que derivam do Ceará, mas acrescentam complexidade à análise de como esses arranjos afetam diferentes possibilidades de liberdade. Por exemplo, Klaas Woortmann, que vivenciou o estilo de vida rural na Paraíba, argumenta:

> Nas culturas camponesas, não se pensa a terra sem pensar a família e o trabalho, assim como não se pensa o trabalho sem pensar a terra e a família. Por outro lado, essas categorias se vinculam estreitamente a valores e a princípios organizatórios centrais, como a honra e a hierarquia. Pode-se opor esse tipo de sociedade às sociedades modernas, individualizadas e voltadas para o mercado; em outras palavras, pode-se opor uma ordem moral a uma ordem econômica. [173]

Para Dona Rosário e para Vadson, ser "bom" equivalia a estabelecer relações apropriadas na comunidade, envolvendo a terra, o trabalho, o parentesco e as liberdades. O melhor filho era aquele que se dispôs a ficar em Martinslândia para se casar com uma mulher "decente" e assumir as responsabilidades pela propriedade da família (a roça) quando Dona Rosário decidisse que era o momento certo. Vadson era bom porque não buscava por "dinheiro fácil" no Rio de Janeiro. Ele trabalhava duro e aceitava que a vida no interior nordestino poderia ser desafiadora, mas, ultimamente, mais gratificante do que a vida no Rio de Janeiro. Os outros irmãos que haviam migrado para a Rocinha, incluindo Natasha, eram acusados de comprometer os laços familiares na busca por aventura e dinheiro. Dona Rosário alegava que eles haviam perdido seus valores morais ao longo do caminho. Perderam até seus hábitos católicos, se não a própria fé. Dona Rosário não escondia sua tristeza por ver seus filhos "perdidos" no mundo, desamparados da família e de suas terras no Ceará.

Para Natasha e seus irmãos, porém, migrar para o Rio de Janeiro era também uma afirmação de liberdade. Era uma maneira de se desconectar dos laços familiares e buscar oportunidades longe do sofrimento do trabalho manual e dos desafios diários de cultivar a terra entre os espinhos dos arbustos secos no sertão. "Clodoaldo" tinha ido mais longe ainda. Não só ele havia migrado para longe de uma vida camponesa "honrada"; ele havia abandonado o catolicismo

---

[173] WOORTMANN, *Com Parente Não se Neguceia*, 23.

e frustrado todas as expectativas da família de que um dia se casaria e teria seus próprios filhos (buscando reafirmar e perpetuar as relações morais consideradas ideais entre a família, o trabalho e a terra). Como alguns diriam, "Clodoaldo" havia literalmente se tornado outra pessoa. Para Dona Rosário, essa série de insurgências era simplesmente inaceitável.

Se ela era rigorosa em seu relacionamento com Natasha, Dona Rosário também estava sempre preocupada e tentando cuidar de sua filha. Como Woortmann argumentou em relação aos sítios na Paraíba, também no Ceará as roças eram percebidas assim por muitos habitantes:

> São como ilhas cercadas por um oceano de perigos: um mundo camponês cercado pelo (mundo) imundo da mercadoria, da propriedade privada mercantil desvinculada do trabalho, da ambição; mundo que ameaça a ordem moral, mas com o qual é preciso também saber lidar.[174]

Dona Rosário resistia ao que via como os perigos da Rocinha; para ela, aquele lugar era equivalente ao inferno. Ela queria que "Clodoaldo" voltasse para Martinslândia, para protegê-lo. Para conseguir esse feito, a solução mais imediata em que conseguia pensar era exorcizar o diabo do corpo de Natasha.

Dona Rosário queria que Natasha se casasse com uma mulher e usasse o que ela considerava ser roupas (masculinas) adequadas. Ela também queria que Natasha tivesse um tipo diferente de trabalho. Para Dona Rosário, o trabalho sexual não era apenas "indecente", mas implicava em colocar o próprio corpo à venda, no mercado público das ruas, como um objeto. Ao trabalhar como faxineira, Natasha recebia mais o respeito de sua mãe. Ainda assim, Dona Rosário não deixava de reclamar que fazer trabalho doméstico para outras pessoas também era uma forma de exploração. Idealmente, para a mãe, Natasha não precisava se submeter a ninguém no Rio de Janeiro. Se Natasha tivesse optado por ficar em casa, em Martinslândia, ela teria a terra da família para cultivar e não teria que enfrentar a exploração vivida pela classe trabalhadora em uma metrópole.

---

[174] WOORTMANN, 22.

O dinheiro era considerado perigoso, escravizador, mas também necessário para evitar humilhações. Dona Rosário considerava a vida na favela humilhante e insalubre. Uma das razões pelas quais Dona Rosário tinha Vadson em alta estima era porque ele aceitava as dificuldades da vida no Ceará sem recorrer à venda de seu trabalho como "escravo" no Rio de Janeiro. Vadson era o melhor filho porque ganhava a vida com suas próprias mãos na terra familiar. Não era muito dinheiro, mas pelo menos ele vivia sem a humilhação diária a que outros, morando na favela, eram submetidos. Ao mesmo tempo, Dona Rosário também se beneficiava do dinheiro que seus filhos ganhavam no Rio de Janeiro, mesmo que indiretamente — por meio de presentes, passagens de ônibus interestaduais e outras necessidades da vida quando os visitava no Rio de Janeiro.

## HOMEM É HOMEM

Quando voltamos para a casa de Dona Rosário, depois de nossa visita à avó de Natasha, ela rapidamente terminou de cozinhar o almoço. O cheiro maravilhoso de feijão recém-cozido emanava da cozinha. Maria Beatriz ainda estava inquieta e Amélia tentava acalmá-la:

— Vamo almoçar e sair, tá bom? A vida aqui não tem a mesma agitação da Rocinha! Vai se acostumando com isso.

Eu esperava na sala de estar. O irmão mais novo de Natasha estava feliz, contava-me sobre sua cirurgia vindoura:

— Depois da cirurgia? Ah! Então, vai ser tão bom. Imagina, eu vou ser capaz de correr ao redor do mundo! — ele disse.

Perguntei:

— Você quer morar no Rio?

Ele respondeu:

— Claro! Muito. Vou operar no Rio e espero ficar lá pra sempre. Só não sei se minha mãe vai me deixar fazer isso. Se ela não deixar, assim que eu fizer dezoito anos, eu me mudo pra lá. Com dezoito anos, ela não pode mais me segurar. Será minha alforria![175]

---

[175] Alforria faz parte de um vocabulário de liberdade herdado dos tempos da escravidão colonial.

Ele estava apenas esperando a idade exata que marca legalmente a emancipação dos filhos no Brasil. A emancipação voluntária antes dessa idade era possível, mas os pais raramente concordavam com isso. O sonho de sair do sofá de sua mãe no interior e se aventurar no mundo fazia Dudu sorrir.

— Vou trabalhar com meu irmão mais velho, aquele que cozinha em um restaurante em Ipanema. Ele disse que quando eu melhorar, depois da cirurgia, vai me ajudar! Essa vida [rural] não é pra mim. Nem mesmo se eu quisesse que fosse! O médico já disse pra minha mãe que eu não posso trabalhar na roça por causa do meu problema — Dudu explicou.

Um terceiro filho de Dona Rosário chegou do sítio para almoçar, junto com um sobrinho. As roupas deles estavam sujas do trabalho pesado. Não conhecia nenhum deles, e eles permaneceram mudos em nossa presença. Estavam comendo com pressa, porque havia mais trabalho a ser feito. Dona Rosário tinha um quarto filho morando no vilarejo, o mais velho no Ceará. Ela havia falado sobre ele antes, e eu estava ansioso para conhecê-lo. Contudo, ele não apareceu para o almoço. O filho mais velho passava os dias vagando de bar em bar, só ia para casa quando estava sem dinheiro ou quando se metia em encrenca.

— Por que tá todo mundo calado? A comida tá tão boa que o povo nem consegue falar? — Amélia comentou e riu, tentando quebrar o gelo.

— Esses? Eles mal falam... Não sei como arrumam tanta mulher pra sair. Os dois são como cachorro no cio! — Dona Rosário reclamou, gesticulando para o filho e o sobrinho que antes estavam na roça.

Nós rimos.

— Fazer o quê? — o primo de Natasha murmurou. Percebi que a voz grave de Natasha era um traço familiar. (Até os amigos mais próximos de Natasha na favela às vezes zombavam de sua voz, e da maneira rápida dela falar.)

Durante o almoço, testemunhei outro episódio que demonstrava a relutância da família (talvez, não da avó) em conceber uma forma de vida *queer,* menos normativa e mais fluida no sertão. Tentei conversar com os dois meninos "no cio".

— Conhecem o Rio de Janeiro? — perguntei.

— Ainda não! — o primo respondeu.

Amélia disse:

— Quando você for visitar a Natasha, vá na minha casa que vou preparar um almoço!

Vadson respondeu:

— Esses dois nem sabem quem é Natasha. Eles só viram o Clodoaldo uma vez.

Dona Rosário acrescentou:

— Clodoaldo só veio para Martinslândia uma vez depois que ele começou a mexer com essas coisa de virar mulher. Lembro muito daquele dia. Ele chegou aqui vestindo uma jaqueta curta, com o cabelo nos ombro. Aqui, assim, sabe? — ela gesticulou em volta do rosto. — Ele tava usando uns brinco pequeno e calça de Lycra. Meu coração ficou partido quando vi que ele não tava de homem na própria casa. Você deveria ter visto! Foi uma vergonha. Pergunte aí aos menino o que aconteceu?

Vadson contou com prazer:

— O cabra foi expulso da vila. Quase foi apedrejado aqui em Martinslândia. Foi mesmo! Que desgraça pra família. Tivesse jogado pedra nele com vontade, certeza que virava homem. No Ceará, é assim: homem é homem! Deixa homem vir aqui usando maquiagem, não, hein! Metemo porrada.

Os meninos riram alto. Perdi o apetite e parei de comer.[176]

## NÃO MAIS UM MENINO INOCENTE

Clodoaldo nasceu no hospital de Guaraciaba do Norte, Ceará, em 20 de maio de 1985. Sua família logo o levou para Martinslândia, onde ele cresceu. Natasha nasceu na Rocinha, algo que aconteceu durante um longo período, começando em 2000.

— Prefiro morar em uma favela do que voltar para aquele inferno chamado Ceará! — Natasha esbravejou.

Certa vez, ela descreveu em detalhes um episódio de violência sexual que havia sofrido enquanto morava no Nordeste.

---

[176] Segundo a ANTRA, o Brasil tem sido o país líder em assassinatos motivados por transfobia. Ver: <https://antrabrasil.org/category/violencia/>

— Sempre fui um garoto diferente, né? Eu era curioso sobre esse negócio de homem desde pequeno. Gostava de brincar com os meninos no meio do canavial, perto da nossa casa. Comecei a descobrir minha sexualidade naqueles tempos... Adivinha minha brincadeira favorita? Brincar de casinha! A gente chamava assim. Cada menino tinha que ter uma esposa e fazer filho, mas não tinha tanta menina no grupo. Então, eu sempre terminava de esposa, né? Porque não sou besta! — ela piscou para mim e riu. — Mas não era só os menino que gostava de brincar comigo! — o sorriso desapareceu do rosto dela.

Natasha ficou emocionada e murmurou:

— É tão chato falar sobre isso!

Ela descreveu uma cena de violência sexual, que não cabe reproduzir aqui.

— Até hoje, odeio esses velhos! Tenho nojo deles. Por isso, [ela confessou] eu só procuro os novinhos.

— E você não contou nada para ninguém na época? — perguntei.

Ela retrucou:

— Pra quem que poderia contar, bicha? Tá louco? O que fiz foi tentar me limpar o mais rápido possível, pra ninguém descobrir o que tinha acontecido. Eu me lavei ali mesmo no riacho. Cheguei em casa, segurando as minhas lágrimas. Nem sei como! Ninguém notou nada, você acredita nisso? E a dor? Até hoje não perdoei aquele homem. Fiquei muito feliz quando soube que ele tinha morrido.

— E ele foi preso? — continuei a conversa.

Ela respondeu com raiva:

— Preso? Quem? No Ceará? Esses homem velho passa a vida procurando criança para foder, e nada acontece com eles! Até menina de oito, dez, anos já tão na vida, amor! Em Guaraciaba, tinha um bordel... a dona era uma gorda chamada Titi. Era um barraco já na saída da cidade. Ali ficava cheio de velho abusando de menina. Tinha umas que pequenininha até usava salto alto e batom vermelho para parecer mais velha, mas todo mundo sabia que era criança se vendendo até por dois reais! E muitas dessas menina pega o dinheiro e leva pra casa, entrega tudo pra mãe.

Fiquei sem palavras.

— Mas não é verdade que há prostituição por dois reais na Rocinha também? — tentei entender melhor.

— Claro! Mas isso é porque tem gente na favela que é drogada, e dois reais é a menor quantidade de cocaína que o traficante vende, né? Menina nova assim o traficante nem deixa! — ela explicou e continuou: — Tem muito estupro na Rocinha também, mas se o tráfico descobre, mata o estuprador. O babado é certo!

Eu não tinha mais nada a falar. Lembrei de Belenzinho e de suas meninas — o caso dele seria uma exceção dentro das leis do morro? Diante de certos horrores, as palavras falham.[177]

Natasha concluiu:

— Você sabe o que eu queria ver? Se aquele velho desgraçado ia abusar de mim hoje em dia. Filho da puta! Eu ia matar ele com meus dente! Enfiava uma bola de ferro dentro do cu dele e saia rasgando ele em dois! Já não sou aquele menino inocente. Sou uma travesti!

## "NADA NO RIO PRESTA!"

Antes de encerrarmos nossa visita a Martinslândia naquele dia, Dona Rosário fez questão de nos apresentar a alguns vizinhos. Uma delas foi a mãe de Nivaldo, primo de Natasha, com quem eu também tinha amizade na favela. Dona Rosário disse:

— Essa aqui é minha comadre![178] Ela é a mãe do Nivaldo, seu amigo na Rocinha!

Fiquei empolgado com o encontro inesperado, mas a mulher não se levantou para nos cumprimentar. Ao contrário de Dona Rosário, ela não costumava sorrir.

A mãe de Nivaldo estava sentada em frente a uma casa grande, em uma cadeira verde, feita de fios de plástico trançados. Seus cabelos grisalhos, presos no topo da cabeça, formavam um coque perfeito. Ela estava vestindo uma camisa marrom e uma saia bem formal, um pouco mais escura que a parte superior.

A senhora perguntou-nos em voz baixa:

— Vocês vêm do Rio? — acenamos com a cabeça que sim.

Então, ela falou severamente:

---

[177] Para uma discussão mais detalhada sobre o papel do silêncio em contextos de violência extrema, ver: DAS, *Life and Words*.

[178] Comadre é a madrinha do filho ou filha.

— Nada no Rio presta. Nivaldo era um menino evangélico quando morava aqui. Aí, se mudou pro Rio e veja o que aconteceu? — ela desabafou, referindo-se à sexualidade do filho, enquanto Dona Rosário concordava com ela.

A mãe de Nivaldo continuou:

— Meu outro filho era maravilhoso, mais velho que Nivaldo. Só que cometeu o erro de ir morar na Rocinha também. Chegou a ficar rico lá e, logo depois, morreu. Foi um acidente de moto aqui mesmo em Martinslândia que tirou a vida dele. Meu filho chegou em casa para nos visitar, cheio de dinheiro, cheio de orgulho. Comprou uma maldita moto. Na semana seguinte, ele bateu e morreu. Nunca gostei de moto.

A mãe de Nivaldo não parecia bem. Ela quase não tinha emoção na voz. Dona Rosário ouvia sua lamentação sem responder, até que a própria senhora depressiva concluiu a conversa:

— Mas o Senhor Jesus nos ajudará!

Amélia pediu um copo d'água antes de sairmos, mas a mãe de Nivaldo não se mexeu da cadeira. Ela, discretamente, pediu a Dona Rosário para servir os convidados.

Assim que saímos da casa dela, rumo à parada da D-20, Dona Rosário nos disse, às pressas:

— Por favor, não se importe com ela, ok? Desde que o filho faleceu, ela não tem estado bem da cabeça. É como se ela não quisesse mais viver. Ela sai de casa pra ir à igreja e depois volta direto pra casa. Isso é tudo que faz. O irmão de Nivaldo tava brincando com o perigo, se comportando mal. Dizem que foi um negócio aí de fraude de banco. Não sei direito. Não entendo muito bem dessas coisa. Nem cartão de crédito eu tenho para entender nada de fraude de cartão! Eu sei que ele ficou rico no Rio. Quando as coisa ficava perigosa pra ele por lá, ele corria de volta pra aqui, pra se esconder por um tempo, sabe? Foi ele que construiu aquela casa grandona pra mãe dele. Infelizmente, ele mudou muito depois de ir pro Rio, e o castigo veio logo! Que final horrível aquele acidente de moto. Ele ficou tão esmagado que parecia carne moída!

Amélia aproveitou o momento para compartilhar as suas próprias aflições:

— Olha, Dona Rosário! Se não ficar de olho nesses menino, não vai prestar. Tenho meu filho no Rio, o irmão desta aqui — gesticulou em direção à filha. — Ele fica ali, na coleira! Ele reclama, reclama, e eu digo que não. Não deixo ele sair! Ele quer *liberdade*? Não... não pode dar essa liberdade toda! Tá cheio de gente ruim na favela. A senhora sabe, né?

Dona Rosário respondeu com raiva:

— Sim, mas nem toda mãe pensa assim! Muitas finge que não tá vendo os erro dos filho... principalmente, quando tá entrando dinheiro dentro de casa. Eu conheço um sujeito que tava escondido na casa da mãe em Martinslândia, logo depois de matar um outro lá na Rocinha! Imagine? Mas os traficante da Rocinha acharam uma maneira de cobrar. Se livraram do assassino, não sei como. E esses outro bandido que vêm pra aqui porque no Rio já não pode sair *livre* na rua? Vêm aqui para se mostrar, mostrar dinheiro! Como se a gente não soubesse de onde vem tanto dinheiro sujo!

Amélia acrescentou:

— Ah! E eu vou criar filho para virar bandido? Vou não! Eu não aceito isso.

— Mesmo com toda a dinheirama? — Dona Rosário a provocou e continuou: — Você vai ver o tanto de mansão nova que agora tem em Guaraciaba! Tudo construído com esse dinheiro sujo, aí...

As duas senhoras balançaram a cabeça juntas, em desaprovação, e continuaram andando, lado a lado, pela estrada de terra batida. Beatriz reclamou comigo sobre a longa caminhada. Pensei nas notas que escreveria mais tarde.

## LIBERALISMO CAMPESINO

De volta à cidade vizinha, Guaraciaba do Norte, o tempo corria bastante devagar. Passávamos a maior parte dos dias em casa, com a mãe de Amélia, que estava sofrendo de miocardite (coração inflamado). Os momentos mais divertidos eram as conversas na sala de estar, enquanto os familiares se sentavam em semicírculo ao redor da senhora idosa. Certa vez, Mimoso, o irmão mais novo de Amélia, explicou as considerações dele sobre nunca querer se mudar para o Rio de Janeiro:

— Olha, quem vai pro Rio só tem três destinos: trabalhar como um escravo, virar viciado ou entrar pra vida de bandido. Pelo menos, aqui em Guaraciaba não tem favela!

Amélia ficou chateada com o que ouviu e respondeu:

— Não é assim, não, Mimoso! Um dia vou comprar minha própria casa lá no Rio e não vou precisar trabalhar tanto. As criança tão crescendo... Até o Bezerra tá empregado agora. E não sou envolvida com nenhum negócio errado! Você me conhece.

Mimoso respondeu:

— Exatamente! É porque você é honesta que acaba trabalhando feito escrava, limpando casa de madame.

— Eu gosto de morar no Rio! — Amélia se defendeu.

Mimoso continuou:

— Pelo menos, aqui é quieto. Tem espaço pra criança brincar e tudo.

Enquanto conversávamos, Maria Beatriz estava na rua, divertindo-se com seus primos mais novos. Eles estavam ensinando a menina carioca a andar de bicicleta.

Amélia adicionou:

— É quieto demais aqui! Isso sim!

A mãe da Amélia permanecia em silêncio, assistindo à televisão. Naquele exato momento, a imagem de uma favela apareceu na tela. Era uma cena do Rio de Janeiro. A senhora entrou na conversa:

— O Rio é lindo demais! Quem me dera ter saído daqui quando era jovem. Quando eu era menina, ficava muito privada de *liberdade*. Não havia nada que eu pudesse fazer. Todo mundo me vigiava o tempo todo. Decidi que era melhor me casar do que viver numa prisão! Eles me entregaram como esposa a um tio meu, que tinha ficado viúvo.

— A senhora se casou com o seu próprio tio? — perguntei, espantado.

Amélia quem respondeu:

— Você não sabia disso, Moisés? Meu pai é tio da minha mãe!

A mãe da Amélia continuou:

— Naquela época, essas coisas era normal! Eu devia é ter fugido de casa. O que aconteceu em vez disso? Acabei cheia de filho e ainda mais presa em casa. Esses ano tudo em casa! Agora passo o dia sentada neste sofá, esperando pela hora de minha morte.

A avó de Beatriz tirou os óculos para enxugar as lágrimas. Mimoso correu para abraçar sua mãe, preocupado com o coração inchado dela.

Amélia, por sua vez, também tinha seus rancores da época de infância. Muitas vezes se queixava de como sua família a havia explorado no Ceará. De vez em quando, ela desabafava comigo. Naquele dia, em Guaraciaba, ela virou-se para mim e ofereceu mais detalhes da história:

— Era muita roupa que eu tinha que lavar, Moisés. Roupa da casa toda! Oh, lavava tudo à mão no rio. Eu nem sei como eu conseguia carregar tudo, apoiando na cabeça, até chegar lá! Eu era tão magrinha na época. Era tanto sofrimento! Um dia, fiquei tão chateada aqui que prometi que fugiria. Logo, eu me mandei! Primeiro pra Fortaleza e de lá pro Rio.

Mimoso, ainda abraçando a mãe, continuou dando palpite:

— Quase todo mundo aqui quer ir pro Rio, mesmo... Pensa que vão ganhar tanto dinheiro! Essas novela só mostram o lado bonito do Rio. As pessoa acha que novela é verdade? Toda criança por aqui sonha em ir pro Rio. Eu nunca quis ir nem passear, nem só pra ver!

— Pois eu fiz foi bem em me mudar pra lá! Sofri muito no começo, mas agora tenho minha vida e minha família na Rocinha. Antigamente, as coisa era muito difícil no Ceará. Agora que parece que melhorou um pouco! — Amélia respondeu.

Belas imagens do Rio de Janeiro não seduziam Mimoso. Ele era o único filho que tinha ficado em Guaraciaba. O pai da Amélia já havia morrido também. Mimoso cuidava da mãe e da casa da família. Assim como Dona Rosário, ele desprezava os migrantes que saíam para a cidade grande para vender sua força de trabalho. Ele sabia que eles eram mal pagos e acabariam sobrecarregados. Segundo Mimoso, tornar-se objeto explorado no mercado de trabalho carioca era uma forma de escravidão. Em vez de valorizar as possibilidade de escolha, o capitalismo e o individualismo do liberalismo normativo, ele defendia valores mais alinhados ao que tenho chamado de "liberalismo campesino". Para ele, o trabalho fora do domínio familiar era uma questão moral; a mercantilização e exploração do trabalho era um problema. Outras formas de ganhar dinheiro fácil no Rio, relacionadas ao tráfico de drogas, ele também considerava imoral. Mimoso argumentava que muitos migrantes perdiam a dignidade na cidade grande, ficando viciados em drogas e álcool (uma forma de prisão também). Em outras palavras, perdiam-se na vida. Ele preferia viver no Ceará, cuidando de sua mãe.

Embora o meu tempo no Nordeste tenha sido mais limitado do que eu gostaria (pesquisa etnográfica leva tempo), há pelo menos duas considerações que ainda posso fazer. Primeiro, assim como o sertão pode operar como um contraponto às favelas do Rio de Janeiro, o liberalismo campesino também pode ser pensado como um contraponto para entender o liberalismo minoritário na Favela da Rocinha. Em segundo lugar, gostaria também de salientar que a literatura mais ampla sobre o campesinato no Brasil oferece suporte a muitas das minhas observações etnográficas. Vários outros estudos, focados no sertão, chegaram a conclusões semelhantes às que consegui formular com base em minhas experiências no interior do estado do Ceará.

Refletindo sobre o que Giralda Seyferth chama de "ideologias camponesas" no Brasil, o valor e o apego à terra nas "sociedades camponesas", por exemplo, vão muito além de uma mera lógica econômica. Ela destaca o valor da liberdade no trabalho campesino com a terra, "ao contrário dos assalariados puros, [os camponeses] têm liberdade: de escolha, porque não têm patrão nem horário; embora exerçam um ofício que exige dedicação, trabalho árduo, conhecimento tradicional, amor à terra. Estes são temas comuns às ideologias camponesas tradicionais".[179] Essa é uma ideologia semelhante à que observei em Martinslândia, no que diz respeito à maneira como Dona Rosário se referia à sua terra, aos valores familiares e ao trabalho. O mesmo poderia ser dito de Mimoso e suas preocupações em não se tornar uma vítima da escravidão contemporânea no Rio de Janeiro.

---

[179] SEYFERTH, *As Contradições da Liberdade*, 91. Na mesma linha de Seyferth, Pina-Cabral e Silva relatam que seus interlocutores, em outro contexto nordestino no sul do Estado da Bahia, demonstram uma "insistência sobre a liberdade da pessoa na terra, sobre a sua essencial mobilidade e sobre a forma como a pessoa é o agente último de responsabilidade". CABRAL e SILVA, *Gente Livre*, 77.

Dito isso, há outro aspecto do liberalismo campesino que poderia nos ajudar a entender a atitude daqueles que decidiram migrar. Com base em observações no interior de outra região do Brasil, o Norte, o antropólogo Otávio Velho reflete, em um livro intitulado *Capitalismo Autoritário e Campesinato*:

> A atitude dos camponeses da colonização "espontânea" na região de Marabá em relação ao futuro pode também ter um elemento comum com os camponeses tradicionais: receiam a "volta do cativeiro". Na verdade, juntamente com o apego a sua "liberdade" isso pode ajudar a explicar um fenômeno que tem intrigado os estudiosos há muito tempo e que tem a ver com uma certa tendência prevalecente entre os brasileiros das camadas inferiores a uma constante e aparentemente inexplicável migração que já levou em outros tempos à suposição de um "instinto migratório atávico" herdado dos índios. Em nossos termos, na verdade é como se a partir de uma atitude de desconfiança básica no sistema estivessem sempre fugindo da possibilidade de serem apanhados e postos no cativeiro ou em qualquer estrutura que a seu ver se lhe assemelhe ou possa indicar uma tendência para a sua realização.[180]

Considero as observações de Velho sobre o liberalismo campesino úteis para entender melhor ambas as atitudes, tanto a favor como contra a migração, que prevalecem em Martinslândia e em Guaraciaba do Norte. Não devemos esperar que esse modo minoritário de liberalismo afete a vida de diferentes sujeitos da mesma maneira. A migração para escapar da opressão é comum entre outras populações camponesas. Por que razão não migrariam também Amélia e vários filhos de Dona Rosário, quando se sentem em "cativeiro"? No caso de Amélia, as limitações à sua liberdade quando se tornou mãe pareciam mais aceitáveis do que a escravidão doméstica de quando ainda era criança no Ceará. Natasha sentia-se aprisionada quando vivia em Martinslândia, e até mesmo o irmão mais novo dela, Dudu, tinha seus próprios sonhos de mobilidade e motivos para querer escapar do interior. Outros, como Vadson ou Mimoso,

---

180 VELHO, *Capitalismo Autoritário e Campesinato*, 221.

tinham uma relação diferente com o sertão e o liberalismo campesino. Eles temiam o cativeiro da vida "moderna", na metrópole. Em vez de eliminar diferenças, minha análise etnográfica da *assemblage* favela-sertão reconhece uma multiplicidade de possibilidades liberais em seus efeitos heterogêneos.

## TRANSPOLÍTICA

A vida no Ceará nem sempre era fácil. Poucos dias antes de voltar para a região Sudeste do Brasil, visitamos Neuza, uma das poucas amigas de Amélia. Ela e o marido moravam na Rocinha, mas eram originários do Ceará também. O marido de Neuza trabalhava há muito tempo como porteiro em Ipanema. Com grande esforço, conseguiram investir na construção de um pequeno prédio na favela. Gradualmente, construíram mais e mais barracos para alugar. Depois de muitos anos, eles estavam finalmente em uma situação financeira bem confortável, e planejavam usar suas economias e a renda dos aluguéis para voltar a morar no Ceará quando se aposentassem. Em preparação para a grande mudança, a mulher de meia-idade e seu marido estavam construindo uma casa, em uma cidade próxima a Guaraciaba, chamada Varjota.

Neuza nos convidou para uma viagem curta, junto com uma irmã dela. O tempo estava ensolarado. O destino era um lago, formado por um rio, o Acaraú, que tinha uma pequena represa. Maria Beatriz estava muito mais feliz naquele dia, gostava de nadar. Amélia também estava contente por encontrar sua boa amiga de tanto tempo. Neuza estava presente no hospital quando Beatriz nascera, no Rio de Janeiro. A amiga de Amélia era ruiva, com sardas e bastante alta.

— Eu pareço uma alemoa estranha, né? — Neuza disse, rindo de si mesma.

A irmã dela era muito crítica sobre a vida no Rio de Janeiro. Criticava a escolha que Neuza havia feito quando se mudou para lá. Ela se orgulhava do Ceará e queria mostrar os melhores atrativos do estado aos visitantes.

No lago, contamos a Neuza sobre a nossa visita a Martinslândia. Conversamos sobre Natasha. Reclamei sobre a transfobia dos irmãos dela.

— É assim que é por aqui... Ou pior ainda! — a irmã de Neuza respondeu, enquanto se bronzeava, deitada sobre uma grande rocha. Ela se virou para nos contar uma longa história:

— Eu tenho um amigo chamado Márcio, sabe? Mas as pessoas chamam ele de Cinho. Então, esse rapaz sofreu muito por aqui... Ele sofreu, e sofreu. Tudo diante dos nossos olhos! Ele queria ser uma menina, sabe? A vida dele era infernal por isso, toda uma confusão. A família era de evangélicos. Imagina? O garoto ficava dizendo que era mulher e um exército de pessoas ficava orando ao redor dele, forçando ele a ir pra igreja, trancando ele em casa. O pai do Cinho era muito bruto, parecia um animal! Até que um dia, você sabe o que aconteceu? Você não vai acreditar nisso... A família dele saiu pra viajar, e Cinho conseguiu ficar pra trás em casa, sozinho. Ele convidou um amigo, esse outro garoto que não era apenas um amigo! Você sabe, né? Eles foram pro quarto do Cinho. Eu sei disso porque o próprio Cinho me contou tudo. Cinho queria fazer sexo, entendeu? Mas o outro rapaz disse que não, que ele mesmo era macho e não ia trepar com outro macho. Acho até que o Cinho estava apaixonado, porque ele insistiu. O amigo dele disse então que primeiro Cinho teria que vestir roupas femininas, começando com uma calcinha. Ele botou a roupa de mulher e o amigo ainda não estava satisfeito, certo? Ele disse que o Cinho estava feio! Insistia que não era viado e que dava para ver o pau do Cinho na calcinha. Falou assim que o dia que o Cinho nascesse de novo, sem pau, eles iriam trepar. Márcio ficou completamente arrasado, de coração partido mesmo quando ouviu isso. Deu aquela raiva e Cinho expulsou o menino de casa! Minutos depois que o amigo dele saiu, Cinho cortou o próprio pau com uma faca de cozinha! Você acredita? Ele quase morreu! Foi sangue por toda parte, um grande escândalo mesmo. Márcio estava quase morto quando salvaram ele. Olhe, que bagaceira e que vergonha pra família! Cinho terminou indo parar em um hospital em Sobral. Ele quase morreu mesmo! Até o pessoal da TV foi ao hospital. A TV Record registrou tudo.[181]

[181] A TV Record é um canal de TV brasileiro de propriedade de Edir Macedo, líder da Igreja Universal do Reino de Deus (IURD), o maior grupo evangélico do Brasil.

Márcio não morreu. Ainda assim, eu me perguntava se ele havia renascido no hospital, livre do pênis indesejado. Talvez Márcio fosse transexual, ou uma pessoa transgênero que se sentia obrigada a ser transexual para ser aceita. Ele também poderia ser um garoto gay tentando agradar o homem por quem se apaixonou. É impossível fazer esses julgamentos a partir de uma história contada rapidamente.

No entanto, o ponto crítico é que, por qualquer motivo, Márcio se sentiu compelido a cortar sua própria carne sob a pressão de um macho heteronormativo. Com as próprias mãos, Márcio tentou transformar seu corpo naquele que seu parceiro desejava e exigia.

Natasha tinha um pênis. Eu sei porque ela nem sempre fazia questão de escondê-lo. Dependendo da ocasião, ela fazia mais esforço para "trucar" (disfarçar) o órgão. Quando ela queria usar um vestido justo ou ir a um primeiro encontro com um "bofe" (homem), por exemplo, ela tomava um cuidado extra para esconder o pênis.

— Querida, você tem que puxar o bicho pra trás, por entre as pernas, e segurar ele lá no lugar com uma fita adesiva bem forte. Eu não gosto de fazer isso o tempo todo, não! Mas tem dias que você realmente precisa trucar bem trucado. É mais elegante!

Outros dias, mesmo usando roupas apertadas, Natasha não fazia nenhum esforço para esconder sua "mala" (o volume entre as pernas). Às vezes, as próprias amigas travestis dela tiravam sarro desse fato:

— Nat, bicha! Você resolveu exibir a mala hoje, foi? — alguém comentava, rindo.[182]

Natasha, às vezes brincando, reclamava da demanda sexual excessiva por seu pênis:

— Ah, bicha! Quase não tem homem de verdade no Rio, sabe? Todo mundo querendo pau hoje em dia! Tô desesperada pra ser comida! Eu encontro um bofe, e o que ele quer? Ele quer o meu pau. Que situação triste!

---

182 "Mala" é pajubá para pênis, mais exatamente, o volume produzido pelo pênis. Por exemplo, em uma fala como "Aquenda, mona! Aquenda esse bofe com a mala odara!", uma possível tradução seria: "Olha, viado! Olha pra esse homem com um volume [peniano] maravilhoso!"

No Rio, Natasha era uma mulher empoderada, com um pênis em alta demanda. No interior do Ceará, Márcio sentia-se pressionado a cortar o próprio pênis, tentando agradar um namorado em potencial por meio da emasculação.

Após realizar pesquisa etnográfica com travestis em Salvador, a maior capital brasileira no Nordeste, Don Kulick observou: "essa combinação específica de atributos físicos femininos e subjetividade homossexual masculina torna a travesti quase única no mundo".[183] Natasha gostava de ser uma travesti. Ela cultivava um corpo feminino, embora fosse cética em relação às técnicas de transformação corporal mais permanentes que muitas de suas amigas empregavam, como a cirurgia plástica. Subjetivamente, também, Natasha às vezes se identificava como mulher:

— Claro que sou mulher! Só não sou "rachada"! — ela dizia, sorrindo.[184]

Ela também tinha um pênis, que considerava um órgão valioso.[185] Esse conjunto corporal aparentemente heterogêneo certamente contradizia as expectativas normativas do que uma mulher deveria ser no Ceará.

## MIGRAÇÕES

Durante o tempo que passei com Natasha na Rocinha, ela parecia satisfeita com as possibilidades *queer* à sua disposição na favela. Natasha, a pessoa que existia na Rocinha, não poderia existir em Martinslândia sem grandes conflitos, no entanto. Ela sabia que o poder sobre o gênero e a sexualidade não era apenas exercido em forma de controle, mas também na forma da criação de possibilidades

183 KULICK, *Travesti*, 6.

184 "Essas malditas rachadas! Só porque elas têm uma buceta? Elas atrapalham nossas vidas!", reclamava Natasha. "Rachada" era uma forma provocativa de se referir ao que, para Natasha, era um tipo de corpo feminino. Havia corpos femininos rachados e não rachados, e os rachados eram ridicularizados por Natasha. As "rachadas" eram inimigas na caça aos machos, aos homens "de verdade".

185 Em *Travesti*, Don Kulick faz uma observação semelhante sobre o significado especial do pênis para as travestis em Salvador.

para o sexo e o gênero.[186] A causa LGBTQ, como luta política, não deveria depender apenas de recursos normativos liberais. De fato, essa limitação seria contra os próprios interesses do movimento. A noção normativa liberal de individualidade, constituída enquanto um direito e atrelada a liberdades determinadas, está longe de ser universal. Ela tem raízes europeias e é fortemente dependente de acordos discriminatórios. A mobilização de um aparato liberal global de direitos universais pressupõe um campo homogeneizado das liberdades, que operaria uniformemente em todos os territórios de poder. Na prática, ser portador da "liberdade universal" é, em si, uma posicionalidade proporcionada por um modo dominante de poder, e não uma configuração padrão ligada a algum tipo de essência humana. A liberdade universal não é (mesmo que alguns pensem que deveria ser) uma condição igualmente desfrutada por todo o mundo. Moradores de favelas lutam diariamente para fazer valer seus direitos diante do Estado brasileiro. Como sabemos, na favela, são as leis do morro que prevalecem e garantem certas liberdades de gênero e sexualidade.

O "liberalismo de favela" oferece suas próprias condições de possibilidade. Pessoas *queer* também existem no Ceará, de acordo com Natasha e as minhas próprias experiências. No entanto, elas vivem sob arranjos diferentes. Sabendo desse fato, por que Natasha viajaria de volta para visitar o Ceará, como já havia feito? Além da disposição antinormativa (desafiadora de normas) de minha amiga, suspeito que havia também um desejo de testar os limites do poder. As travestis são conhecidas por apresentarem desafios às normas sociais. Natasha costumava dizer:

— Sou afrontosa mesmo!

Se fosse supor, diria que Natasha viajou para Martinslândia (como Natasha) porque ela se recusava a se moldar às liberdades oferecidas em seu território natal. Recusava-se a ser o sujeito moral ideal do liberalismo campesino. Após aquele episódio de "quase apedrejamento", Natasha tomou uma importante decisão de vida e jurou:

---

[186] Ver: DREYFUS & RABINOW, Eds., *Michel Foucault: Beyond Structuralism and Hermeneutics* (London: Routledge, 2016).

— Eu nunca mais voltarei ao Ceará! Só vou pra lugares onde serei bem-vinda!

Se Natasha não podia mudar facilmente as territorialidades em termos de poder, e não estava disposta a reterritorializar seu corpo (constituindo uma corporificação radicalmente diferente para cada lugar), então, ela decidira que restringiria sua vida ao Rio de Janeiro. Na Cidade Maravilhosa, uma existência travesti era possível para Natasha.

Minha amiga nem sempre gozava de paz ou justiça. Mas na Rocinha, Natasha gozava de liberdades que não poderia ter nem no asfalto do Rio de Janeiro, nem no interior do Estado do Ceará. A inocente bicha-boy de Martinslândia tornara-se uma "travesti *matesca*" diante das possibilidades oferecidas por um tipo particular de liberalismo de favela.[187] Isso não quer dizer que a favela tenha sido o agente causal dessa transformação, porque não era o lugar que determinava a transição de homens em travestis, como Dona Rosário parecia acreditar. Mesmo que o liberalismo de favela tenha sido importante para Natasha experimentar e constituir o corpo e a subjetividade que ela sempre quis, essa não era uma condição suficiente. Ajudou que, na Rocinha, Natasha não se sentisse obrigada a usar calça, nem mesmo a esconder o pênis, antes de sair para encontrar amigos. Ela não precisava obedecer aos desejos de seus irmãos, por mais que tentassem impô-los a ela. Na Rocinha, ela também não precisava manter nenhum abuso sexual em silêncio. As leis do morro eram rigorosas contra estupradores (embora quando o estuprador era traficante, as coisas ficavam mais complicadas). Natasha operava diante das possibilidades de existir de acordo com diferentes *assemblages*. Ela testava os limites de sua existência e gostava de se arriscar. Sentia prazer em falar com estranhos, de se aventurar na noite, de seduzir traficantes armados. Por todas essas razões, ela era criticada por sua própria família, julgada por seus vizinhos cristãos, e continuava a ser alvo de violência.

O asfalto e as favelas do Rio de Janeiro conectavam-se via uma "urbanidade" em contraste ao presumido atraso do interior do Ceará ("o mato", como dizia Auro). Isso se devia, em parte, à preferência do liberalismo campesino por uma economia baseada na família, em

---

[187] Ver capítulo 2.

vez de uma economia baseada no livre mercado. O liberalismo normativo tende a valorizar a individualidade, algo que apelava também à uma certa política LGBTQ do asfalto. Enquanto isso, um forte marcador do liberalismo campesino, como o testemunhei no Nordeste, era a preocupação com a prevenção das formas modernas de escravidão, aliada à pouca consideração (e até desconfiança) das liberdades individuais, inclusive em termos de diferenças de gênero e sexualidade. Como tal, o liberalismo campesino poderia ser acusado de ser complacente com opressões, como a homofobia e a transfobia. Por essa mesma razão, a vida no interior do Ceará era violenta para pessoas como Cinho, Natasha e eu.

Todavia, o sertão nordestino não pode ser definido pela falta de liberdade mais do que as favelas poderiam. Ambos os territórios são constituídos por diferentes modos de liberalismo. A adoção de um *ethos* normativo liberal não é a única resposta possível à opressão LGBTQ tolerada pelo liberalismo camponês. O liberalismo de favela também pode servir como uma alternativa minoritária ao liberalismo campesino, por exemplo. A resistência extremamente sensível a qualquer forma de escravidão que marca o liberalismo campesino poderia ser exatamente o que explicaria que pessoas como Natasha fossem atraídas pelo liberalismo de favela, e não pelo liberalismo normativo do asfalto. O próximo capítulo mostra que o liberalismo de favela pode até estar mais conectado com o capitalismo do que outros modos liberais minoritários. Ao mesmo tempo, ele também cria alternativas importantes para o liberalismo *queer* enquanto um exercício de coletividade.

# 4. CRIANÇAS *QUEER* E O ARMÁRIO DA FAVELA

> Em latim e grego, o homem livre, *(e)leudheros*, é definido positivamente por pertencer a uma "raça", a uma "cepa"; prova disso, em latim, é a designação de crianças (bem-nascidas) como *liberi*; nascer de uma boa cepa é ser livre; trata-se da mesma coisa.
>
> **Émile Benveniste, *Indo-European Language and Society***

Minha pequena casa na Rocinha tinha apenas uma janela frontal, que era a única passagem de ar fresco vindo do beco estreito do lado de fora. De ambos os lados, os prédios vizinhos tinham sido erguidos tão colados ao nosso que bloqueavam as duas janelas laterais. Ainda era possível abri-las, mas sempre cobertas com telas de aço, caso contrário, ratos entrariam à procura de comida. Além da janela da frente, que sempre mantinha aberta, eu também gostava de deixar a porta de entrada escancarada. Os vizinhos raramente trancavam suas portas, pois era contra as leis do morro que os moradores roubassem uns dos outros. A brisa leve que entrava pelo beco, aliada ao fluxo de ar gerado por um velho ventilador de teto, proporcionavam algum alívio do calor, além de impedirem que o mofo e a umidade tomassem conta do interior do barraco.

Amélia e sua família usavam um corredor bem estreito, na frente da minha casa térrea, para acessar a escada que subia para o barraco deles, no primeiro andar de nosso prédio. Havia uma mureta que ia até a minha cintura e dividia o beco público deste corredor interno. Um dia, Amélia, Auro e eu estávamos de pé, com os cotovelos apoiados na mureta, observando um grupo de crianças correndo, gritando e rindo no beco do lado de fora. Amélia comentou:

— O que é isso?!? Essa criançada *solta* pelo beco? Olha só o que tão fazendo!

Percebemos que as crianças estavam brincando com o cadáver de um rato gigantesco, carregando-o pela cauda.

Auro riu alto. Ele virou-se para nós e disse:

— Ah, eu costumava fazer muito isso! Eu costumava segurar o rato pela cauda e matava o coitado arrebentando a cabeça dele no chão. Quando eu era criança na Rocinha, eu tinha muito mais *liberdade* do que hoje em dia! Eu diria, ainda mais liberdade até do que esse grupo de viados que anda por aí agora tocando o terror na favela!

Amélia riu.

Eu compreendi bem a referência que Auro estava fazendo ao grupo de jovens amigos *queer* que andava por aí "chocando" a população da Rocinha. Eles eram conhecidos em toda a favela pelo nome de PAFYC[188] ou, então, o "Bonde das Novinhas Flexíveis". Na verdade, Auro sabia que eu estava saindo com esse grupo na favela e não aprovava o meu comportamento. Conviver com os membros do PAFYC permitiu-me entender modos alternativos de liberdade que existiam na vida de crianças e adolescentes *queer* da Rocinha. Especificamente, no caso deles, tratava-se de uma população LGBTQ ainda mais marginalizada do que outras, considerada, mesmo dentro da favela, como indignas, vadias ou, simplesmente, vítimas passivas da pobreza e do sofrimento. As experiências que tive com o PAFYC ajudaram-me a perceber o potencial opressivo do liberalismo normativo na vida das crianças e a discutir a existência de uma multiplicidade de desejos, lutas e conquistas em termos de liberação LGBTQ.

## *LIBERI*

A infância é um território particularmente complicado para o liberalismo. Por um lado, as crianças podem ser concebidas como a

---

[188] PAFYC é um acrônimo formado pelas letras iniciais derivadas de cada um dos nomes dos membros fundadores do grupo. Explico mais nas próximas páginas.

própria personificação da liberdade. Não é por acaso que uma das palavras para "crianças" em latim é o mesmo termo usado para se referir à liberdade: *liberi*. No entanto, no antigo Império Romano, apenas aquelas consideradas crianças "bem-nascidas" seriam *liberi*; as outras eram consideradas escravas.[189] Hoje em dia, as crianças brasileiras privilegiadas ainda ocupam um lugar específico quando se trata de liberdade. Não tendo que se preocupar com as responsabilidades que restringem a vida adulta, a "boa" infância é frequentemente imaginada como um momento de inocência, aprendizado e brincadeiras.[190] Para Hannah Arendt, as crianças seriam a personificação da novidade. Associam-se à liberdade na medida em que as possibilidades de liberdade são possibilidades relacionadas às ações voltadas para uma nova realidade.[191] Nesse sentido, não é que as crianças "bem-nascidas" sejam livres, mas que as "boas crianças" são aquelas que trazem mudanças às estruturas previsíveis e enraizadas que governam nossas vidas.

Ao mesmo tempo, as crianças também podem ser percebidas como seres incompletos, carentes de racionalidade e de plena consciência sobre as "normas sociais". Portanto, elas podem ser tomadas como sujeitos potencialmente perigosos — se dada muita liberdade, teriam a propensão a "comportar-se mal", a violar as normas estabelecidas. Dado esse potencial disruptivo, não é de surpreender que o controle também seja uma das preocupações mais marcantes em relação às experiências da infância. Freud pensou esse fato em termos de uma necessidade de repressão do bebê,[192] enquanto Foucault observou que, historicamente, a sexualidade de menores tem sido submetida ao mesmo controle estrito que as práticas sexuais de outros grupos considerados "não normativos", como os homossexuais.[193]

---

[189] Como discutido em BENVENISTE, *Indo-European Language and Society*.

[190] Para maiores considerações sobre esse problema, consulte SCHLEMMER, *The Exploited Child*.

[191] Ver: ARENDT, *Between Past and Future*. Ao mesmo tempo, observei durante o trabalho de campo que a maternidade também pode ser concebida como uma condição de restrição à liberdade.

[192] Um exemplo disso seria a repressão de desejos incestuosos. Ver: FREUD, *Five Lectures on Psychoanalysis*.

[193] FOUCAULT, *História da Sexualidade, volume. 1*.

A histórica compreensão greco-romana sobre as liberdades das crianças ainda pode ser mobilizada para pensar sobre a distinção contemporânea feita entre filhas e filhos da elite carioca *versus* outras crianças da cidade do Rio de Janeiro (como crianças de favela ou de rua).[194] As famílias da elite tendem a acreditar que suas crianças não devem executar trabalho remunerado. Em vez disso, elas deveriam desfrutar de uma abundância de tempo livre para brincar. Por outro lado, as crianças das favelas, ou que vivem nas ruas, não deveriam ter as mesmas liberdades (se alguma). Ao contrário, para boa parte da elite brasileira, os descendentes das classes marginalizadas deveriam manter-se "ocupados" desde jovens, mesmo que recebessem salários baixos, apenas para mantê-los longe de "problemas".[195] Enquanto os ideais liberais normativos afirmam que "todos nascemos livres e iguais",[196] na prática, esse ideal demonstra-se mais efetivo quando falamos das crianças da elite. As possibilidades reais de liberdade na vida de crianças em posições minoritárias de poder, portanto, repousam mais na "desidentificação", ou em outras formas de liberalismo mais radicais — fazendo eco ao entendimento de Arendt sobre a liberdade mais como diferença (desterritorialização), do que a mesmice (territorialização).[197]

## CÁRCERE PRIVADO

Se eu não tivesse viajado com Amélia e Maria Beatriz para o sertão, talvez não tivesse entendido que as memórias de Amélia sobre sua infância no interior do Ceará eram polarizadas entre momentos de opressão e de liberdade.[198] Quando estivemos em Guaraciaba do Norte, ouvi Amélia contar histórias de trabalho infantil forçado. A migração para o Rio de Janeiro era justificada como uma fuga da escravidão doméstica. Mas, em outros momentos, ela também

---

194 "Crianças de rua" podem ser entendidas como crianças sem-teto. Para uma pesquisa focada neste tema no Brasil, ver: HECHT, *At Home in the Street.*

195 Para uma discussão mais aprofundada sobre este tema, consulte: CARADE, *Entre a 'Síndrome do Pato' e o 'Efeito Mateus'.*

196 Assembleia Geral da ONU, *Declaração Universal dos Direitos Humanos.*

197 ARENDT, *Entre o Passado e o Futuro.*

198 Ver capítulo 3.

contrastava a opressão da vida em um grande centro urbano com a liberdade que sentia vivendo na imensidão do interior brasileiro.

Certo dia, Amélia, Maria Beatriz e eu visitamos um grande shopping center na Zona Oeste do Rio, chamado Barra Shopping. Ela precisava comprar roupas para a menina, que veio conosco. Olhamos muitas lojas mas, ao final, Amélia só pode comprar uma única saia jeans. Na saída, enquanto caminhávamos até o ponto de ônibus, notei uma réplica, em tamanho real, da Estátua da Liberdade, decorando a entrada do complexo comercial. Achei estranho. Provavelmente, era algo destinado a atrair a "elite liberal" do Rio. Não era o nosso caso. Nós três pegamos o ônibus de volta para a Rocinha. Beatriz reclamou que sua mãe não havia comprado as roupas que ela queria. Amélia estava triste e tentou explicar à filha que os shoppings não eram para pessoas pobres. Senti por Amélia, e ela sentia por Beatriz. A senhora minha vizinha desabafou:

— Não é fácil ser criança na Rocinha, Moisés! Tenho pena... A meninada não tem dinheiro e nem espaço pra brincar! Liberdade mesmo a gente tinha no Ceará, brincava e corria solto. Tem muito espaço em Guaraciaba, é muito chão. Isso é o que eu chamo de *liberdade*!

Diferente das experiências de Amélia que, por vezes, concebia o sertão como um espaço de liberdade, o historiador social britânico Patrick Joyce argumenta, focando em lugares bem distantes de Guaraciaba (principalmente, Londres e Manchester do século XIX), que o liberalismo está mais intimamente associado à vida nos centros urbanos. O autor evoca a relação entre a modernidade, a metrópole e o projeto normativo liberal:

> ...uma cidade de ruas largas, linhas retas, visibilidade aprimorada, uma cidade onde pessoas e coisas podiam circular livremente. A cidade estava mais limpa e melhor iluminada do que nunca. Em suma, uma certa liberdade foi obtida; e essa liberdade era percebida ao redor da cidade e da pessoa, ambos agora sítios de livre circulação, livre associação, com a pessoa agora escolhendo livremente, sendo responsável e, portanto, automonitorando-se. De fato, a cidade e suas ruas foram constituídas de forma a remover todos os impedimentos a essa pessoa, esse sujeito liberal, podendo exercer a liberdade (os impedimentos do perigo, escuridão, tráfego, os impedimentos

> muito mundanos das estradas não pavimentadas, lama e excrementos de cavalos). Essa liberdade é onde eu considero que o "liberalismo" residia. A ação desses canos, esgotos, estradas e luzes compreendem o que chamei de "agência" das coisas materiais.[199]

Em muitos aspectos, porém, a vida na Rocinha oferecia condições opostas às descritas acima. A favela constituía um território de perigo, onde as pessoas podiam facilmente se perder, pisar em excrementos de cães e cruzar caminhos com bandidos. Para as famílias que esperavam alcançar certa respeitabilidade moral na favela — e sobretudo as evangélicas — a solução era manter seus filhos em casa e se distanciar dos riscos das ruas. Para as crianças, e as pessoas com deficiência, a opção de confinamento domiciliar era tolerada. Amélia e outros vizinhos estavam cientes de alguns casos concretos, mas eu nunca testemunhei acusações formais sobre cárcere privado. A falta de espaços públicos abertos, como os disponíveis no asfalto, era uma constante fonte de reclamação na Rocinha. Não havia muitas praças públicas, e até os campos de futebol eram muito limitados em número; eu só conheci dois em toda a favela. As áreas que um dia existiram para recreação pública foram ocupadas por moradias. Algumas limitações à liberdade de certas famílias eram autoimpostas, no entanto, e baseadas em considerações morais específicas. Ainda havia hordas de crianças que passavam quase todo o tempo brincando pelos becos estreitos e tortuosos da favela.

## A FAVELA (IR)RACIONAL

Se nos aprofundássemos na observação de outra cidade do mundo, Chicago, seríamos lembrados de que os estudos urbanos clássicos da Escola de Chicago apresentaram debates importantes sobre as interrelações de julgamentos morais e formas urbanas. Por exemplo, Robert Park e Ernest Burgess argumentaram que "a cidade está enraizada nos hábitos e costumes das pessoas que a habitam. A consequência é que a cidade possui uma organização moral e físi-

[199] JOYCE, *The Rule of Freedom*, 11.

ca, e essas duas interagem mutuamente de maneiras características para moldar e modificar uma à outra".[200] Considerando que o liberalismo normativo também se baseia em uma suposição kantiana de racionalidade e autonomia universais,[201] não se esperava que certas liberdades normativas prosperassem no caos da favela; porque a infraestrutura urbana "moderna" do asfalto não funcionava da mesma forma nos morros.

Os poderes públicos estavam perfeitamente cientes dessa situação. A favela era um território denso de becos retorcidos, sem monitoramento policial eficaz e sem muitos espaços abertos. Diante desse cenário, muitos moradores do asfalto concluíam que havia uma falta de liberdade nas favelas, o que impedia que as crianças do morro alcançassem uma experiência idealizada de infância livre. Se as crianças das favelas não tinham direito à liberdade, de acordo com esse raciocínio da elite, não era porque o liberalismo normativo exclui aqueles que estão fora dos grupos dominantes. Em vez disso, a culpa era transferida para os mais pobres, que deveriam "pagar o preço" pela ocupação "ilegal" e "irracional" das áreas urbanas. Em suma, o modo de vida da favela — que diziam violar as leis de propriedade, indo contra normas elitistas de ordem, moralidade e saneamento — era considerado o problema.

A maioria dos projetos estatais voltados para a solução do "problema das favelas" no Rio de Janeiro visava introduzir elementos de infraestrutura que as "racionalizassem", fomentando a incorporação delas à cidade "formal".[202] O programa de modernização chamado Favela Bairro, por exemplo, foi lançado pelo Governo Municipal do Rio de Janeiro em 1994, com foco na prestação de serviços em áreas públicas (como esgoto, ruas, escadas e rampas) para melhorar a acessibilidade das (e nas) favelas, e com o objetivo final de integrá-las como bairros da Cidade Maravilhosa.[203] Em particular, o programa Favela Bairro pretendia aumentar as oportunidades de livre circulação, provisionando e aprimorando espaços públicos.

---

200 PARK & BURGESS, *The City*, 4.

201 Conforme discutido na introdução.

202 Para uma revisão crítica do binário formal/informal, consulte LINO E SILVA e DOHERTY, *Formally Informal*.

203 Secretaria Municipal de Habitação, Política Habitacional da Cidade do Rio de Janeiro (Rio de Janeiro, 1995).

Os impactos desse projeto municipal eram pouco visíveis na Rocinha quando morei lá, apesar das promessas. Os projetos estatais eram "vendidos" como proporcionando à população da favela uma oportunidade de libertação — um mecanismo normativo de governança em nome da liberdade, ou territorialização como liberalismo. Esse discurso era incorporado na favela, principalmente, por pessoas que aspiravam a ter mobilidade social e valores de elite — como era o caso dos meus vizinhos evangélicos. Amélia, no entanto, quando se sentia presa na favela, desabafava sobre seu desejo por liberdade mobilizando memórias positivas de um liberalismo campesino. Ela não olhava para a vida no asfalto como a única solução para os seus problemas, como fazia a maioria dos evangélicos que conheci.

## DUPLA ABJEÇÃO

Havia outras reações em relação às distintas condições urbanas das favelas. À noite, o "bonde" de crianças e adolescentes LGBTQ, conhecido como PAFYC, reunia-se e passeava pela Rocinha, conversando e gargalhando até muito tarde. Eles gostavam de se encontrar em um local perto da casa de Natasha, e ela gostava de conversar com eles. No entanto, a diferença significativa de idade entre Natasha e a maior parte dos integrantes do PAFYC, de alguma forma, a desconectava do grupo.[204] Na maioria das vezes, Natasha também tinha prioridades diferentes na vida. Como antropólogo, eu tinha mais tempo para estar com a turma, apesar da diferença radical de idade também ser um motivo de afastamento entre nós. Eu nunca reivindiquei qualquer associação formal ao PAFYC. Seria ridículo fazê-lo. Eu certamente era *queer*, assim como eles, mas acanhado demais, comparativamente velho e ainda pouco familiar com a favela. Eu consegui me conectar com o "bonde" por meio de outras relações *queer*. Eles saíam comigo porque Samira, que era considerada a "madrinha" do grupo, tornou-se minha amiga. Apesar de ser um pouco mais velha do que a maioria deles, Samira era uma pessoa de coração acolhedor, lésbica assumida e orgulhosa da favela.

---

204 Os membros do PAFYC geralmente tinham entre seis e dezesseis anos, quase todos eram nascidos e criados do morro.

Ficávamos todos sentados na calçada em frente a um fliperama, que também era uma espécie de *lan house*, localizado no infame Beco do Foguete. Estávamos a cerca de dez metros da "boca", o local onde um grupo de traficantes armados ficava vendendo drogas. A maioria dos membros do PAFYC morava perto do Valão, minha área, mas um ou dois haviam mudado para favelas diferentes e continuavam voltando para encontrar o grupo na Rocinha. Alguns membros viviam nas partes mais altas do morro e faziam o esforço de descer para nos encontrar quase todos os dias.

O pessoal do PAFYC gostava de contar sobre suas aventuras sexuais. Uma travesti, muito jovem, chamada Pituca (a letra P na sigla PAFYC) disse que queria comprar uma Coca-Cola "litrão" para dividir com a turma. Éramos um grupo de mais de dez pessoas, então algumas moedas de cada uma eram o suficiente para financiar a garrafa. Quando Pituca voltou do bar e as pessoas começaram a passar a Coca-Cola de mão em mão, a forma fálica da garrafa começou a causar certo furor. Um dos meninos pegou a garrafa, colocou no chão, e começou a dançar agachado, com a bunda tocando a tampinha vermelha do recipiente. Para cima e para baixo, para cima e para baixo! O nome dele era Yan, outro membro fundador do grupo (e a letra Y em PAFYC). O dançarino era muito magro e não tinha nem um metro e meio de altura, com a pele negra e um cabelo no estilo afro, curto e descolorido. Ele usava jeans muito justos, um par de tênis coloridos, uma blusa laranja e grandes brincos de argola. Inesperadamente, outra pessoa tomou a garrafa dele e Yan gritou:

— Ah não, querida! Me dá essa picaaa!

Alguns dos transeuntes se viraram para olhar para ele, chocados. Yan continuou balançando a bunda freneticamente.

À minha esquerda, Samira conversava com um garoto de moicano. Em voz baixa, ele contava que havia passado a noite anterior em uma festa bem "selvagem". Disse que mais de cinquenta homens heterossexuais se reuniram para um encontro sexual em uma casa no topo da favela. Alguns deles eram traficantes de drogas, e que ele adorava sexo com traficantes.

— Delícia!!! — ele disse.

Contou também que a festa tinha uísque e Red Bull para todo mundo:

— Era o paraíso, querida! — afirmou.

— E o que você estava fazendo lá? — Samira perguntou a ele.

Ele riu e disse que era um dos poucos viados sortudos que foram convidados a se juntar aos héteros naquela noite.

— Mas agora o meu cu tá ardendo pra caralho, todo fodido, querida! Homem demais pra pouca bicha... Ai, que delíciaaaaaaa!

Samira balançou a cabeça em reprovação, dizendo que ele era louco de participar dessas festas. De minha parte, imaginei a cena — adolescentes sendo violentados repetidamente por traficantes de drogas musculosos — e sentia um tipo de raiva moralizante.

Alguns segundos depois, virei-me para Samira e perguntei:

— Essa história é mentira, né?

Ela respondeu:

— Sempre pode ser mentira... Mas esses meninos fazem coisas que nem o diabo faria!

Fiquei extremamente perturbado. Samira percebeu minha expressão e acrescentou:

— Eu também me preocupo com eles, mas o que posso fazer? Tudo o que eles pensam é em uma bela gozada, e eles gozam o tempo todo!

Ela ficou quieta, e parecia pensativa, antes de dizer suas palavras finais sobre o assunto:

— Mas talvez eles exagerem no que contam? Não sei... É tudo farra para eles![205]

Pituca percebeu meu desconforto e se juntou à nossa conversa.

— Esse povo é *liberado* demais! Oh, meu Deus! — ela disse, desaprovando a história do sexo grupal.

Certa vez, Auro me disse que Pituca era a única que ainda tinha algum respeito entre as gerações mais velhas de bichas da Rocinha. Auro desprezava a maioria dos outros membros do PAFYC. A própria Pituca tinha uma relação ambígua com o "bonde". Ela passava muito tempo com eles, mas nem sempre concordava com o que faziam. Ela cultivava uma imagem "bem-comportada". Naquela noite, Samira comentou sobre o quanto Pituca parecia mais feminina. Tomei a liberdade de perguntar a Pituca se ela queria tornar-se

---

205 Uma versão dessa história foi publicada anteriormente em LINO E SILVA, *Queer Sex Vignettes from a Brazilian Favela.*

mulher permanentemente, e se queria fazer cirurgia de "redesignação sexual" um dia. Samira me interrompeu e disse:

— Acho mais bonito os viados que são mulheres por dentro e homens por fora!

Pituca retrucou:

— E eu ainda não decidi nada.

Samira, que muitas vezes era abrupta e não tinha medo de expressar opiniões controversas, disse:

— Isso é o que eu acho, as pessoas têm que escolher, ou um ou outro! Ou você é viado, ou você é uma travesti, certo? Não me interessa... O que eu não gosto é esse negócio de gente que parece que não sabe o que quer! Alguns ficam no meio caminho. Saem andando por aí vestindo calça de homem, tênis e coloca um top feminino que cobre só aqui o peito! Tipo esse top aí que a Pituca tá vestindo. Olha para isso! Cabelo comprido, top curto e calça... Pituca é uma travesti ou não é? Ela tá toda confusa! Foda isso.

Olhei para a jovem Pituca e senti muito pelas palavras duras que saíam da boca de Samira. Pituca não ficou brava, mas ficou quieta, parecia magoada. Depois de algum silêncio, ela nos disse:

— Sou muito nova ainda pra saber se vou virar mulher de vez. Mas acho que sou travesti mesmo! Como você disse, tem até cirurgia pra tirar o pinto agora, né? Mas eu tenho quatorze anos. Não tenho certeza do que eu realmente quero!

Samira então riu e disse a ela:

— Cala a boca! Você já é uma garota perfeita. A travesti mais linda do PAFYC! — Este último comentário trouxe um leve sorriso de volta ao rosto de Pituca.

Enquanto alguns dos meus vizinhos na favela preferiam "prender" seus filhos em casa, e certamente evitavam até passar por aquele beco em particular (o Beco do Foguete), logo percebi que eu mesmo estava passando cada vez mais tempo naquela área. Diante das críticas que comecei a receber de alguns amigos por frequentar o mesmo lugar que traficantes, bêbados e travestis, comecei a notar que o Beco do Foguete era uma "região moral" específica, interna à favela.[206] Se aqueles no asfalto tendiam a tratar todas as favelas

206 O conceito de "região moral" emerge na sociologia urbana clássica e, apesar do contexto diferente de sua insurgência, ainda se mostra uma valiosa contribuição

como territórios moralmente degradados, os moradores das favelas também tratavam certas áreas internas dessa maneira. Ou seja, o Beco do Foguete era uma zona de dupla abjeção.

Comecei a considerar que a narrativa liberal normativa de uma cidade racional com ruas limpas e linhas retas não era a única a oferecer possibilidades de liberdade. Becos sujos, sombrios e tortuosos também podiam promover um modo diferente de liberalismo. Há muito tempo, em referência às crianças de rua do Rio de Janeiro, o médico Carlos Moncorvo Filho escreveu:

> É nesse ambiente tóxico para o corpo e a alma que boa parte de nossa infância vive à solta, em *liberdade* incondicional, abandonada, imbuindo-se de todo desrespeito, entregando-se a todos os vícios, sendo treinada para todos os crimes.[207]

Aqui, torna-se evidente também que algumas formas de liberdade são consideradas indesejáveis, sobretudo se essas liberdades minoritárias estiverem intimamente ligadas a territórios urbanos em desacordo com os ideias das cidades europeias "modernas".

## BICHA ENCUBADA

Descendo pelo Beco do Foguete, em meados de setembro de 2009, encontrei um amigo chamado Peterson. Ele estava conversando com uma evangélica que frequentava a área como missionária, tentando converter almas para sua igreja. Eu conheci Peterson pelo grupo PAFYC. No entanto, ele se recusava a se identificar como um membro do "bonde". Isso não se devia apenas à idade dele, vinte e dois anos, mas principalmente porque ele fora criado como evangélico

---

para compreender a vida na Rocinha. "Uma região moral não é necessariamente um lugar de morada. Pode ser um mero local de encontro, um lugar de descanso. Para compreender as forças que, em cada grande cidade, tendem a constituir ambientes específicos, nos quais impulsos, paixões e ideais vagantes e reprimidos se emancipam da ordem moral dominante, é necessário referir-se ao fato ou à teoria dos impulsos latentes humanos". PARK & BURGESS, *The City*, 43.

[207] MONCORVO FILHO, *História da Proteção à Infância no Brasil, 1500-1922*, 128. Grifo meu.

e ainda reivindicava afiliação com a igreja, algo que a maioria dos membros do PAFYC considerava estar em contradição com os ideais *queer* mais radicais do grupo.[208]

Decidi esperar que Peterson terminasse a conversa e, enquanto isso, entrei em uma loja próxima para comprar alguns doces. Peterson deve ter me visto, porque estava me esperando com um sorriso largo e um abraço amigável quando saí da lojinha. Adilson, uma bicha-boy alegre e a letra A na sigla PAFYC, também estava passando pelo Beco do Foguete naquele exato momento, com algumas outras pessoas. Ele me cumprimentou no estilo PAFYC:

— E aííí? — ele disse em voz alta, e, em seguida, levantou a mão direita para um *high-five* (bate aqui).

Adilson notou minha sacolinha de papel pardo cheia de doces e perguntou se podia pegar um. Outros viados do bando também começaram a me pedir doces.

Adilson tentou cumprimentar Peterson da mesma forma que ele acabara de me cumprimentar:

— E aí, bicha?!? — Peterson o ignorou.

— Qual o seu problema, querida? — Adilson disse, bravo.

Peterson respondeu:

— Se enxerga, Adilson! Quem você acha que sou?!? Comporte-se feito homem!

Seguiu-se uma vaia geral da galera do PAFYC.

Uma travesti gordinha, por volta dos quinze anos, com cabelos loiros encaracolados e olhos verdes, gritou para Peterson:

— Tá louca, mona?

Para quebrar a tensão, Peterson sorriu, como se estivesse brincando o tempo todo.

Mesmo assim, Adilson não perdeu a chance de repreendê-lo, em voz alta:

— Peterson, para de ser uma bicha encubada![209] Quando é que você vai se liberar? Aqui, olha pra gente! Somos todas liberadas já, meu amor! Por que você é assim?

---

208 A questão religiosa na Rocinha provou ser mais complicada do que eu supunha. Ver: capítulo 5.

209 Ser "encubado" era a maneira PAFYC para referir-se a alguém que estava oprimido, ou no armário (embora, como discuto adiante, uma tradução fácil entre termos possa ser problemática).

Às vezes, Natasha parecia ter certo recalque diante das liberdades dos viados mais jovens, que não tiveram que suportar as mesmas condições adversas que ela (enquanto crescia no interior).

— O povo praticamente já nasce bicha nessa favela! Olha pra esses meninos do PAFYC, né? Acho que tem um agora que tem seis anos e que já anda com eles. Saem pela favela provocando geral! Eles dançam, andam por aí rebolando, não escondem de ninguém que são bichas! E eu? Tive que esconder muita coisa e por muito tempo, meu amigo!

Natasha havia me dito que depois de se mudar para a Rocinha, longe de sua cidade natal, foi que ela começou a sentir que poderia finalmente "ser ela mesma". Nas palavras dela:

— Ah, querido! Na Rocinha, tenho *liberdade* pra fazer essas coisas! Na favela tudo é possível. Acontece de tudo! Olha em volta. Tem todo tipo de bicha. E essas Novinhas? Se elas podem ser travestis nessa idade, por que não eu na minha? Deixei de ser uma bicha-boy encubada. Aqui estou eu, Natasha Kellem! — ela disse, rindo.

## CAPITÃES DOS BECOS

A princípio, pensei que Natasha se assumir como travesti poderia ser apenas mais um caso de afirmação de uma identidade no sentido liberal normativo, de individualidade e autonomia, algo que demonstrava uma certa territorialização das liberdades na favela. Natasha havia se mudado de um vilarejo campesino no interior do Ceará. Por isso, em certo momento, também presumi que processos de migração, modernização e urbanização explicariam a liberdade sexual dela no Rio de Janeiro.[210] Em uma reflexão histórica sobre os primeiros processos de urbanização nos Estados Unidos e na Europa, John D'Emilio explica mais sobre esse tipo de *assemblage*, que cheguei a considerar ser útil também para entender a situação de Natasha:

> Os processos interligados de urbanização e industrialização criaram um contexto social no qual uma vida pessoal autônoma

---

[210] Ver capítulo 3.

> poderia se desenvolver. O afeto, as relações íntimas e a sexualidade moviam-se cada vez mais para o domínio da escolha individual, aparentemente desconectados de como se organizava a produção de bens necessários à sobrevivência. Nesse cenário, homens e mulheres que sentiam uma forte atração erótica por seu próprio sexo podiam começar a moldar-se a partir de uma identidade pessoal e um modo de vida.[211]

Portanto, segundo D'Emilio, a possibilidade de identificação *queer,* como muitas vezes a concebemos, decorre de processos de modernização. Ambos os elementos acima — "uma vida pessoal autônoma" e "o domínio da escolha individual" — são princípios fundamentais do liberalismo normativo. À medida que entendia mais sobre a vida de Natasha e de outras pessoas na favela, no entanto, percebi que uma compreensão das experiências *queer* de liberdade seria limitada se não levasse em conta que as próprias condições de possibilidade de libertação poderiam ser diferentes nos territórios das favelas.

Além do contexto mais amplo de autonomia da favela em relação ao asfalto, que incluía a existência de leis distintas para mediar as relações no morro, havia outros aspectos do liberalismo *queer* de favela que não se baseavam em noções universalistas de direitos, na racionalidade das formas urbanas ou na aprovação moral das elites brasileiras. As liberdades defendidas pelo liberalismo do PAFYC, por exemplo, eram mais radicais do que o liberalismo normativo poderia tolerar, porque não estavam fundamentadas no privilégio de classe. Pelo contrário, o grupo existia contra os (e apesar dos) ideais liberais de governamentalidade. As crianças PAFYC não eram *liberi,* no sentido greco-romano do termo. Na verdade, eram filhas e filhos de famílias extremamente estigmatizadas — muitas vezes acusadas de crimes, como a ocupação ilegal de terra — que, diante das estruturas de classe mais solidificadas, insistiam em "afrontar" as normas vigentes para afirmarem sua liberdade.

O fato de imaginarmos que o liberalismo *queer* seja sempre de um tipo normativo é mais um efeito do poder dominante. Nem todos os sentidos de libertação (ou liberação) derivam da mesma

---

211 D'EMILIO, *Sexual Politics, Sexual Communities,* 11.

fonte; nem todos são baseados em ideais políticos de inspiração europeia e norte-americana. No caso da favela, os "processos interligados de urbanização e industrialização" descritos por D'Emilio criaram possibilidades alternativas para a libertação.[212] O senso de liberdade do PAFYC não se baseava simplesmente na identificação de seus membros com categorias classificatórias promovidas pelo Estado brasileiro para promover a diversidade sexual como uma política "liberal".[213] Em vez disso, as identidades *queer* que seus membros propunham eram derivadas de um processo de "desidentificação" com o liberalismo normativo[214] — o esforço deles era coletivo, no sentido de cultivar formas de vida que desafiassem os limites das liberdades normalmente aceitas.

Tais ideais de libertação ressoam com as experiências de outras crianças das classes mais exploradas, que acabam vivendo períodos de suas vidas longe da "domesticação" de adultos e de suas famílias. Uma das grandes etnografias sobre essa questão deriva da pesquisa de Jacques Meunier com crianças de rua em Bogotá, Colômbia. Embora Meunier não faça afirmações relacionadas ao gênero e à sexualidade *queer,* ele observa *assemblages* que possibilitam modos minoritários de liberalismo. As crianças que ele observava, em Bogotá, também procuravam maneiras de viver de maneira alternativa. Ao andar em grupos, eles se sentiam mais fortes. Tendiam a ocupar certos territórios "indesejáveis" na cidade e eram chamados de rebeldes, sonhadores, ousados e aventureiros. Ao mesmo tempo, também podiam ser rudes, obscenos e muito agressivos. Uma das reivindicações mais fortes na etnografia de Meunier, no entanto, é que essas crianças de rua valorizavam, acima de tudo, a *liberdade* delas. Tentavam se libertar de um mundo adulto marcado pela severidade, brutalidade e injustiça. Embora não pudessem ir muito longe com essa tentativa de viver livremente, essas crianças lutavam constantemente para isso, o que, de acordo com o antropólogo, constituía

---

212 D'EMILIO, 11.

213 Para uma análise ampliada sobre a relação dos grupos LGBT com o Estado brasileiro em termos de direitos e de constituição de identidades, ver: AGUIÃO, *Fazer-se no 'Estado'.*

214 Conforme discutido na introdução e no prefácio.

a principal razão para muitas pessoas se sentirem escandalizadas diante delas.[215]

Em *Capitães da Areia*, Jorge Amado, grande romancista baiano, descreve a vida das "crianças de rua" em Salvador. Na verdade, elas poderiam ser chamadas de "crianças da areia", que vivem tanto nas praias de Salvador quanto nas ruas. Amado se afasta dos clichês de pobreza e sofrimento para se concentrar, em vez disso, na consciência libertária coletiva dessas crianças. Um de seus personagens centrais, Pedro Bala, que a princípio pode ser descrito como um "líder de gangue", torna-se, na idade adulta, um trabalhador militante. Enquanto libertário, ele organizava greves e lutava contra a exploração capitalista.[216] No caso do PAFYC, percebi um espírito coletivo de liberalismo minoritário que também ressoava com as narrativas de Amado. Havia um esforço para criar e sustentar uma coletividade nos becos da Rocinha, a qual seria capaz de desafiar as formas de opressão que mais recaiam sobre os membros do "bonde": as crianças do PAFYC eram minoritárias em relação às crianças burguesas, aos adultos, àqueles que viviam uma vida doméstica — principalmente, as pessoas heteronormativas.

## ASSUMINDO-SE NA FAVELA

Natasha nunca me disse que estava em busca de uma identidade estável. Quando muito, afirmava que o que ela mais gostava em ser travesti era o potencial de desorientação que sua existência criava:

— O que eu gosto é de ser o centro das atenções e confundir as pessoas. Eu adoro isso! — ela dizia, sorrindo. — Gosto dessa coisa que as pessoas não sabem dizer com certeza se sou mulher quando olham pra mim. E sempre *dando um it*![217] — ela acrescentou.

Natasha não negava o desejo de continuar cultivando a expressão de gênero feminino que mais lhe agradava. No entanto, quando Natasha falava sobre o processo de "tornar-se ela mesma" na favela, não estava se referindo a um "eu" estável, racional e autointeressado.

---

[215] MEUNIER, *Os Moleques de Bogotá*.

[216] AMADO, *Capitães da Areia*.

[217] Sobre a expressão "dar um it", ver prefácio.

Era quase uma exigência para o PAFYC e outros grupos *queer* da Rocinha que seus membros fossem liberados de um modo coletivo.

— Somos todas liberadas já, meu amor! — Adilson disse orgulhosamente a Peterson, ecoando uma frase que também ouvi Natasha usar em outras ocasiões. Nesse sentido específico, Natasha se juntava ao grupo PAFYC como participante em uma coletividade não normativa (de forma mais ampla) da favela. Compartilhavam aspirações semelhantes.

"Encubada", assim como outros termos, era parte do repertório pajubá. Embora possa ser mais facilmente traduzido como "estar no armário", isso seria uma simplificação excessiva; até que ponto esse é um conceito equivalente a "estar no armário", no sentido "euro-americano", depende da diferença entre processos normativos e minoritários de liberação *queer*.[218] Em um contraponto semelhante, com base em pesquisa etnográfica com imigrantes filipinos na cidade de Nova Iorque, Martin Manalansan argumenta que o ideal liberal LGBTQ de sair do armário é uma questão de identidade política que faz mais sentido no contexto da América do Norte, de classe média branca, do que nas comunidades migrantes filipinas empobrecidas que ele conhecia. Os imigrantes "gays" filipinos contestam a suposta universalidade do "armário" e sugerem que nem todos tinham a necessidade de declarar uma identidade sexual ou tornar públicas suas práticas sexuais privadas. Em outras palavras, nem todos concordavam com a necessidade de afirmar uma identidade *queer* em público. A concepção liberal normativa, baseada em uma liberdade de expressão obrigatória e universalizante, também é parte constitutiva da formação do "armário".[219]

Ao contrário dos imigrantes filipinos em Nova Iorque, os jovens *queer* da Rocinha gostavam de chamar a atenção para suas práticas sexuais e de gênero, em vez de serem discretos. Dado que o Dono do Morro proibia explicitamente perseguições homofóbicas aos "seus viados", o liberalismo de favela protegia e incentivava um tipo específico de expressão LGBTQ. De fato, um dos objetivos políticos

---

[218] Carlos Decena argumenta que "dar por certo que todas as pessoas LGBTQ deveriam sair do armário é consistente com uma interpretação neoliberal de sair do armário, bem característica do atual clima político nos Estados Unidos". DECENA, *Tacit Subjects*, 339.

[219] MANALANSAN, *Global Divas*.

mais explícitos dos membros do PAFYC era declarar agressivamente, em público, suas dissidências de sexualidade e de gênero, aproveitando-se (e, ao mesmo tempo, testando) o liberalismo de favela. No entanto, os membros do PAFYC também não se identificavam necessariamente com concepções normativas sobre o "sair do armário". Como Manalansan afirma: "sair, se libertar do armário, é [uma ideia] fundada em uma espécie de individuação que é separada dos laços e obrigações familiares. Esse tipo de individuação também se baseia no uso da linguagem verbal como meio pelo qual a individualidade pode ser expressa".[220]

A maioria dos meus amigos LGBTQ na Rocinha não baseavam suas políticas liberais na individuação e, eu diria, na individualidade. Muito pelo contrário, constituíam ativamente laços de amizade (e até mesmo novos laços de parentesco) como estratégia para promover a libertação do grupo. Os "bondes" eram fruto de uma forma especial de relacionalidade na favela. Os membros do PAFYC fomentavam conexões privilegiadas dentro do grupo, referindo-se uns aos outros como "irmãs". Algumas pessoas mais velhas, de confiança deles, como Samira, eram chamadas de "madrinhas". Ao contrário do parentesco normativo, que comumente exige que as pessoas desistam de suas liberdades sexuais em prol da família,[221] o parentesco *queer* na favela possibilitava certas liberdades que não podiam ser obtidas facilmente via liberalismo normativo nem via liberalismo campesino.

A pouca idade dos membros do PAFYC significava que a maioria deles não era independente de suas famílias "de sangue" no momento em que "saíam do armário". Mesmo que as relações com suas famílias "de sangue" fossem muitas vezes comprometidas durante os processos de liberação sexual, a maioria dos membros do "bonde" mantinham ambas as formas de relacionamento operando ao mesmo tempo. Acima de tudo, porém, era pela adesão a grupos como o PAFYC, e a certas práticas corporais "não normativas", que um modo específico de liberalismo minoritário se tornava possível na Rocinha para esse grupo de jovens relativamente desempoderados.

---

220 MANALANSAN, 23.

221 Ao mesmo tempo, a constituição de qualquer tipo de "família" também pode servir como estratégia para combater certas explorações do liberalismo normativo. Ver capítulo 3.

Explicando as complexas possibilidades etimológicas implícitas na palavra "livre", o linguista Émile Benveniste explica algo que pode nos ajudar a elaborar a situação do PAFYC:

> Em [línguas] germânicas, a conexão que ainda é sentida, por exemplo, entre o alemão *frei* (livre) e *Freund* (amigo) nos permite reconstituir uma noção primitiva de liberdade enquanto o pertencimento a um grupo fechado daqueles que se chamam de "amigos". À sua pertença a esse grupo de *pedigree* — ou de amigos — o indivíduo deve não apenas o seu status de livre, mas também o 'seu próprio eu'.[222]

O que parece ser mais notável, como observação etnográfica, é que tal potencial de liberdade — derivado de fortes laços de amizade, às vezes transformados em parentesco — não é um privilégio das elites, como a etimologia da palavra *liberi* parece sugerir. Os filhos dos oprimidos, historicamente desautorizados pelo liberalismo normativo de ostentar a designação *liberi*, reúnem-se para introduzir uma certa novidade em um mundo de muitas formas já determinado. Eles transformam as possibilidades do liberalismo, proporcionando ao termo uma possibilidade de existência minoritária.

O "bonde" do PAFYC chamava muita atenção na Rocinha. No entanto, havia outros grupos LGBTQ tecendo relações de parentesco e políticas liberais no morro também. Segundo Auro, um desses coletivos merecia destaque. Era composto por travestis mais velhas, e existia há muito mais tempo do que o PAFYC. Como o matemático explicou, ele achava que as gerações passadas eram muito mais "sérias" em seus objetivos políticos, enquanto os membros do PAFYC eram conhecidos por suas brincadeiras excessivas e imaturidade. Para a geração mais velha de travestis, a incorporação de novos membros ao seu grupo era um processo controlado e elaborado. Auro lembrou:

— Somente pelo batismo! Pra se tornar parte do grupo, você tinha que ser adotada por uma mais velha. Precisava ter uma "madrinha"! Depois, acontecia um batismo de verdade, um ritual que ocorria em diferentes formas. No passado, os batismos aconteciam no Valão.

---

[222] BENVENISTE, *Indo-European Language and Society.*

Todas as travestis seguravam a bicha novata pelos pés e mergulhavam a cabeça da iniciada no esgoto. A partir daquele momento, você passava a fazer parte do grupo!

Auro ria, insinuando que conexões também são formadas por meio da abjeção: o esgoto, o desvio, a imoralidade. Ainda assim, era uma forma de relacionamento, ainda que desidentificada dos padrões morais do liberalismo normativo e, igualmente, dos padrões mais heteronormativos do liberalismo campesino.

## CORPO E METAMORFOSE

Expressões do liberalismo *queer* na favela podem ser vistas em vestimentas, experiências sexuais e performances de flexibilidade corporal. Havia diferentes combinações dessas táticas. Alguns colocavam mais ênfase em suas roupas, maquiagem e experiências sexuais, como era o caso de Natasha. Outros brincavam mais com a exibição de seus corpos em público. Parecia importante para Natasha demonstrar que era uma travesti *liberada* por meio de suas roupas, cabelos e maquiagem. Por outro lado, os membros mais jovens do PAFYC eram frequentemente vistos fazendo espacates (abertura) em público, entre as multidões. As bichas "de verdade" eram as que se expressavam de forma mais corporal. Pessoas como eu, que continuavam usando roupas masculinas e apenas reivindicavam (em palavras) uma identidade *queer* interior, continuavam a ser entendidas como "bichas encubadas". Não bastava "sair do armário" verbalmente, era necessário colocar em prática uma expressão corporal diferente para ser considerado uma *bicha liberada* de verdade.

Na favela, sair do armário não era necessariamente um processo marcado por um momento singular que coincidia com o início de uma vida adulta independente. Também não se tratava de identificação verbal, de claramente *declarar* uma orientação sexual, desejos ou certa subjetividade. Em vez disso, o liberalismo *queer* dos meus amigos na Rocinha estava profundamente ligado à capacidade de um tipo de metamorfose corporal, seja no uso do corpo para o sexo (e aqui as bichas-boy poderiam ser mais reconhecidas), no cultivo da elasticidade corporal, seja por meio de roupas e outros artefatos como forma de transformar o corpo. Nesse sentido, o vestuário também não é uma simples questão de identificação por meio do consumo. Seguindo uma perspectiva elaborada por Eduardo Viveiros de Castro e outros etnólogos dentro de um contexto minoritário (ameríndio),[223] sugiro que o "vestuário" deve ser entendido não como um item supérfluo na vida LGBTQ na Rocinha, mas como um equipamento privilegiado para a expressão de liberdades. Mais do que uma camada externa ao corpo, o cuidado e o tempo que Natasha e alguns membros do PAFYC dedicavam ao vestuário indicava que roupas e maquiagem também faziam parte de seus corpos — essas performances corporais eram inscritas com significados eficazes, como atos de libertação minoritária.

Adilson era o membro mais flexível do PAFYC. (Digo isso correndo o risco de ser odiado por todas as outras pessoas do PAFYC, que competiam diariamente pelo reconhecimento público de suas habilidades corporais.) Quando o grupo se reunia no Beco do Foguete, uma das principais atividades, além de compartilhar histórias e aventuras sexuais, era praticar vários tipos de alongamento e movimentos de dança em público. Cacau, a letra C do grupo PAFYC, era uma bicha-boy, negra, no início da adolescência. Ela costumava desafiar as outras para ver quem conseguia ir mais longe nos espacates, e, por essa razão, era conhecida como "afrontosa". Seus movimentos repentinos sempre me assustavam. Em um determinado momento, Cacau estava conversando com alguém e, de repente, logo em seguida, deixava o seu corpo esguio cair, verticalmente ao chão, abrindo um espacate perfeito. Suas pernas se esticavam e, com a virilha contra o chão, ela começava a quicar para cima e para baixo, dançando, simulando um orgasmo. A cena costumava provocar comoção generalizada no grupo, e logo haveria cinco ou mais membros do PAFYC fazendo o mesmo. Alguns eram mais habilidosos do que outros, e os mais jovens aprendiam com os especialistas. O grupo ficou conhecido em toda a Rocinha por performances coletivas de flexibi-

---

[223] Como argumenta Eduardo Viveiros de Castro, "aqui me parece que se encontra um erro importante, que é o de tomar a 'aparência' corporal como inerte e falsa, enquanto a 'essência' espiritual é ativa e real. Eu argumento que nada poderia estar mais longe das mentes dos Índios quando falam de corpos em termos de 'roupas'. Não é tanto que o corpo é uma roupa, mas sim que a roupa é um corpo." VIVEIROS DE CASTRO, *Cosmological Deixis and Amerindian Perspectivism*, 482.

lidade, que, ao mesmo tempo, chocavam e surpreendiam o público nas ruas.

Natasha não tinha crescido na Rocinha e raramente arriscava os espacates — outra razão para o Bonde das Novinhas (PAFYC) não a considerar plenamente como membro. As performances corporais de Natasha estavam mais relacionadas a suas experiências sexuais — como ter mais de um homem a penetrando ao mesmo tempo — e sua preocupação com artefatos corporais.

— Você já pensou em fazer implantes, amiga? Tipo, colocar peitos enormes de silicone? — eu perguntei a ela um dia enquanto caminhávamos para a praia.

Ela balançou a cabeça, enfaticamente, movendo o cabelo quimicamente alisado de um lado para o outro.

— Eu não! Tá louca? — ela prontamente respondeu, com a sua voz grave de costume.

Então, Natasha comentou sobre a aplicação de injeções de silicone industrial líquido pela amiga Paulette, disponíveis na favela, para deixar os corpos mais curvos e femininos:

— Me encher de silicone? Quero não! A própria Paulette tá bombando [injetando], sabe? Ela até ofereceu pra mim! Disse que não. Eu não sou louca![224]

Achei, por um momento, que poderia ter ofendido Natasha com minhas perguntas. Os implantes de silicone eram um tema de conversa bastante frequente em um país obcecado por cirurgia plástica. Eu não quis dizer que ela *deveria* colocar silicone em seu corpo. Eu estava simplesmente curioso se Natasha tinha o desejo de parar de usar pedaços de espuma no sutiã para ter seios maiores. Natasha continuou falando:

— E se algum dia eu decidir sair assim, bem "boyzinha"? O que eu vou fazer com o silicone? Me deixa como sou. Sempre que quiser um peito maior, uso minha espuma, e os homens ficam loucos. Em outros dias, vou sair sem peito. É assim que eu gosto!

Ela sorriu. Eu sorri. Mesmo que não da exata maneira como o grupo PAFYC, Natasha obviamente tinha bastante interesse e muita prática em performances corporais *queer*.

---

224 Don Kulick descreve alguns dos efeitos deletérios da injeção de silicone industrial nos corpos das travestis no livro *Travesti*.

## SEM ENDEREÇO, MAIS LIBERDADE

O fato de a maioria das pessoas na Rocinha não terem endereços residenciais individuais, outra particularidade da urbanidade "irracional" das favelas, também contribuía para as liberdades coletivas dos meus amigos. Em 1º de novembro de 2009, Natasha veio à minha casa no início da noite e perguntou se eu gostaria de sair para passear. Isso geralmente era uma sugestão de que ela queria "sair para caçar", ir à procura de sexo na praia.[225] Ela não se importava de ir sozinha, mas alguns dias preferia ter companhia. Eu tinha me acostumado com a ideia de que poderia ser mandado de volta para casa a qualquer momento se Natasha encontrasse algo mais "gostoso" para fazer do que conversar comigo na praia.

Indo em direção ao oceano, passávamos pelos prédios altos do bairro de São Conrado, por uma avenida arborizada, chamada Aquarela do Brasil. Havia cerca de um quilômetro separando minha casa na Rocinha e a praia. Na metade do caminho, uma Mercedes-Benz, de cor preta, quase nos atingiu ao sair da garagem de um luxuoso prédio na Aquarela do Brasil. A opulenta mulher de meia-idade, que dirigia o veículo de luxo, ainda se sentiu no direito de tocar a buzina para nós. Em vez de sair do caminho, contudo, Natasha aproximou-se mais do carro e parou na frente dele, chegando o rosto perto do para-brisa. Minha amiga gritou o mais alto que pôde:

— Filha da puta! Me atropela com esse carro e eu vou te quebrar toda na porrada!

Fiquei assustado. A motorista ficou absolutamente apavorada e saiu com o carro o mais rápido possível! Mais tarde, relaxei e ri da cena.

— Natasha, um dia, alguém vai te processar ou algo assim! — alertei minha amiga.

Ela riu de mim e disse:

— Me processar? Tá falando sério, bicha? Quem vai me achar na Rocinha? Eu sou *livre*! Nem endereço eu tenho, querido! Você é tão bobinho às vezes...

Como tenho argumentado, além das leis do morro, dos coletivos LGBTQ e das performances corporais, um elemento vital nas redes

---

225 Sexo na praia e sexo nos becos também eram dimensões de uma "vida de rua".

de liberdades minoritárias na favela encontrava-se na própria dinâmica territorial entre o asfalto e o morro. Em contraste com o liberalismo normativo, que depende da possibilidade de vigilância para maximizar sua governamentalidade, a falta de endereços formais (e de organização cartesiana das ruas e becos na favela) gerava as condições para uma forma alternativa de liberdade: a dificuldade de ser localizada, monitorada ou rastreada. Ao argumentar que não poderia ser processada, Natasha posicionava-se fora do sistema de governamentalidade estabelecido pelo Estado-nação e pelo Estado de Direito. Quem não pode ser localizado, não pode ser notificado oficialmente pelo sistema judiciário.

No asfalto, travestis como Natasha eram frequentemente tratadas como criminosas. E, mesmo que algumas delas cometessem crimes (em sua maioria crimes menores), eram injustamente estigmatizadas e submetidas a diversas formas de exploração e brutalidade policial.[226] Todavia, nas favelas, as travestis se beneficiavam de uma "rede de segurança" mais extensa, que ajudava criminosos, marginais e outras pessoas consideradas "desviantes", contra o Estado-nação. Para narcotraficantes e outros bandidos "foragidos", dificilmente haveria um lugar melhor para se esconder do que as favelas. Em parte, era assim que o tráfico de drogas se conectava com uma rede de outras atividades consideradas ilegais, como fraudes bancárias, roubos diversos e fraudes na internet. Enquanto o Dono do Morro concordasse em acolher um fugitivo, seria quase impossível para a polícia ou o sistema judiciário localizar essa pessoa, a menos que se aventurassem no território das favelas — o que seria considerado uma "invasão", como diriam na Rocinha. Esse tipo de "proteção" era proporcionado pela forma urbana, pelos limites da favela e pelas leis do morro — no que tenho chamado de "heterotopia liberal".[227]

## O ORGULHO LGBTQ NO ASFALTO

Os diferentes modos de liberalismo minoritário na vida dos moradores da favela frequentemente colidiam com outros modos mais

---

226 KULICK, *Travesti*.

227 Ver capítulo 2.

normativos de liberação LGBTQ. Percebi isso quando participei da Parada do Orgulho LGBTQ (ou LGBTI) do Rio em 2009, que ocorreu na praia de Copacabana, no início de novembro. Amélia era heterossexual, mas tinha ouvido falar sobre a parada na TV e estava curiosa para conhecer o evento ao vivo. Combinamos de ir juntos. Quando chegamos lá, havia música eletrônica alta, bandeiras coloridas e corpos seminus por toda parte.

Durante a parada, encontrei Raimundo, um dos meus alunos na EAU (a ONG da Rocinha onde eu lecionava inglês). Fiquei surpreso ao vê-lo, porque sempre presumi que ele era hétero. Ele estava sem camisa, exibindo seus músculos abdominais bem-definidos. Talvez ele fosse apenas um "aliado", pensei. Raimundo perguntou se poderia ficar com meu grupo de amigos, pois tinha vindo sozinho e não pertencia a nenhuma "tribo". Eu esperava encontrar outras pessoas, incluindo Mazinho, uma bicha-boy que estudava na mesma classe de Raimundo e era famosa por seu apetite sexual insaciável. Natasha e a maioria dos membros do PAFYC também eram presença confirmada no evento. Eles estavam com vontade de "descer pro asfalto" naquele dia e encontrar com "as gays". Como já observei, para meus amigos LGBTQ na Rocinha, a palavra *gay* era um marcador ligado ao asfalto, mais do que ao morro (embora gays autoidentificados também estivessem surgindo na favela).

Meu aluno da EAU me contou brevemente sobre sua vida. Sua mãe era uma mulher evangélica, que havia migrado do Ceará para o Rio de Janeiro.

— E ela é uma dessas fanáticas! Ela é membro da Igreja Universal do Reino de Deus [IURD] — disse Raimundo, em referência a um dos maiores grupos neopentecostais do Brasil.

Já que estávamos falando sobre esse assunto e era Dia do Orgulho LGBTQ, senti-me à vontade para perguntar mais detalhes a ele.

— Quando cheguei na Rocinha, só tinha mulher e homem, e algumas travestis. Não tinha isso de gay. Entendeu? Pessoas gays como você e eu.

Raimundo continuou:

— Eu nunca pensei sobre mim mesmo como uma travesti. Por esse motivo, tive muitas namoradas e até tenho um filho. Mas estou menos confuso agora. Eu percebi que sou gay. Eu me considero gay, entendeu?

Eu entendia. A narrativa dele soava um pouco como uma daquelas histórias de "saída do armário" com as quais eu estava acostumado. Perguntei a ele sobre a época em que ele morava no Nordeste.

— No Ceará, há muito preconceito, mesmo hoje. Mas minha família no Rio me aceita melhor. Eu tenho uma vida independente. Até minha mãe, que pertence à IURD, me aceita! — ele respondeu.

O meu encontro inesperado com Raimundo destacou que há lugar para formas mais normativas de liberalismo nas favelas também.

Enquanto conversávamos, carros alegóricos imensos passavam, emitindo mensagens de libertação em volume máximo. Um deles dizia: "É direito nosso amar e viver *livremente*!" Outro carregava um banner: "Devemos lutar pela vida, amor e *liberdade*!" Um outro cobrava: "Duque de Caxias deve respeitar a *liberdade* de expressão!" Também havia um trio elétrico dedicado à liberdade religiosa, que carregava representantes de diferentes religiões — catolicismo, protestantismo, religiões afro-brasileiras e espiritismo —, alguns vestindo roupas ritualísticas. Este último caminhão era chamado de "Carro da tolerância religiosa: o Brasil é um país laico", fazendo referência ao fato de que todas as religiões deveriam ter a possibilidade de existir dentro do Estado-nação — mesmo que o próprio Estado devesse ser livre de religião.

A sequência de liberdades promovidas no evento era nitidamente baseada em conceitos normativos liberais — direitos universais e respeito à diferença dentro de uma proposta de "multiculturalismo". Sendo assim, aquele tipo de política LGBTQ fazia mais sentido para a realidade dos moradores do asfalto do que para a maioria dos meus amigos *queer* da favela (talvez, exceto Raimundo). A festa continuou até bem tarde da noite, terminando com muitos dos meus amigos fazendo muito sexo na praia. Sexo, no fim das contas, era o que atraia a maioria deles para a Parada do Orgulho LGBTQ antes de tudo.

## A NECESSIDADE DE LIMITES

Auro era um caso intrigante. Ele me disse que, quando era jovem, tinha sido travesti na favela. Depois de crescer, porém, decidiu abandonar a vida travesti e dedicar-se ao estudo da matemática.

Mais recentemente, Auro parecia ter começado a se entender como uma pessoa gay.

— Ainda sou amiga de todas as travestis. Conheço todas elas, especialmente as mais velhas, da minha geração! — ele me disse, com orgulho.

Ao mesmo tempo, ele julgava mal a nova geração de bichas que crescia na Rocinha. Do ponto de vista de um morador gay da favela, ele usava sua idade e seus padrões morais para fazer observações sobre as liberdades no morro. Um dia, ele me contou sobre seu primo, um membro do PAFYC, que havia se envolvido em um pequeno delito.

— Meu primo, aquela bicha que eu te mostrei outro dia, sabe? Ele tá trabalhando com Dona Elza, querido! Eu acho que ele é assim porque minha tia deu *liberdade* demais aos filhos dela.

"Dar a Elza" ou "trabalhar com a Dona Elza" era o jeito pajubá de se referir à ação de roubar. Auro ficou tão agitado me contando essa notícia que sua boca ficou seca. Ele teve que fazer uma pausa para beber um pouco de água.

Em outra ocasião, testemunhei novamente o juízo de valor que o meu amigo Mazinho fazia sobre o PAFYC. Uma noite, ele passou pela minha casa e gritou meu nome pela janela até que eu abrisse a porta.

— Vamos dar uma volta na praia! — ele disse.

Mazinho era uma bicha-boy que não se acanhava ao elogiar o tamanho do seu "dote" masculino. Ele sempre era muito bem-sucedido ao buscar sexo na praia de São Conrado. Quando chegamos à área próxima ao famoso Hotel Nacional, projetado por Oscar Niemeyer, sentia que, do outro lado da rua, o ar estava mais úmido e quente, cheirando a sal. Naquele exato momento, alguns dos meus amigos estavam passando pela mesma calçada, já no caminho de volta da praia, e pararam para nos cumprimentar. João Marcos, que pertencia ao Bonde das Novinhas, foi um deles. Depois de me cumprimentar, ele se virou para Mazinho e pediu:

— Bicha, me dê cinquenta centavos!

Mazinho olhou para cima e para baixo e retrucou:

— Não! Eu não!

Peguei algumas moedas no bolso, entreguei a João Marcos, e seguimos em frente. Poucos minutos depois do episódio, Mazinho comentou:

— Ah, meu deus! Eu dei *liberdade* pra ele falar comigo assim? Eu não dei! Pra me chamar de bicha como se estivéssemos no mesmo nível e depois ter a coragem de me pedir dinheiro? Como você tolera esse povo?

Eu ri da situação, mas Mazinho estava realmente chateado.

Reclamações semelhantes sobre um certo "excesso de liberdade" por parte dos membros do PAFYC chegaram a mim de todos os lados. Era como se as pessoas pensassem que eu deveria assumir alguma responsabilidade pelos atos das Novinhas, e de alguma forma ajudar a "domar" as liberdades delas. Minha amiga Paizinha, professora de português na EAU, disse-me explicitamente uma vez:

— Eu estava pensando em você outro dia na igreja, Moisés! Você sabe que eu ensino crianças na escola dominical? Então, estávamos discutindo os limites da *liberdade*. Não é isso que você está pesquisando? Para nós, por causa do erro de Adão e Eva, que foi o resultado do *livre arbítrio* deles, a liberdade cristã tem que ser limitada. Aprendemos com os nossos erros e reconhecemos nossos limites! Somos diferentes das outras pessoas. Conhecemos os limites da nossa *liberdade sexual*. Por exemplo, a liberdade para seus amigos deste grupo... Como é que se chamam mesmo? PAF..., ou algo assim? Sim, a liberdade deles parece ser ilimitada. Para nós, isso realmente não é bom! Eles precisam de limites.

## LIBERTAÇÃO E RESPEITABILIDADE

Em uma tarde chuvosa, Amélia notou que eu conversava com Auro em minha casa. Ela se ofereceu para nos fazer um café. Subimos as escadas e logo senti que toda a casa cheirava como se Amélia tivesse acabado de torrar os grãos de café. Auro se sentou à mesa, pequena e circular, e contou uma história sobre uma amiga dele chamada Walda. A pessoa em questão era uma travesti com alguma influência entre as bichas da favela, mas não era respeitada por outros moradores.

— Um dia, Walda estava andando na Rocinha e uma mulher chamou ela de "bicha escrota", sem nenhum motivo. Walda ficou brava, como se tivesse incorporado o espírito da Pombagira, e quebrou uma garrafa de vidro no meio da cabeça da mulher!

Fiquei surpreso e perguntei:

— Assim? Do nada? E depois? O que fizeram com a Walda?

Auro respondeu:

— Adivinha? Ela ganhou muito mais respeito naquele dia! Ninguém nunca mais mexeu com a Walda nesta favela.

Amélia riu, mas Auro continuou falando sério e acrescentou:

— É exatamente por causa das lutas e vitórias dessas gerações passadas de bichas aqui na Rocinha que hoje em dia essas Novinhas têm tanta liberdade!

Peguei meu caderno e comecei a escrever. Auro olhou para mim e disse:

— Você quer fazer anotações? Isso é importante agora: as lutas das gerações anteriores ajudaram a mudar a atitude da favela contra nós. Por causa delas, recebemos respeito, até mesmo dos traficantes.

Escutei atentamente. Auro testemunhou aqueles tempos antigos da vida LGBTQ na favela. Ele continuou sua reflexão:

— Mas agora as gerações mais velhas de bichas tão realmente preocupadas com a maneira como essas Novinhas tão se comportando. Esse PAFYC! Com esse excesso de liberdade, os gays e travestis da Rocinha como um todo, todos nós, podemos acabar perdendo o respeito novamente! — Auro parou por um momento.

Ele abaixou o copo e acrescentou um último pensamento:

— É por isso que continuo dizendo a Peterson, aquela bicha encubada, pra parar de ser louca. Pra parar de sair com essas bichas do Beco do Foguete. E ele responde que ele não é louco, ele é a "realidade". O que isso significa? Que a vida é uma loucura, e ele é uma vadia louca!

Nesse ponto, Auro finalmente relaxou e riu da situação. Eu sabia que Auro gostava de Peterson e o achava divertido.

A moralidade e os diferentes ideais nas favelas só parecem homogêneos para aqueles que nunca experimentaram as complexidades da vida em um desses territórios. Nem todas as favelas existiam sob os mesmos arranjos políticos e sociais. As condições de possibilidade da liberdade na vida dos meus amigos LGBTQ, mesmo dentro da Rocinha, não emergiram de forma homogênea. Algumas dessas pessoas reafirmavam valores normativos, buscando regular a conduta dos outros com base em padrões dominantes de ética, poder e moralidade. Sim, havia moradores que acreditavam que a liberação LGBTQ só poderia ser obtida por meio de mecanismos de Estado, direitos constitucionais e uma mobilidade social ascendente. O "bonde" do PAFYC era parte importante da cena *queer* na favela. Ao mesmo tempo, entretanto, eram estigmatizados dentro do morro — a começar pela forma que a maioria dos membros do grupo eram tratados pelas gerações mais velhas de travestis.

Esse desdém pelos membros do PAFYC, frequentemente, manifestava-se na forma de críticas às "liberdades excessivas" do grupo. Essas crianças e adolescentes, LGBTQ hipersexualizados da favela, desafiavam tantas regras e expectativas que eu mesmo sentia-me desconfortável saindo com eles. Não apenas meus padrões morais eram sempre questionados, mas muitas pessoas na Rocinha continuavam reclamando comigo, na esperança de que eu respondesse como um agente de normalização do que entediam como um excesso de liberdade. Algumas dessas queixas eram feitas com um viés religioso, outras estavam mais relacionadas às atitudes interpessoais do PAFYC e, outras, relacionadas à preservação do patrimônio das liberdades *queer* na Rocinha.

Eu certamente tinha minhas próprias preocupações em relação ao liberalismo do PAFYC, as quais expressava diretamente a eles quando tinha uma chance. Preocupava-me com a integridade física e a saúde sexual deles. Tentei conversar com diversos membros do grupo sobre suas expectativas para o futuro, escolaridade e emprego. Na maioria das vezes, porém, eu era ignorado, e as brincadeiras deles continuavam, evitando o que chamavam de "assunto de velho". De minha parte, o meu contato com o Bonde das Novinhas tentava ser cuidadosamente posicionado. Muito perto, minha presença como adulto poderia tornar-se opressiva para eles. Muito longe, eu arriscaria perder contato com eles. Ao traçar *assemblages* alternativas do liberalismo na favela, no entanto, eu acabaria encontrando vários membros do PAFYC novamente, às vezes em territórios bastante inusitados, como veremos a seguir.

# 5. ENCONTRANDO DEMÔNIOS E DIVINDADES

> — Se vós permanecerdes na minha palavra, verdadeiramente sois meus discípulos; e conhecereis a verdade, e a verdade vos libertará.
> — Somos descendentes de Abraão, e nunca fomos escravos de ninguém; como dizes tu: sereis livres?
> — Em verdade, em verdade, vos digo que todo aquele que comete pecado é escravo do pecado.
>
> **João 8:31-34, Versão Almeida (Revista e Atualizada)**

A religião não é a nêmesis do liberalismo, apesar do que algumas concepções seculares podem sugerir. O que costumamos conceber como o "domínio religioso" pode ser um território importante para a política liberal. Demônios, espíritos e divindades podem apoiar e desafiar diferentes modos de liberalismo, por exemplo. Comecei a aprender tudo isso com a Fafá, minha aluna na Escola Amigos Unidos (EAU). Ela havia entrado para a turma algumas semanas após o início das aulas. Armando me avisou que eu tinha uma missão especial com ela. Fafá era uma cantora talentosa, que fazia apresentações em toda a Europa, principalmente cantando canções gospel. No entanto, a carreira dela havia sido severamente comprometida porque ela não conseguia cantar uma palavra em inglês. Fafá até conseguia falar um pouco de alemão, mas o inglês era seu calcanhar de Aquiles.

— Sei que você ensina as pessoas a falar inglês. Agora, você consegue ensinar a Fafá a *cantar* em inglês? — Armando me perguntou, rindo, sabendo que eu era um cantor lastimável.

Fafá nasceu e cresceu na Rocinha, de uma família negra, e havia voltado para a favela por alguns meses para ficar junto com os parentes e a comunidade evangélica dela. Quando nos conhecemos, notei que os dentes de Fafá eram um pouco mais largos do que a boca conseguia acomodar. Ela era vivaz.

— Já estive em lugares onde nunca imaginei que uma mulher negra da favela pudesse chegar! — ela me disse.

De vez em quando, ao final das aulas, ela conversava comigo e trazia letras de músicas em inglês que ela esperava aprender.

— Preciso de ajuda com a pronúncia! Não entendo por que acho o inglês tão difícil! — lamentava.

No final de maio de 2009, fiquei com a Fafá após nossa aula regular para ajudá-la a se preparar para uma apresentação musical. Foi quando ela me contou mais sobre a religião dela. Disse que era uma cristã, evangélica, de uma igreja tradicional, perto da Rua do Valão. Curioso para saber mais, indaguei:

— Você já esteve em uma dessas outras congregações, como a Igreja Universal do Reino de Deus [IURD]?

Fafá afirmou que costumava frequentar alguns cultos por lá, mas só de vez em quando. A IURD tinha uma presença internacional forte. A missão "universal" deles estava marcada no próprio nome.

— Quais cultos? — perguntei a ela, na esperança de saber mais sobre os "cultos de libertação" oferecidos pela IURD.

Estes últimos tinham uma presença regular na programação semanal de várias denominações evangélicas na favela. Eram cultos direcionados a pessoas que buscavam se libertar das forças demoníacas que perturbavam suas vidas.

— Sempre que meus amigos vão à Igreja Universal, eu também vou! — ela respondeu.

— E você já ouviu falar dos cultos de libertação? Você já foi a um desses? — perguntei.

— Claro que sim! Muitas vezes! — respondeu ela.

— Mesmo? E você gosta deles? — insisti.

Então, ela comentou:

— Esses cultos têm mistérios poderosos. Às vezes, nem aguento! Fico com tanto medo quando eles apagam as luzes da igreja toda. Senhor, tende piedade! Meia-noite, escuro como breu, e eles começam a invocar todos aqueles demônios. Caralho! O diabo começa a se manifestar, e tudo o que se ouve são pessoas uivando e grunhindo.

É tão assustador! Fico feliz que tenha aquele exército de pastores e ajudantes, tipo um Exército de Cristo, para lidar com eles. Daí eles vão e libertam a todos! Eles exorcizam os demônios.

— Você já viu pessoas possuídas? — perguntei.

— Ah! Muitas e muitas vezes! — ela respondeu e continuou falando: — Você conhece as Novinhas, o grupo daquelas bichas que ficam ali no Beco do Foguete?

Eu assenti que sim e ela contou:

— Então, elas estão sempre indo pros cultos de libertação na Igreja Universal. Elas sempre ficam possuídas lá.

Eu nunca havia imaginado que alguém do PAFYC frequentaria cultos em uma igreja como a IURD, já que eles eram bastante críticos aos evangélicos. Minha amiga Samira costumava dizer:

— Eu odeio evangélico! Eu quero distância desse povo!

Confesso que fiquei muito cismado depois daquela conversa com Fafá. Aliás, outra questão que sempre havia me intrigado era a relação de Natasha com as práticas religiosas dela. Minha amiga costumava dizer:

— Eu odeio esses crente! — era assim que ela se referia aos evangélicos.

Natasha parecia afastada de qualquer religião em particular. Exceto que ela me contou uma vez sobre pessoas que a procuravam para conseguir ajuda espiritual, principalmente quando precisavam de "feitiçaria", e especialmente do tipo de feitiço que traz os amores de volta.

— O que eles pensam que eu sou? Uma bruxa do amor? — ela ria. — E você sabe de uma coisa? Quando faço trabalho assim pro povo, a magia funciona em menos de sete dias!

Nunca encontrei Natasha em uma igreja evangélica. Por que alguns membros do PAFYC gostavam dos cultos de libertação?

## SUPERANDO O SECULARISMO

Talvez por ter sido criado em uma família "secular",[228] comecei a perceber o real significado dos cultos evangélicos de libertação somente depois de me mudar para a Rocinha. Desde as minhas primeiras semanas morando lá, reparei que o número total de igrejas evangélicas na favela estava muito além do que eu estava acostumado a ver em outras partes do Brasil. Descobri a própria existência dos "cultos de libertação" quando notei uma velha placa pendurada no telhado de uma igreja muito pequena, na Estrada da Gávea, Rocinha. Nela, estava escrito: "Congregação Evangélica da Libertação". A placa informava que "cultos de libertação" eram realizados às quartas e sextas-feiras, às 19h30. Curioso, tomei nota da descoberta. Escrevi no meu caderninho: "culto de libertação?" No dia seguinte, falei empolgado sobre essa igreja para Carcará, meu vizinho evangélico. Ele não deu muita atenção a uma pequena e desconhecida congregação, não pareceu impressioná-lo. Depois de um diálogo mais extenso, ele concordou em me acompanhar à Congregação Evangélica da Libertação. Além disso, junto com outros vizinhos, ele me ajudaria também a conhecer os cultos de libertação em outras congregações, enquanto eu morasse na Rocinha.

Como já mencionei anteriormente, a América Latina tem uma longa história de lutas de poder entre opressores — colonizadores transformados em elites contemporâneas — e os oprimidos — populações desempoderadas, LGBTQ, pardas, pretas e indígenas. A "religião" figura como uma força proeminente mobilizada na mediação dessas relações (pós-)coloniais. Esse tem sido o caso pelo menos desde que a primeira missão cristã foi enviada da Europa para "educar" e "evangelizar" as populações nativas no Brasil, desembarcando no estado da Bahia em 1549. Como tal, não deveria ser uma surpresa que a religião também figurasse como um elemento importante nas discussões sobre liberalismo. No entanto, em sua versão liberal moderna, baseada no poder de Estado, o liberalismo normativo defende uma forte separação entre questões "político-econômicas" e questões

---

[228] "O secularismo aqui é entendido não simplesmente como a separação doutrinária da Igreja e do Estado, mas a rearticulação da religião de uma maneira que seja compatível com as sensibilidades e os modos modernos de governança". MAHMOOD, *Religious Reason and Secular Affect*, 837.

de "religião". Antes do meu trabalho de campo, eu não havia considerado a importância dos potenciais opressivos e libertadores da religião na vida dos moradores da favela.

O antropólogo Talal Asad, cujo importante trabalho tem se dedicado à análise da "religião" e do "poder", argumenta:

> A religião não é um modo arcaico de pensamento científico, nem de qualquer outro esforço secular que valorizamos hoje; é, pelo contrário, um espaço distinto da prática e crença humanas que não pode ser reduzido a nenhum outro. No entanto, a insistência de que a religião tem uma essência autônoma — não deve ser confundida com a essência da ciência, ou da política, ou do senso comum — nos convida a definir a religião (como qualquer essência) como um fenômeno trans-histórico e transcultural. Pode ser um feliz acidente que esse esforço de definir religião convirja com a exigência liberal em nosso tempo de que ela seja mantida completamente separada da política, do direito e da ciência — espaços nos quais diversas variedades de poder e razão articulam nossa vida distintamente moderna. Esta definição é, ao mesmo tempo, parte de uma estratégia (dos liberais seculares) para o confinamento e (dos cristãos liberais) para a defesa da religião.[229]

Portanto, em vez de reafirmar um entendimento "secular" sobre o lugar que a "religião" deveria ocupar nas organizações de poder contemporâneas e na vida dos moradores da favela (sejam eles meus vizinhos evangélicos, Natasha ou o Bonde das Novinhas), minha pesquisa etnográfica obrigou-me a não tomar por certas as operações da categoria "religião". Experiências cotidianas com populações historicamente oprimidas, em uma nação colonizada, como o Brasil, também apresentavam oportunidades para tirar conceitos religiosos "da caixa", e testá-lo em suas operações reais de poder, como parte de liberalismos que não eram tão familiares para mim. Por meio de um método de campo de traçar e mapear *assemblages* liberais contemporâneas, acabei (literalmente) de joelhos nos cultos evangélicos de libertação da favela.

---

[229] ASAD, *Genealogies of Religion*, 115.

## DEMÔNIOS E DIVINDADES

Enquanto vivia na Favela da Rocinha, era confrontado com situações complexas que, por vezes, traziam à mente outros contextos (pós-)coloniais. Michael Taussig, por exemplo, em relação ao contexto colombiano, argumenta que "a colonização e a escravidão, inadvertidamente, entregaram um poder místico especial ao oprimido da sociedade colonial — o poder de um mal místico que pode ser visto no medo que os cristãos têm do diabo".[230] No Brasil, a Companhia de Jesus, uma ordem religiosa da Igreja Católica, era uma parte vital do empreendimento colonial. Uma preocupação histórica significativa dos jesuítas tem sido a educação e conversão de não europeus ao cristianismo.[231] Na Bíblia, existe apenas um Deus verdadeiro, o Deus cristão. Quaisquer outros deuses representam um desafio a essa "verdade universal". Apesar de toda a violência (etnocêntrica) que perpetraram, esses colonizadores europeus também reconheceram, inadvertidamente, o poder de outros deuses, mesmo que em um sentido negativo. Não obstante todo o trauma do colonialismo, alguns dos mais vulneráveis da sociedade colonial — indígenas, africanos e afrodescendentes — conseguiram manter seus próprios deuses vivos. Deuses que eram temidos pelos europeus (mesmo que como manifestações do diabo). A luta entre demônios e divindades também reverbera nos tempos contemporâneos no Brasil.

Na favela, uma das manifestações mais evidentes desse fenômeno ocorre atualmente nas intensas lutas dos cristãos neopentecostais contra os praticantes das religiões afro-brasileiras. Essa preocupação que o cristianismo — especialmente em suas variações evangélicas — tem demonstrado historicamente em relação aos poderes das entidades de origem africana pode ser notada em outros contextos coloniais latino-americanos. Para citar Taussig mais uma vez:

> Duas generalizações são necessárias para qualquer discussão sobre a religião dos escravizados negros na América Latina.

---

[230] TAUSSIG, *The Devil and Commodity Fetishism in South America*, 42.

[231] Os jesuítas foram mais ativos no Brasil do século XVI ao XVIII. Dito isso, seus esforços no setor educacional continuam fortes até o presente; várias universidades brasileiras são, atualmente, de propriedade de (e operadas por) jesuítas.

> Primeiro, os brancos estavam apreensivos com os poderes sobrenaturais desses sujeitos e vice-versa. Segundo, a religião era inseparável da magia, e ambas permeavam a vida cotidiana — agricultura, mineração, economia, cura, assuntos conjugais e relações sociais em geral.[232]

Logo percebi que, para pesquisar os cultos de libertação neopentecostais na Rocinha, teria que traçar as relações entre as práticas cristãs e afro-brasileiras. Notavelmente, seria muito mais fácil para mim, como homem gay (ou bicha-boy), participar de rituais (festas) de umbanda do que frequentar igrejas evangélicas. As religiões afro-brasileiras estavam em uma posição minoritária em relação ao cristianismo da mesma forma que as identidades *queer* estavam em uma posição minoritária em relação às heteronormativas. Não era por acaso que Auro considerava-se um especialista em macumba e que Natasha odiava evangélicos.[233] Na verdade, a maioria dos meus amigos LGBTQ na Rocinha tinham bom conhecimento da umbanda, mas não necessariamente do cristianismo.

Se é verdade que a maioria das igrejas evangélicas estavam em contraposição explícita às religiões afro-brasileiras, e também que várias denominações ofereciam cultos de libertação na Rocinha, a beligerância da Igreja Universal do Reino de Deus era única entre elas.

Como argumenta Ronaldo de Almeida: "Acima de tudo, a batalha simbólica é mais aguda contra as religiões afro-brasileiras. [...] neste processo de confronto, a IURD se constituiu em relação ao universo simbólico de seus oponentes, tornando-se semelhante às religiões contra as quais lutam".[234] Embora minha disposição seja ir além de uma análise simbólica, estou interessado no forte apego por parte da Igreja Universal às religiões afro-brasileiras.

A IURD era uma das igrejas evangélicas com grande foco na libertação espiritual. Eles ocupavam locais privilegiados na favela, um deles na esquina principal da Estrada da Gávea, de frente para

---

[232] TAUSSIG, *The Devil and Commodity Fetishism in South America*, 41.

[233] Macumba pode ser um termo depreciativo para se referir a práticas religiosas afro-brasileiras. No entanto, a palavra também era ressignificada por praticantes, como Auro, como um termo de empoderamento. Ver também a nota 147.

[234] DE ALMEIDA, *A Igreja Universal e seus Demônios*, 57.

o "rico" bairro de São Conrado. A Estrada da Gávea era a única via mais larga que atravessava a favela inteira, subindo todo o morro pela entrada de São Conrado e depois descendo em direção à Gávea. Em todo caso, a IURD era uma congregação neopentecostal que operava em muitos outros locais em todo o Brasil e até no exterior. O Templo de Salomão, em São Paulo, é um dos maiores complexos religiosos do país. Na Rocinha, a principal igreja da IURD ficava na entrada principal da favela, mas havia muitas outras menores com as quais eu não estava tão familiarizado. Em comparação com a infraestrutura de outras congregações na Rocinha, o edifício principal da IURD era monumental, abrigando cerca de oitocentas pessoas durante os cultos mais movimentados.[235] A igreja era pintada de bege e branco, com o ponto mais alto da fachada decorada com um grande coração vermelho contendo uma pomba branca, representando o Espírito Santo. Abaixo do emblema da IURD, podia-se ler em letras maiúsculas: *Jesus Cristo é o Senhor*. A maioria absoluta de suas seis mil (ou mais) igrejas em todo o país — e outras no exterior — propagavam essa mesma mensagem.

Entidades afro-brasileiras, como Exu, eram presença constante tanto em territórios minoritários quanto em outros mais normativos. Para a maioria dos evangélicos, Exu era a representação do diabo por excelência. Para a maioria dos meus amigos LGBTQ na Rocinha, no entanto, Exu, e sua contraparte feminina, a Pombagira, eram entidades reconhecidas pelo poder de fazer tanto o mal quanto o bem. Elas podiam enganar e iludir, mas, ao mesmo tempo, podiam auxiliar e aconselhar as pessoas. Embora Exu e Pombagira também fossem reconhecidos como demônios em alguns rituais de quimbanda e umbanda nos quais participei na favela, isso não necessariamente os tornava inimigos das minorias que frequentavam essas duas religiões.[236] Para citar Taussig mais uma vez, em um comentário sobre o cristianismo na América Latina:

---

[235] Esse número é uma estimativa pessoal.

[236] Vânia Cardoso observa que, nessas religiões, Exu e Pombagira são muitas vezes entendidos como espíritos do tipo *trickster*. Em certos casos, Pombagiras podem ser entendidas como espíritos de mulheres "depravadas", ou "ex-prostitutas". Coletivamente, Exu e Pombagira podem ser classificados na categoria espiritual de "povo da rua". Em vida, eram sujeitos que ocupavam posições de marginalização. Grande parte dos rituais afro-brasileiros, conhecidos como "macumba",

> Em sua adoração ao Diabo, os escravizados se apropriaram do inimigo de seu inimigo. Ironicamente, através de suas próprias tentativas de supressão, a Igreja indiretamente validou a adoração ao diabo e investiu-a com poder. Ao reconhecer o medo dos poderes espirituais dos escravizados, os crédulos espanhóis, inadvertidamente, entregaram um instrumento poderoso aos seus servos. Encontrando espíritos definidos como demônios, ou um em particular como o Diabo, os negros não atribuíram prontamente o mal ao "diabo", pelo menos não no início.[237]

No contexto de minha pesquisa, o material etnográfico da Rocinha permite o seguinte movimento analítico no que diz respeito à política liberal: se a religião dá poder aos "oprimidos" da sociedade colonial, sugiro que esse poder tenha sido significativamente mobilizado para a implementação de modos minoritários de liberalismo. Ao mesmo tempo, os poderes dominantes mobilizam seu próprio aparato religioso em um esforço para "normalizar" essas liberdades minoritárias. Como tal, a religião é integrada ao aparato do liberalismo, mas em arranjos que às vezes parecem ir contra o poder do Estado e outras vezes parecem complementá-lo.

## MINHA PRIMEIRA VEZ

A primeira vez que Paizinha ouviu que eu estava interessado em cultos de libertação, ela se ofereceu para me levar à igreja dela para me mostrar o trabalho que eles faziam para ajudar as pessoas a alcançar a liberdade. Eu a encontrei em frente à minha casa, no mesmo beco em que ela morava, pouco antes das sete da noite. Ela estava usando um vestido estampado, até os tornozelos, e seu cabelo estava molhado. Disse que gostava de ir à igreja limpa para encontrar Jesus. Suas duas filhas vieram junto com ela, vestidas em roupas mais formais do que usavam no dia a dia. Caminhamos pelos

---

consiste em agradar esses espíritos, pedindo a ajuda deles para "abrir caminhos" e oferecerem soluções para problemas difíceis. Ver: CARDOSO, *Narrar o Mundo*.

237 TAUSSIG, *The Devil and Commodity Fetishism in South America*, 43.

becos em direção à igreja, que ficava na Raiz, a mesma área onde eu havia encontrado Natasha quando ela adoeceu. O nome Raiz referia-se ao fato de que este era um dos poucos locais, nas partes mais baixas da favela, que mantinha uma árvore em pé, com raízes longas entrelaçadas com tijolos, canos de água e cimento. No caminho para a igreja, deparamo-nos com outra de minhas vizinhas, Cristina. Ela estava vestindo uma camiseta branca que dizia "Grupo de Libertação" junto com a foto de uma pomba aninhada em pedaços de uma corrente partida. Cristina estava voltando de um culto de libertação em sua própria igreja. Continuamos a caminhada, e Paizinha me disse:

— Também temos uma força-tarefa especial dentro de nossa igreja, que é especificamente responsável por promover a libertação. Eu costumava ser a líder desse grupo por um tempo, mas era um trabalho muito duro. Tenho tanto trabalho em casa com minha vida doméstica que tive que desistir da minha posição. Era muita responsabilidade!

Chegamos à igreja. Paizinha cumprimentou algumas pessoas que estavam em pé perto da entrada. Ela me apresentou como um amigo. Os outros pareciam animados ao ver um convidado novo. Paizinha então disse que eu tinha ido para o culto de libertação. Uma mulher usando um longo vestido lilás informou, com um semblante triste, que, infelizmente, o culto de libertação só aconteceria no dia seguinte, na sexta-feira. Paizinha virou-se para mim e disse:

— E que dia é hoje, quinta-feira? Ah, não... Viu como o diabo é sujo? Nos enganando, tentando afastar você do seu caminho para a libertação!

Paizinha não desistiria. Algumas semanas depois de nossa primeira tentativa frustrada, Paizinha e sua irmã Laiza decidiram levar-me ao que garantiram ser um poderoso culto de libertação. Pegamos uma van da Estrada da Gávea e descemos em um lugar na Rocinha conhecido como "99", que fica de frente para a Lagoa Rodrigo de Freitas, do lado oposto da favela em relação a onde morávamos. A van parou em uma curva muito acentuada e nós descemos ali. Laiza lembrava vagamente onde ficava a igreja. Sua irmã parou uma senhora de idade para pedir informações:

— Com licença! A senhora conhece uma igreja por aqui chamada Tanque de Betesda?

A mulher, benevolente, indicou o caminho. Logo começamos a escutar uma música alta vinda do salão da igreja, que era subterrânea. No porão de um prédio antigo, havia muitas cadeiras e alguns bancos espalhados em frente a instrumentos musicais e um microfone. Algumas pessoas estavam orando de joelhos. A maioria das mulheres usavam vestidos longos e monocromáticos, com mangas compridas e golas altas. Muitas tinham os cabelos bem longos. Os homens usavam camisas de mangas compridas e calças sociais escuras, outros usavam terno completo. Algumas pessoas começaram a cantar enquanto mais fiéis entravam. Os recém-chegados ajoelhavam-se e juntavam-se ao grupo já em orações. Paizinha me disse que eu não precisava me ajoelhar, mas me pareceu que seria mais apropriado baixar-me ao chão ao lado dela.

Um pastor pegou o microfone e disse:

— Deus, traga-nos a libertação! Liberte-nos do desejo pelas coisas mundanas! Liberte as mulheres da prostituição! Liberte os kardecistas, os budistas e todos os adeptos da feitiçaria![238] Liberte minha filha Sheila, Deus!

Laiza me disse que ficava sempre feliz em visitar outras igrejas evangélicas:

— Sou viciada no gozo de Deus! — ela disse, enquanto olhava para o pregador com admiração.

Durante o culto, o pastor nos falou que ninguém deveria estar triste naquela noite:

— O inimigo quer ver você triste, meu irmão! Mas Deus? Ele quer ver você feliz!

Eles começaram a cantar uma canção que me lembrou o ritmo de uma marcha militar, proclamando:

— Eu sou pentecostal! Quando eu canto, o diabo passa mal!

Cantaram e cantaram noite adentro, até o Espírito Santo começar a "tocar" algumas pessoas. Quando isso acontecia, as mulheres começavam a girar e girar enquanto oravam. Seus corpos se moviam cada vez mais rápido. Seus vestidos longos começavam a inflar

---

[238] Kardecistas (seguidores de Allan Kardec) e budistas não eram comuns na Rocinha, mas eram usados como exemplos de "outras" religiões. De acordo com meus amigos evangélicos, no entanto, a favela estava infestada de feitiçaria. Esta última observação era frequentemente usada por eles para explicar o porquê da Rocinha ser "pobre" e as pessoas terem tantos problemas em suas vidas.

como flores desabrochando. Mesmo que me sentisse desconfortável no dia do culto, em diferentes momentos me peguei profundamente absorvido pela experiência.

Depois do que Paizinha considerou uma "primeira vez de sucesso", ela continuou a convidar-me para outros cultos evangélicos. Concordei em ir com ela e suas duas irmãs para um culto de libertação que aconteceria perto da Associação de Moradores (AMABB) — em uma parte mais "formalizada" da Rocinha, chamada Bairro Barcelos (BB).[239] Para chegar à pequena igreja, localizada no último andar de um prédio de três andares, tivemos que subir por uma escada bem íngreme. Quando nos sentamos lá dentro, notei um cheiro um pouco desagradável. O pastor era um jovem bonito. Apesar do calor, ele usava um terno de tecido sintético que o deixava bastante suado. Suas orações eram altas e apaixonadas. Ele clamava pelos jovens:

— Liberte esta geração de jovens, Senhor!

Pensei nas liberdades dos meus jovens amigos do grupo PAFYC. Ele então orou pelos casais:

— Liberte os casais com problemas no casamento!

Após esta oração, cantamos um hino de um livro chamado "Harpa Cristã", que a maioria das pessoas carregava junto com suas Bíblias. A letra da canção dizia:

— Liberte os pecadores do pecado! Liberdade verdadeira? Somente com Jesus!

Depois de cantar esse último hino, o pastor convidou outro jovem para assumir o microfone por alguns minutos. Ele era um adolescente, que orava com os olhos fechados:

— Jesus me disse que neste culto de libertação ele nos libertará de todas as doenças! A prisão do pecado? Precisamos sair dessa prisão, irmãos!

As pessoas aplaudiram vigorosamente.

Perto do final do culto, Paizinha foi convidada a se levantar e dar seu testemunho de vida. Ela disse:

---

239 A AMABB foi criada na década de 1970 para representar os interesses coletivos dos moradores da Favela da Rocinha, principalmente no que diz respeito à luta deles contra as remoções forçadas. O Bairro Barcelos está situado muito perto da Autoestrada Lagoa-Barra, e a maioria de suas ruas são dispostas em linha reta e largas o suficiente para caber um carro — enquanto a maioria dos outros becos são largos o suficiente apenas para o tráfego de motocicletas e pedestres.

— No começo, eu costumava ir à igreja apenas para me libertar dos demônios que me atacavam. Mais tarde, mergulhei de cabeça na religião e digo a vocês que Deus existe. Ele é real, e ele fez maravilhas na minha vida!

O pastor, bastante atraente, fechou a noite dizendo-nos que devíamos ser sempre fiéis a Deus. Ele nos avisou o que poderia acontecer se frustrássemos a Deus:

— Terremotos! O mundo caindo em cima de nossas cabeças!

Ele então usou os terremotos recentes no Haiti (2010) como um exemplo da punição de Deus aos praticantes de vodu:

— Deus mata para punir! E se ele resolver deixar toda essa rocha sobre a qual a Rocinha repousa deslizar por cima de nossas casas, nossas famílias e nossas cabeças? Sejamos responsáveis com a nossa fé!

Fui para a cama tarde da noite, depois de tomar notas sobre a libertação dos pecadores, a misericórdia de Deus e os possíveis terremotos na Rocinha. Pensei em como Paizinha havia feito uma distinção entre uma vida dedicada à igreja e pessoas que vão à igreja apenas para se livrar de seus demônios. Se meus amigos do PAFYC estavam realmente participando dos cultos de libertação evangélicos, seria para se livrar de algum demônio? Eu me perguntava que tipo de libertação eles estavam buscando na Igreja Universal do Reino de Deus.

## MULHERES JOVENS CHORANDO

No final de julho de 2009, fui a um culto de libertação no templo principal da IURD na Rocinha, sozinho. Uma conhecida minha, no entanto, notou-me entrando na igreja e caminhou em minha direção. Ela se sentou à minha esquerda. Mariana era uma menina muito branca, com não mais que vinte anos, cabelos longos castanhos e encaracolados. Ela era amiga de Peterson, o membro não-oficial do PAFYC que havia sido criado na igreja evangélica.

— Eu não sabia que você frequentava aqui! — ela disse, surpresa ao me ver.

— Estou interessado na libertação. Você vem aqui sempre? — perguntei.

— Preciso de libertação... Viu como eu já estou me tremendo? Tenho medo de ser possuída novamente! — ela me mostrou sua mão direita, muito trêmula.

— A possessão acontece com você? — continuei.

— Algumas pessoas duvidam. Dizem que estou fingindo! Eu queria que minhas possessões fossem só fingimento... Infelizmente, não são! — ela respondeu, com olhos tristes.

De repente, o barulho aumentou ao nosso redor. Era hora do ápice do culto. A voz do pastor ficava mais alta. Ele continuava se movendo para frente e para trás no grande palco ao fundo da igreja. Um holofote o seguia, fazendo o pastor brilhar. Usando um microfone sem fio, o líder gritava:

— Nosso Deus não está amarrado à cruz! Ele foi libertado. Ele está no paraíso. Você também pode se libertar esta noite, meu irmão, minha irmã! Todos os demônios devem sair daqui hoje. Ordeno a todos que saiam, demônios!

Ele pediu a libertação da feitiçaria, mencionando especificamente espíritos como a Pombagira e o Tranca Rua.

— Toda feitiçaria feita para vocês, povo de Deus, será queimada hoje! Pombagira, queime! Tranca Rua, queime! Toda bruxaria, queime! — declarou gritando.

O pastor também clamou pela libertação de comportamentos "pecaminosos", como usar drogas ou ouvir música sexualmente explícita, como o funk (um estilo de música que se originou nas favelas do Rio de Janeiro e era famoso por seu conteúdo sexual).[240]

— Deus, liberte seu povo do vício nas drogas! Liberte-os desses bailes de funk! — ele exclamou.

O corpo de Mariana começou a tremer vigorosamente. Ela começou a produzir ruídos estridentes. Fiquei assustado e preocupado. Logo, um dos muitos assistentes do pastor se aproximou e a segurou pelo braço. Junto com muitos outros fiéis, Mariana foi levada para perto do palco. Vestidos com uniformes de camisas brancas e calças ou saias sociais azuis, os assistentes começaram a orar com a mão sobre as cabeças dos possuídos.

---

240 Para uma discussão mais detalhada sobre a marginalização do funk, ver, por exemplo, FACINA e PASSOS, *Funk Pacificado?*

Outra mulher perto de mim começou a gritar, enquanto pulava para cima e para baixo:

— Liberte-me, Senhor! Liberte-me da infidelidade! — ela implorava.

Cerca de trinta minutos depois, Mariana voltou ao lugar de onde saíra ao meu lado. Sua pele pálida estava toda vermelha e seus olhos estavam cheios de lágrimas. Os únicos sons que saíam de sua boca naquele momento eram soluços. Ela se virou para mim e disse:

— Eu sou uma causa perdida! — e continuou chorando.

O pastor e sua equipe de assistentes continuaram orando pelos outros. As lágrimas de Mariana pararam depois que ela me disse:

— Pelo menos eu já fui libertada do meu vício em drogas! Isso é uma coisa boa. Vamos sair daqui?

Saímos lentamente da igreja antes do final do culto. Eu não sabia que Mariana já tinha sido viciada em drogas e a igreja havia mudado essa condição. No entanto, havia algo mais profundo acontecendo que fazia Mariana retornar à IURD. O fato de ela continuar sendo possuída era uma indicação de que seus demônios estavam vivos. Ela chorava, desapontada, desejando ter sido libertada de todo o mal.

A preocupação com a feitiçaria não era exclusiva da IURD. Algumas semanas antes, Laiza havia me levado a uma igreja chamada Reviver. Ao ler Isaías 61 na Bíblia, o pastor se referiu às pessoas "com correntes nos pés" e disse:

— Não queremos ser essas pessoas. Não podemos mais ser escravos! Precisamos quebrar essas correntes, nos libertar desses laços.

O senso evangélico de falta de liberdade estava explicitamente ligado à escravidão. Ele referenciou não apenas a escravização dos africanos, mas também outras histórias de escravidão apresentadas na Bíblia.

— Não mais! — o pastor orou.

O medo de que a escravidão nunca tenha realmente terminado ficou evidente em sua pregação, sendo o diabo o maior de todos os proprietários de escravos. O pastor convocou todos os membros da igreja a orar contra o diabo:

— Saia dessas vidas, demônio! Chega de depressão, de brigas domésticas. Vamos! Todos, vamos orar!

Ao abordar problemas comuns na vida daqueles que buscam a libertação (depressão, violência doméstica e vícios), ele tocava nas emoções das pessoas e algumas delas começavam a chorar. Naquele momento, uma mulher agarrou o microfone e demandou:

— Liberdade, Senhor! Por que viver enjaulados? Repitam comigo, pessoal. Liberta-me, Senhor!

Um hino começou a tocar, dizendo:

— Quando estou oprimido, ele me liberta!

A maioria das pessoas começaram a dançar e Laiza sentiu o que, mais tarde, explicou-me como sendo a presença do Espírito Santo. Alguns começaram a "ser arrebatados" naquele momento, incluindo Laiza. Quando isso aconteceu, o pastor cobriu os corpos que estavam inconscientes no chão com pedaços de um pano branco. A música continuava tocando.[241]

A certa altura, a pastora principal pegou o microfone de volta, proclamando que acabara de receber uma revelação de Jesus:

— Eu vejo flores para Iemanjá! Deus está me mostrando flores no mar. Sinto o cheiro das flores da morte! Alguém está fazendo macumba, feitiçaria para destruir a vida de uma de nossas irmãs nesta igreja.

A pastora ficou quieta e fechou os olhos. Um silêncio tenso permeou o lugar. Eu pensava na divindade afro-brasileira chamada Iemanjá, no Brasil, a deusa dos mares. Flores no mar são presentes para Iemanjá. Mas o que significaria "flores da morte"? Um Cavalo de Troia? Logo, a pastora revelou:

— Mas Deus acabou de me dizer que a feitiçaria foi desfeita. Queima, Iemanjá! Senhor, liberta sua filha de todo o mal. Liberta os problemas conjugais dela. Tira a macumba e as oferendas que foram feitas para destruir essa vida!

Toda a igreja aplaudiu. Naquele instante, uma jovem levantou-se dentre a multidão de pessoas e caminhou, lentamente, rumo à pastora, chorando. A líder abraçou-a.

— A mensagem de Jesus foi para você hoje? Sorria! Ele vai mudar sua vida, OK? — a pastora sussurrou ao microfone.

A garota não conseguiu responder nada, apenas chorou.

---

241 Quando perguntei a Laiza sobre "ser arrebatada" ela demonstrou-se ansiosa por diferenciar o "arrebatamento" da "possessão" espiritual. Ela explicou que os humanos podiam sentir a presença do Espírito Santo, mas nunca poderiam ser possuídos por ele. As pessoas desmaiavam por estarem na presença de Deus. Contudo, se Deus realmente as possuísse, elas morreriam.

## DIVINDADES AFRO-BRASILEIRAS

Levei algum tempo para entender a relevância de ter igrejas neopentecostais incorporando Pombagira, Exu e Iemanjá em seus cultos de libertação. Todos esses são agentes das religiões afro-brasileiras, cujas histórias estão intimamente ligadas aos trágicos episódios da escravidão transatlântica.[242] Para os nigerianos, Ẹ̀ṣù (iorubá para Exu) é uma divindade do tipo *trickster*, que habita nas encruzilhadas, que se relaciona ao movimento, à confusão e, consequentemente, à ordem.[243] Iemanjá (ou Yemọja, em iorubá), é uma divindade da água. Seu nome poderia ser traduzido mais literalmente (do iorubá) como "a mãe cujos filhos são peixes".[244]

Auro era o principal interlocutor que me ajudava a aprender sobre essas divindades. Ele participava da quimbanda e umbanda desde a infância e, mais tarde em sua vida, do candomblé — as três tradições religiosas afro-brasileiras mais comuns. Na verdade, Auro quase foi iniciado no candomblé, mas o terreiro (o espaço sagrado) que ele frequentava estava localizado a quase duas horas de viagem da Rocinha. Ele tinha que ir de ônibus. Então, ficava difícil para ele manter uma participação regular nas atividades do terreiro. Além disso, ele também teve desentendimentos com os membros do candomblé em relação ao senso estrito de hierarquia na religião. Auro deixou o candomblé ao perceber que as expectativas da comunidade eram impossíveis de cumprir. Ele explicou:

— Eu sou filho de Orixá Ogum e Orixá Iansã, querido! E um filho de Ogum com Iansã gosta de liberdade. Candomblé não foi feito pra mim![245]

Auro então voltou à tradição familiar dele, a umbanda. Apesar disso, também elogiava o espiritismo brasileiro, que estava mais enredado com a tradição científica dos estudos espirituais desenvolvi-

---

[242] Para um relato detalhado sobre as raízes históricas das religiões afro-brasileiras, consultar PARÉS, *The Formation of Candomblé*.

[243] Ver também: LINO E SILVA, *Ontological Confusion*.

[244] A divindade se manifesta em terras iorubás como uma divindade do rio e, nas religiões afro-brasileiras, principalmente, como uma divindade dos mares.

[245] Ogum é um guerreiro, orixá (divindade) relacionado à força bruta, metais, tecnologia e todas as formas de violência. Iansã é uma orixá guerreira, a deusa dos ventos, furacões, raios e também relacionada ao fogo.

da por Allan Kardec.[246] Auro observou que, para os moradores das favelas, a umbanda era mais praticável que o candomblé, inclusive porque era mais acessível financeiramente. Muitas vezes ele se queixava dos custos envolvidos nos rituais do candomblé, dada a complexidade de suas práticas materiais. Auro também lamentava da falta de um ambiente "natural" na favela, o que é exigido no candomblé:

— Já não há muitos terreiros de candomblé dentro da favela. Algumas pessoas dizem que estão praticando candomblé aqui, mas eu não vejo isso! Para fazer candomblé, é necessário ter plantas, árvores, água pura e animais. No passado, havia bons candomblés na Rocinha! Agora, é quase tudo umbanda e quimbanda. É muito mais fácil manter um terreiro de umbanda, porque, por exemplo, o sacrifício de animais não é absolutamente necessário.

Certa feita, fui convidado a ir até a praia de São Conrado para participar de uma festa de umbanda liderada por um babalorixá (líder espiritual) chamado Pai Nelson. Convidei a Natasha. Ela não ficou muito interessada, mas era a minha vez de pedir a companhia dela para caminhar até a praia. Assim que chegamos lá, encontramos um grande círculo de pessoas, em sua maioria, vestidas de branco. Notei que estavam descalços na areia macia. No meio do círculo, havia incenso queimando e atabaques tocando. Pai Nelson cantava:

— Oh, gira! Deixa a gira girar!

As pessoas seguiam a música, cantando juntas, e moviam-se em círculo, no sentido anti-horário. Fiquei surpreso ao ver a maioria dos membros do PAFYC no evento, incluindo minha amiga Samira.

— Por que estão todos aqui? — perguntei a ela.

Samira respondeu:

— Você sabe que essas bichas são tudo macumbeira, gostam desse bagulho! Já é uma tradição.

Peterson ouviu a conversa e ofereceu uma ideia:

— Acho que isso é porque a umbanda dá essa *liberdade* às pessoas! Existe essa liberdade de ter viado na religião!

Auro juntou-se ao debate e acrescentou:

---

246 Essa tradição mais "científica" de lidar com espíritos tornou-se popular entre as classes médias brancas no Brasil. Para obter informações sobre sua doutrina religiosa, consulte, por exemplo: KARDEC, *O Livro dos Espíritos*.

— Na macumba eles lidam com você como você é, entendeu? Eles não tentam converter você em outra pessoa.

Logo após essa conversa, um espírito indígena brasileiro, o Caboclo Pena Branca, possuiu um dos meus amigos.[247] Depois de dançar um pouco, a entidade tinha uma mensagem para mim:

— Hoje, você verá que tudo isso é real, meu filho! Fique aqui e você conhecerá a verdade!

Fiquei um pouco assustado, e o Auro riu da minha reação. Esperei até o final do evento, bem depois da meia-noite. Em algum momento, a maioria dos membros do PAFYC entraram em transe. Suas Pombagiras dançavam e bebiam e consultavam as pessoas na praia. Embora nem tudo o que aconteceu seja passível de ser descrito em detalhes (a pedido dos meus amigos), foi um ritual fascinante. Infelizmente, o Caboclo Pena Branca não voltou mais para falar comigo naquela ocasião. No entanto, ele estava certo. Saí da praia naquela noite me sentindo muito mais confortável com a presença de entidades espirituais. Em vez das figuras malignas que alguns evangélicos pintavam, a maioria dos espíritos que estavam presentes naquela noite pareciam dedicados à caridade, ajudando os humanos em seus problemas cotidianos. Como parte desse trabalho eles também se divertiam, dançavam e bebiam bastante álcool.

As relações entre a umbanda e a IURD eram mais complicadas do que eu imaginava. Samira veio à minha casa alguns meses depois e me pediu para ir com ela rumo ao Beco do Foguete. Imediatamente, disse que sim. Lá, encontramos Peterson sentado na calçada com um grande grupo de pessoas, algumas das quais eu conhecia do PAFYC. Peterson estava animado, perguntando se alguém sabia de alguma festa de umbanda da qual eles pudessem participar naquela noite de domingo. Fiquei surpreso ao saber que ele estava procurando por uma macumba, já que ele havia me falado que era um cristão evangélico. Ao notar minha surpresa, ele disse:

— Cara, toda vez que eu vou à Igreja Universal, é sempre a mesma coisa. Eu fico possuído lá, e os espíritos me espancam. Mil coisas acontecem! Então, acho que seria melhor ir pra um bom terreiro de

---

247 Na maioria dos rituais afro-brasileiros, os caboclos são reconhecidos e celebrados como espíritos nativos brasileiros. Na língua portuguesa, o termo também significa uma pessoa de ascendência mestiça: indígena e europeia.

umbanda pra lidar com essa minha Pombagira de uma vez por todas.[248]

Não era simplesmente que as Novinhas participavam dos cultos de libertação da IURD; alguns evangélicos, que eram possuídos nas igrejas neopentecostais na Rocinha, também frequentavam terreiros afro-brasileiros. Samira me contou:

— A maioria desses assistentes da Igreja Universal eram da umbanda no passado. Dizem que até mesmo Edir Macedo, o dono da IURD, frequenta um terreiro de candomblé aqui no Rio! Claro, ele nega, mas não duvido.

Peterson também tendia a negar publicamente o fato de circular entre essas *assemblages*. Ele estava ciente de que as fronteiras entre as duas não poderiam ser atravessadas por seres humanos sem consequências. A suposição era que as pessoas abririam mão de um território antes de se mudarem para o outro. Os conceitos evangélicos de "conversão" e "batismo" — e o conceito afro-brasileiro de "iniciação" — expressam ideais de comprometimento com um ou outro lado. Entidades não humanas, no entanto, viajavam muito mais livremente entre os dois territórios do que os humanos. Pessoas como Peterson, juntamente com espíritos e orixás, desafiavam a compreensão dessas diferentes religiões como sistemas fechados.

Se um grande trânsito de entidades era permitido entre as religiões neopentecostais e afro-brasileiras, isso não quer dizer que a relação entre elas era harmoniosa. Iemanjá manifestava-se tanto nos terreiros de umbanda quanto nas igrejas evangélicas, mas sua existência mudava à medida que ela viajava entre esses espaços. Nas religiões afro-brasileiras, ela era uma divindade relacionada à água e à reprodução, que ajudava as pessoas a criar famílias e ter filhos. Na Igreja Reviver, também neopentecostal, no entanto, Iemanjá era considerada uma entidade afro-brasileira que destruía famílias, que usava flores para semear o mal, como um "Cavalo de Troia". No panteão afro-brasileiro, ela era uma das deusas mais adoradas. Nas igrejas neopentecostais, Iemanjá estava entre os

---

[248] Para uma discussão mais detalhada focada em Pombagiras, ver: HAYES, *Wicked Women and Femmes Fatales*.

demônios que mais frequentemente se apresentavam durante os cultos de libertação.

O fato de que muitas igrejas evangélicas da Rocinha dedicavam dois ou até três dias da semana aos cultos de libertação era algo bastante significativo. Esses cultos eram, em parte, destinados a libertar as pessoas de uma ancestralidade espiritual afro-brasileira, o que poderia ser usado como evidência de que o cristianismo, como herança colonial europeia, ainda serve a propósitos racistas. A pregação "antiescravista" das igrejas evangélicas também me parece algo importante e potencialmente revolucionário. No entanto, a maioria das igrejas combinava essa retórica de libertação com a demonização do poder religioso afro-brasileiro.

Em termos de composição racial, mesmo que o cristianismo não seja mais uma tipo de religião apenas de brancos no Brasil — ou precisamente porque não o é — percebe-se um esforço para preservar sua branquitude, como um *locus* dominante de poder. Por certo, os "crentes" não eram libertos exclusivamente do poder de Iemanjá. Espíritos como o do Caboclo, da Pombagira, do Tranca Rua e de outros Exus poderiam ser exorcizados. Essas entidades eram acusadas de influenciar as pessoas, fazendo-as se envolverem em atividades consideradas pecaminosas, como a prostituição, o uso e/ou o tráfico de drogas, ou mesmo experimentar desejos sexuais *queer*. Todos esses "males" poderiam ser libertados da vida das pessoas durante os cultos religiosos evangélicos. Paizinha uma vez teorizou:

— Está na Bíblia, Moisés! Você deveria ler. Em Mateus (8:28-34), quando Jesus encontra um homem possuído por demônios, ele pergunta o nome dele. O homem se recusa a responder e continua fazendo grunhidos semelhantes aos de um porco quando está morrendo. Jesus lhe pergunta novamente, exigindo uma resposta: "Quem é você? Como te chamas?" E uma voz gutural, de repente, sai de dentro dele, dizendo: "Meu nome é Legião, pois somos muitos!" O diabo não é um, Moisés. Ele é uma legião! Há muitos deles, mais do que você imagina. É por isso que é tão difícil para nós, humanos, conhecer todas as formas do diabo. Jesus pode fazer isso! Nós não podemos, porque somos pecadores. O diabo é sujo! Ele nos atormenta usando várias formas diferentes. Como povo de Deus, tudo o que podemos fazer é permanecer vigilantes. Devemos permanecer vigilantes! Sempre.

Para os meus amigos evangélicos e seus irmãos e irmãs de igreja, o diabo se manifestava de muitas formas diferentes. Principalmente, manifestava-se sob a forma de divindades afro-brasileiras.

## LIBERTAÇÃO INDIVIDUAL

Em outra ocasião, estava em um culto de libertação na IURD quando um pastor convocou um rapaz para o palco. O fiel estava possuído por um espírito chamado Exu Cachaceiro. O pastor orava enquanto esperava que a pessoa chegasse até ele, dizendo:

— Liberta teu filho, Senhor! Liberta cada indivíduo aqui. Cada um deles! Liberta dos vícios, das dívidas, do adultério, da AIDS, da prostituição.

Enquanto o pastor orava, seus assistentes circulavam no espaço da igreja, muitos deles movendo-se rapidamente para ajudar as pessoas que estavam entrando em possessão. Um dos assistentes, um jovem vestindo uma camisa social branca, aproximou-se de mim e ordenou:

— Ore por sua própria libertação!

Eu podia ouvir outro ajudante orando por uma mulher ao meu lado direito. No meio de uma onda de possessões, uma mãe com muitos filhos desmaiou. Alguns ajudantes levaram as crianças para um canto da igreja, enquanto outros faziam orações pela mãe. O pastor estava lidando com o primeiro homem possuído, lutando para libertá-lo do Exu Cachaceiro. Ele gritava:

— Você vai cair, demônio! Se tu não cair, é porque não é real... Será que este irmão está fingindo?

Nenhum verdadeiro espírito maligno resistiria ao poder de Deus. As pessoas aplaudiram e celebraram quando o demônio saiu do corpo do rapaz e ele, finalmente, caiu de joelhos. Uma a uma, as pessoas estavam conseguindo suas libertações individuais. Perto do final desse culto, o pastor anunciou:

— Para a próxima sexta-feira, traga um fio de cabelo da pessoa que você quer ver libertada, para que possamos colocar o cabelo dela aos pés da Cruz. O cabelo dessa pessoa contém o DNA, ou seja, o endereço físico e espiritual dessa pessoa, amém?

Pareceu-me que esses projetos de libertação chegavam ao nível de individualidade do DNA de cada pessoa. Saímos depois de uma rodada final de aplausos, quando o som quase ensurdecedor de um hino bastante alegre começou a tocar na igreja.

O escopo da libertação evangélica também atingia os traficantes de drogas. Embora eu nunca tivesse testemunhado traficantes armados na IURD, Paizinha me disse que, cada vez mais, eles se convertiam e viravam cristãos, principalmente os que tinham passagem pela cadeia. Certa feita, Laiza parou na porta da minha casa para contar sobre um culto do qual ela havia participado no PPG:

— Fiquei com tanto medo procurando o caminho para chegar naquela igreja! Não conheço outras favelas! — confessou.

Laiza tinha ouvido falar das "obras milagrosas" dessa congregação no PPG e sempre quis participar de um de seus cultos. Então, relatou que traficantes acabaram se aproximando dela para perguntar se ela estava perdida.

— E os traficantes de lá eram do Comando Vermelho, facção rival da que manda aqui na Rocinha, né? Imagina, Moisés? Oh, Senhor! Fiquei horrorizada. Pensei que fossem perguntar onde eu morava! Foi uma bênção que eles não fizeram nada comigo. Nada de ruim aconteceu! Deus cuida de mim enquanto eu ando atrás dele — ela me disse com orgulho.

Perguntei se o culto tinha valido a pena. Ela respondeu:

— Foi ótimo! Com muita ênfase no trabalho de libertação. Fechei os olhos e orei, pedindo a Jesus que libertasse os bandidos! Libertasse os traficantes! Libertasse todos os viciados em drogas! Foi muito intenso.

Enquanto repetia essas orações para mim, Laiza socava a mão esquerda com a direita, repetidamente.

Enquanto isso, Paizinha também continuava a me ajudar na pesquisa. Providenciou para que eu encontrasse um ex-traficante de drogas que Deus havia libertado de sua "vida de pecador". Conheci o rapaz musculoso, negro, na casa de sua noiva, onde moravam. Ele tinha o apoio da família enquanto se preparava para ser pastor. Paizinha parecia esperar que eu gravasse o depoimento dele, então o fiz. Murilo contou-me, por trás de suas sobrancelhas grossas, que Deus havia mudado totalmente sua vida.

— Até minhas tatuagens mudaram de significado depois da minha libertação! Agora elas representam a palavra de Deus em minha vida. Eu já fui muito cruel! Roubava as pessoas, matava... Minha libertação é um milagre. — ele contou.

Murilo mostrou-me suas mãos, com muitas letras tatuadas nelas, mas que não formavam palavras reconhecíveis para mim. Mesmo assim, obviamente, elas faziam sentido para ele. Então, ele adicionou:

— Tenho gravações do meu processo de libertação e tudo mais. Você quer ver?

O rapaz ligou o leitor de DVD na sala de estar. Os vídeos mostravam Murilo em diversos cultos, em uma igreja que eu não conseguia identificar. Eram pequenos clipes de pastores orando por ele, pedindo pela libertação dele. Durante vários momentos, Murilo aparecia possuído e, logo depois, sendo exorcizado.

Quando terminamos o DVD, ele nos convidou para sua igreja. Paizinha concordou em irmos com ele. O local era pequeno, mas havia um bom número de pessoas participando do culto. Plantas bem verdes, de plástico, decoravam as paredes. O próprio Murilo começou a orar por uma senhora mais velha, que tinha dificuldades de locomoção. Ele levantou o tom de sua voz ao microfone, colocando a mão direita dele sobre a cabeça dela. Ordenava:

— Exu João Caveira, saia desse corpo![249] Ela tem clamado pela libertação, Senhor. Que todo o mal seja repreendido! Doença, dor: saiam desse corpo. Toda feitiçaria, saia agora!

Depois de instantes, o corpo da mulher caiu ao chão. Seus demônios haviam sido derrotados. Murilo sorriu, secou o suor de sua própria testa e pediu à congregação:

— Uma salva de palmas, irmãos. Ela está liberta! Onde o Espírito Santo está presente, há liberdade.

---

[249] Exu João Caveira era descrito para mim como um espírito que vivia em cemitérios.

## POMBAGIRA DONA ROSA

Exu João Caveira e outros também eram presenças frequentes nas festas de umbanda das quais participei.[250] Tomei notas extensas de um evento que aconteceu no alto do morro, na Rocinha. O local era tão elevado que o terreiro ainda se encontrava cercado por uma vegetação esparsa, árvores que morreriam aos poucos, sob a pressão da urbanização. O terreiro tinha um pátio central, cercado por todos os lados com paredes brancas. No centro do espaço, havia uma estrutura construída com tijolos expostos. Parecia um barracão, com o teto bem baixo. Muito vinho e cachaça estavam sendo distribuídos durante o ritual. A abundância de bebida era impressionante. Samira me contou que estava ansiosa para conversar com Dona Rosa, uma Pombagira que gostava de usar uma rosa vermelha no cabelo, de quem precisava de um conselho. No entanto, ninguém sabia ao certo se Dona Rosa apareceria naquela noite para tomar o corpo de um dos presentes.

Muito mais tarde naquela noite, Dona Rosa chegou. O corpo de Cacau tremia violentamente enquanto era possuído por ela. Dona Rosa chegou quase ao mesmo tempo em que os primeiros raios dourados de sol começavam a penetrar pelo ar esfumaçado do barracão. Os Exus gostavam de fumar charutos, enquanto as Pombagiras pareciam preferir cigarros. Naquele momento, Samira começou a tremer um pouco também. Uma possessão inesperada? Eu me perguntei. Samira sorriu e me disse que estava muito ansiosa para conversar com a Pombagira. Dona Rosa nos ignorou por muito tempo, deixando Samira ainda mais apreensiva. Aconselhei-a a ir atrás de Dona Rosa, mas, por respeito, ela disse que preferia esperar pela vez dela de falar com a entidade. Quando Dona Rosa finalmente se aproximou de nós, ela pegou Samira pela mão e a levou para fora do barracão. Fiquei um pouco preocupado, imaginando para onde minha amiga havia sido levada. Depois de um tempo, Samira voltou para o meu lado, com uma lista de materiais que precisaria comprar para fazer um despacho para Exu.

---

250 Para um relato completo dos fatos brevemente descritos nesta passagem, ver: LINO E SILVA, *Ontological Confusion.*

— Preciso preparar uma oferenda e colocar em uma das encruzilhadas entre a Rocinha e São Conrado — ela me disse com uma expressão séria.

Dona Rosa havia dado instruções exatas sobre o que fazer para agradar a Exu e, em troca, Samira conseguiria o que quer que fosse que pedira.

## PODERES DIABÓLICOS

Apesar das várias diferenças históricas, comecei a me perguntar: será que, para certas minorias (como as pessoas LGBTQ adeptas de religiões afro-brasileiras), a IURD teria um efeito semelhante ao da Igreja Católica durante a colonização da América Latina? Refiro-me especificamente ao seguinte fato: ao mesmo tempo em que a IURD se propõe a exorcizar a presença do diabo (em suas múltiplas manifestações) da vida dos moradores das favelas, ela também atribui poder às entidades afro-brasileiras. Os cultos de libertação operavam tanto como uma afirmação do poder dominante do cristianismo (a cada vitória de Jesus sobre seus inimigos) quanto como uma forma de reconhecimento de que a força desses espíritos e divindades afro-brasileiros deveria ser reconhecida e temida (devido à capacidade deles de perturbar uma vida "normal").[251]

Natasha reivindicava relações privilegiadas com o diabo. Eu estava presente durante uma discussão acalorada que ela teve uma vez com sua mãe.

— Lembra daquela novela em que uma mulher enganou o diabo? Sou pior que o diabo[252] — Natasha afirmou, bem ciente do fato de que sua mãe, Dona Rosário, culpava o diabo pelas liberdades sexuais "desviantes" da filha.

Natasha raramente frequentava terreiros, embora praticasse o que chamava "magia" ou, às vezes, "feitiçaria". Certa vez, Auro me explicou que essas práticas apresentavam uma combinação de ele-

---

[251] Por exemplo, as prescrições da IURD não toleravam a maioria das formas de liberdades minoritárias relacionadas à sexualidade, ao uso de drogas ou, até mesmo, ao baile funk.

[252] Ver capítulo 1.

mentos religiosos indígenas e afro-brasileiros, mas não constituíam uma "religião" em si. De qualquer forma, se o diabo era forte, como o cristianismo o reconhecia, Natasha costumava dizer que era ainda mais potente que o diabo! Quando as liberdades dela não eram aceitas por sua mãe e pela moralidade cristã, Natasha se orgulhava da posição liberal minoritária que ocupava: a de uma *libertina*.

Não era apenas a mãe de Natasha que atribuía "desvios" de sexo e gênero às agências demoníacas. Quando visitei a mãe de Nivaldo em Martinslândia, ela também expressou seu desejo pela libertação de seu filho *queer*. Em tom seco, ela me disse:

— Eu me preocupo com Nivaldo! Esse espírito da homossexualidade precisa ser liberado do corpo dele!

Dona Rosário havia tentado interromper a conversa, caso eu me ofendesse. Em vez disso, fiquei curioso.

— Como ele pode ser libertado? A senhora gostaria que ele fosse a um culto de libertação? — perguntei.

Ela respondeu:

— Não é tanto o culto. Se você aceitar Jesus como a verdade, você já começa a se libertar! Se a pessoa quiser, Jesus liberta.

Amélia esteve presente durante a conversa e depois expressou seu ponto de vista para mim:

— Que coisa feia não aceitar as pessoas como elas são! Eu não gostei da mãe de Nivaldo. Não, não gostei!

## A IGREJA CATÓLICA E A IURD

No final de janeiro de 2010, fui à uma missa com a Amélia durante a nossa inesquecível viagem ao Ceará. Os velhos sinos da igreja de Guaraciaba do Norte tocavam. Minha vizinha tinha crescido frequentando a Igreja Católica na praça principal da cidade. Todos estavam bem vestidos. Algumas mulheres usavam salto alto. Na entrada, uma jovem passou por nós usando uma camiseta branca com a frase: "Sou *livre* para amar a Deus". A missa deveria começar somente às 18h30, mas a igreja já estava lotada. O cheiro de incenso ocupava cada canto. Amélia não conhecia mais o pároco, que era um homem baixo, com cabelos escuros e lisos. O jovem padre começou a homilia dizendo:

— *Libertos* e *cativos* são partes da mesma Igreja. Um só corpo em Cristo.

Discretamente, fiz anotações no meu pequeno caderno de bolso. Lembrei-me do passado escravagista das plantações de cana-de-açúcar no Nordeste e perguntei-me se o sermão seria voltado para o problema do racismo cotidiano que testemunhei no interior do Ceará. O sacerdote continuou:

— Deus enviou Jesus para libertar os escravos. Libertá-los de todo o mal. Senhor, livra-nos do mal.

Percebi que católicos e evangélicos neopentecostais pareciam ter entendimentos diferentes sobre o significado da escravidão contada na Bíblia.[253] Para os primeiros, segundo meu amigo católico Pedro, que trabalhava em uma papelaria na Rocinha, a categoria bíblica de "escravizados" também poderia ser entendida como a classe atual dos oprimidos, de uma forma mais abraâmica. A libertação dos escravizados, nesse sentido, era um problema coletivo. Esse era o tratamento mais comum desse tema na "teologia da libertação".[254]

Naqueles anos, a Igreja Católica muitas vezes batalhou pelo bem-estar da comunidade da favela como um todo, lutando para melhorar a vida dos moradores da Rocinha por meio de grupos de trabalho chamados "mutirões". Esses grupos concentravam-se na melhoria de problemas coletivos: o abastecimento de água, a coleta de lixo, a gestão do esgoto e até mesmo a construção de casas para os sem-teto, em regime de cooperativa. Além dessas questões mais tangíveis, no entanto, a Igreja Católica na Rocinha também se preocupava com as obras do diabo, e fazia bastante esforço para impor uma moralidade cristã — enfatizando as relações heteronormativas e a família como valores sagrados, por exemplo. Posto isso, eles estavam menos focados no "pecado da homossexualidade" enquanto uma questão subjetiva.

A IURD, por outro lado, concentrava-se muito mais no combate a uma variedade de pecados individuais, entendidos como uma forma

---

253 A epígrafe deste capítulo apresenta um dos significados da escravidão na Bíblia.

254 O próprio Vaticano estava dividido entre os teólogos da libertação e aqueles que eram contra a doutrina. Essa interpretação da liberdade como luta de classes foi mais prevalente na América Latina do que em outras partes do mundo. Ver capítulo 2.

de escravidão. Dessa maneira, a Igreja Universal oferecia um tipo mais imediato de libertação, enquanto autonomia em relação ao mal, e sem tentar conceber os pecados como questões mais estruturais.[255] Na IURD, a libertação de indivíduos LGBTQ era muito mais explícita e agressiva. Testemunhei uma variedade de casos em que espíritos femininos (Pombagira) eram responsabilizados por "transgressões" de gênero e de normas sexuais. Quando encontrei Raimundo, um dos meus alunos da EAU, na Parada do Orgulho LGBTQ de Copacabana, ele apressou-se para me contar que a mãe dele era da IURD. Naquele dia, minha reação imediata foi perguntar a ele:

— E ela não quer libertar você do mal? Exorcizar a sua Pombagira?

Ele respondeu:

— Ela já tentou, ela realmente se esforçou, mas não conseguiu! Agora ela parou até de tentar libertar a Pombagira de outras pessoas. Primeiro, ela teria que ser capaz de resolver o caso do próprio filho, né? — Raimundo riu e depois acrescentou: — Ela costuma reclamar que não tem esse dom do exorcismo. Acho que ela deveria nos deixar em paz!

Apesar de suas limitações, o modo evangélico de libertação tem sido uma força crescente nas favelas brasileiras. Ao mesmo tempo, independentemente dos méritos da teologia da libertação, com o fim da Guerra Fria e a emergência globalizada do neoliberalismo na década de 1990, os esforços católicos de libertação perderam força tanto em Roma quanto na América Latina.

Dona Rosário, por sua vez, ainda se recusava a ir a uma igreja evangélica. Ela elogiava os esforços mais antigos de libertação por parte da Igreja Católica, e lembrava-se dos velhos tempos. No entanto, como um esforço coletivo contra a opressão de classe, a libertação católica não parecia muito útil para resolver o principal problema que Dona Rosário tinha com a filha.

Apesar desse entrave, a mãe de Natasha costumava dizer que ela mesma era uma mulher tradicional e desconsiderava a igreja evangélica como uma "nova invenção". Enquanto isso, a combinação da teo-

---

[255] Ronaldo de Almeida fez uma observação semelhante em relação à IURD em *A Igreja Universal e seus Demônios.*

logia da prosperidade[256] com um modo mais individualista de libertação religiosa, adotada pelas igrejas evangélicas, estava muito mais alinhada com aspirações neoliberais. Não é coincidência que a força dos evangélicos e o poder do neoliberalismo tenham crescido juntos nos bairros urbanos mais empobrecidos da América Latina, pois estão profundamente conectados por um liberalismo normativo.

## A AMBIVALÊNCIA DE PETERSON

Uma conversa que tive na Rocinha, em meados de 2009, agora vem à mente. Auro e eu nos deparamos com Peterson esperando por algumas pessoas na Rua do Valão. Os amigos dele estavam voltando de uma festa de umbanda. Nós três conversamos por um tempo, mas Auro logo perdeu a paciência com as histórias de Peterson. Ele costumava chamar Peterson de "viado colori", ou seja, "maluco" em pajubá.

— Continuem conversando vocês dois. Tô indo para casa! — Auro disse e, do nada, foi embora.

Fiquei e, durante nosso diálogo, perguntei a Peterson se ele tinha visto Natasha em algum lugar.

— Quase nunca vejo essa trava! Ela gosta mais de sexo do que de religião... — ele disse, e riu.

— E a galera do PAFYC? Eles parecem gostar das duas coisas, né? — eu disse.

Peterson riu ainda mais alto. Ele balançou a cabeça, em desaprovação, e me disse:

— O que eles realmente gostam é de pau, mas também gostam de macumba. Às vezes, os dois ao mesmo tempo! E eles vão à Igreja Universal de vez em quando também. Fui eu que levei eles lá pela primeira vez, você sabia disso? Falei pra eles dos cultos de libertação de lá. Muitos deles participam agora. Eles ficam possuídos lá e tudo! Mas eu acho que tem muito *equê* [fingimento em pajubá] rolando também. Ultimamente, eles não têm ido à igreja com tanta

---

[256] Simplificando, como Paizinha explicou uma vez, na teologia da prosperidade, quanto mais alguém agrada a Deus, e quanto mais Deus gosta, mais sucesso financeiro essa pessoa deverá ter em sua vida.

frequência porque o babalorixá deles, o pai Jair, proibiu. Jair disse que eles têm que escolher se vão ficar possuídos na umbanda ou na igreja evangélica. Tem que ser um ou outro! Mas tem uns que insistem em ambos — concluiu gargalhando.

Peterson percebeu que eu estava interessado no assunto e continuou a contar:

— Sabe, eu nunca fingi estar possuído como esses caras fazem! Desde criança eu via espíritos, mesmo quando era da igreja evangélica e estava firme na minha fé como cristão. Mais tarde, saí um pouco do caminho, mas ainda frequento a minha igreja e também vou à Igreja Universal, pra me libertar dessas entidades malignas que me tentam. E eu também vou pra umas macumbas, de vez em quando!

Perguntei-lhe diretamente:

— E por que você continua indo à macumba e à igreja ao mesmo tempo?

Ele me deu uma resposta elaborada, lembrando uma das maiores celebridades brasileiras dos anos 1980, uma apresentadora de TV chamada Xuxa. Peterson garantia que a Xuxa devia tudo o que conquistou na vida aos trabalhos de macumba.

— Fama, dinheiro, tudo! — afirmou.

Dito isso, Peterson também tentou enfatizar uma diferença importante entre ele e a maioria dos membros do Bonde das Novinhas:

— Eu posso até ir pra macumba, mas estou lá pra conseguir poder. Não estou lá pra ser um escravo das entidades.

Ele disse isso em referência ao fato de que os outros se curvavam aos espíritos, cozinhavam para eles e compravam-lhes presentes.

— Eu sei que muitas dessas entidades nos enganam! — Peterson reclamou e contou: — Um dia, na praia, pedi ajuda a uma Pombagira, e ela fingiu que estava fazendo uma limpeza espiritual. Adivinha? Fiquei doente logo depois da limpeza! Depois daquele dia, foi só quando voltei pra Igreja Universal que melhorei. Foi a Igreja Universal que libertou o feitiço que aquela Pombagira perversa colocou em mim!

Peterson e eu conversamos mais um pouco. Eu ficava pensando em sua educação evangélica e suas concepções de macumba. Peterson confiava nas divindades afro-brasileiras para lhe dar poder, mas não confiava na boa-fé delas. Como cristão, ele reconhecia o risco de se submeter a espíritos e deuses que não Jesus.

O objetivo de Peterson era dominar as entidades afro-brasileiras para seu benefício, e não se sujeitar a elas. Ele percebeu que eu fiquei quieto, refletindo mais do que falando. Acho que ficou entediado. Logo anunciou que realmente precisava ir ao encontro dos outros amigos.

## DONOS DE SI

A possessão espiritual é geralmente entendida como uma espécie de dispositivo de alteridade, produzindo um "outro" em relação às concepções pós-iluministas do indivíduo racional, que é o sujeito universal no projeto moderno do liberalismo normativo. Desde os tempos coloniais até hoje, as experiências de "possessão espiritual" ajudam a reforçar um suposto binarismo entre sujeitos liberais modernos — aqueles com uma racionalidade marcada e que são autopossuídos — e outros sujeitos minoritários que estariam sujeitos a serem possuídos por espíritos e outras entidades, dada uma pressuposta capacidade deficiente de autogoverno.[257]

Se o liberalismo normativo impõe uma forma particular de liberdade, que deve ser usada para um autogoverno racional,[258] os corpos constantemente possuídos de meus amigos *queer* na Rocinha estavam condenados à falta de liberdade. De uma perspectiva liberal minoritária, no entanto, esse binarismo não fazia muito sentido — o liberalismo *queer* na Rocinha não se limitava às condições de possibilidade prescritas pelo liberalismo normativo.[259] Além disso, como nos recordam os cientistas sociais Marco Aurélio Luz e Georges Lapassade, Exu e Pombagira também podem ser interpretados como "símbolos de uma proposição libertária".[260]

A possessão espiritual poderia ser entendida como promotora de um modo de liberalismo minoritário entre meus amigos LGBTQ na Rocinha? Combinando a "proposta libertária" inerente à macumba

---

257 JOHNSON, *Spirited Things*.

258 FOUCAULT, *Technologies of the Self*.

259 Ver capítulo 4.

260 LUZ e LAPASSADE, *O Segredo da Macumba*, xvi. Segundo esses autores: "a macumba é rejeitada por todas as instituições porque é uma forma específica de contra-instituição, uma contracultura que expressa uma contra-sociedade".

com a sugestão de Taussig de que a demonização cristã de divindades minoritárias inadvertidamente serviu para empoderá-las,[261] as maneiras pelas quais meus amigos LGBTQ constituem relações entre divindades afro-brasileiras e a demonização cristã apontam para um processo recursivo de possessões e libertações. Há dois pontos principais a serem destacados: primeiro, a recusa deles em habitar um corpo normativo liberal (ou seja, ontologicamente selado de forças externas, sobredeterminado pela racionalidade e individualidade) era, em si, uma desterritorialização do liberalismo; segundo, as experiências limítrofes que viviam entre o que é geralmente concebido como práticas religiosas diferentes e (internamente) homogêneas, desafiavam o lugar normativo da "religião" nas sociedades liberais (multiculturais).

Ainda assim, essas experiências parecem colocar uma questão central: a IURD teria mesmo o poder de libertar pessoas *queer*, ajudando a transformá-las em sujeitos mais normativos? Toda vez que membros do PAFYC assistiam a um culto de libertação na IURD, também afirmavam a própria existência deles como sujeitos *queer*. Toda vez que um deles era libertado de um espírito e voltava na semana seguinte para ser libertado mais uma vez, criava-se um efeito recursivo. A consequência era que, apesar de "derrotas" ao longo do caminho, no longo prazo, eram as Pombagiras e os Exus que "venciam". Era com essas entidades que as Novinhas contavam para promover uma certa "libertação minoritária" em relação à moralidade cristã. A resposta mais comum que a IURD parecia oferecer para explicar a vitória do "diabo" em alguns casos era argumentar que os membros do PAFYC estavam fingindo suas possessões.

Quanto a Peterson, suas razões para frequentar a IURD e a umbanda ao mesmo tempo baseavam-se em um princípio diferente. O antropólogo Peter Geschiere argumenta, sobre o contexto africano, que a feitiçaria pode funcionar como uma força niveladora, capacitando os mais vulneráveis. (Era assim que parecia funcionar para Natasha.) No entanto, Geschiere também destaca que, com a ascensão do neoliberalismo, a feitiçaria tem sido cada vez mais usada para criar riqueza e poder, produzindo "novos laços e relações de

---

[261] TAUSSIG, *The Devil and Commodity Fetishism in South America.*

dominação desiguais".[262] Era assim que parecia ser para Peterson, que explicava seus cálculos em termos de poder, certificando-se de destacar a autenticidade de suas possessões. Tendo sido criado neopentecostal, Peterson tinha certeza de que o diabo era mau e recusava-se a servi-lo. No entanto, ele também se esforçava para obter poder de relações com os demônios. Ele esperava usar o diabo para libertar-se de sua posição subalterna individual: obter dinheiro e poder, tornando-se uma celebridade. Todavia, caso Peterson conseguisse ser livre apenas no sentido permitido por sua igreja neopentecostal, ele não poderia viver sua vida como um sujeito *queer*.

É importante ressaltar que o entendimento de Peterson não refletia a forma minoritária de empoderamento que meus outros amigos LGBTQ buscavam nas tradições afro-brasileiras. Em trânsito entre diversos territórios, porém, Peterson estava de fato explorando múltiplas possibilidades de ser *queer*. Se os membros do PAFYC esperavam mobilizar os poderes dos espíritos e deuses afro-brasileiros para satisfazer seus desejos minoritários — mais homens, mais sexo, mais vivências desviantes — Peterson encarava o diabo como um caminho para obter uma certa normalização de sua existência *queer*, pela obtenção de um estilo de vida liberal afluente (e mais típico de gays, de classe média, que performam a branquitude).

## UM CASO POLICIAL

Em uma das minhas últimas visitas à IURD, convidei meu vizinho Carcará para ir comigo. Ele fora membro da Igreja Universal em um passado longínquo e aceitou o convite de bom grado. Naquele dia, o pastor passou quase uma hora discutindo a investigação federal em curso contra a IURD, que era acusada de captação ilegal de recursos e evasão fiscal. O escândalo potencial era enorme. O principal canal de TV brasileiro, a Globo, estava noticiando ativamente o caso durante todo o mês de agosto de 2009. O pastor iniciou o culto naquele dia alertando as pessoas de que a igreja estava mais uma vez sob o ataque do diabo.

262 GESCHIERE, *The Modernity of Witchcraft*, 5.

— A TV Globo está tentando desafiar sua fé na Igreja Universal... Cuidado! — disse.

Poucos minutos depois, ressaltou que todos nós precisávamos estar atentos, porque os repórteres estavam frequentando os cultos da igreja apenas para coletar informações e depois espalhar mentiras ao público. Agressivamente, ele afirmou:

— Se você olhar e vir alguém com uma câmera ou um gravador de voz perto de você, pode pegar e quebrar! Eu te dou permissão para fazer isso, OK?

A atmosfera estava tensa naquele dia, e o culto de libertação foi incomum. A igreja parecia vazia em comparação com as semanas anteriores. Carcará reclamou comigo que não sentia o mesmo "fervor" de libertação de outros dias. Disse que estava feliz com sua nova igreja em Copacabana.

Na sexta-feira seguinte, voltei para a IURD. Eu estava acompanhado de um amigo meu dos tempos da graduação, em Brasília, que viera visitar-me na favela enquanto passava uns dias no Rio de Janeiro. Embora fosse um católico devoto, meu amigo gentilmente aceitou participar do culto evangélico de libertação comigo. Mais tarde, sairíamos para jantar. Naquela sexta, havia muito mais gente na igreja. Notavelmente, havia mais funcionários da própria Igreja Universal: mais assistentes, pastores e até seguranças particulares, que guardavam as entradas do salão principal. Aproximando-se da metade do culto, as orações de libertação começaram. Meu amigo parecia desconfortável. Ainda assim, nós dois seguíamos todos os gestos das multidões, participando do ritual com empenho.

— Oh, Senhor! Liberta esta igreja de todo o mal! — o pastor orava.

Enquanto isso, as pessoas levavam as duas mãos às próprias cabeças e depois as afastavam rapidamente, expulsando o mal. As orações continuavam. Interrompi meus gestos ritualísticos por um momento. Tirei brevemente um caderno do bolso, anotei algumas palavras e continuei a acompanhar o culto. As pessoas começaram a ficar possuídas. Então, o pastor chamou a atenção de um de seus assistentes no palco e apontou para mim. Entendi que alguém estava possuído perto de mim. Olhei em volta. Notei dois seguranças conversando no corredor interno da igreja. Olhei novamente para o pastor. Ele acenou com a cabeça para os seguranças. Comecei a perceber que o problema era comigo.

Os dois homens se aproximaram mais de nós, pelo lado esquerdo. Com movimentos de dedo, um deles, vestindo terno preto e camisa branca, indicava que deveríamos sair de nossos lugares. Mas eu não estava possuído, pensei. Os seguranças insistiam, o que fez com que meu amigo e eu nos espremêssemos entre a multidão de adoradores para chegar até os seguranças. Quando nos aproximamos, eles disseram que tínhamos que sair da igreja. Não seguimos as ordens deles. Os dois homens nos agarraram pelos braços e nos forçaram a passar por uma porta lateral, para o exterior do prédio principal, mas ainda em território da IURD. Nesse corredor externo, escuro, empurraram-nos contra a parede e perguntaram:

— Você tão com câmeras ou gravadores?

Eu prontamente respondi:

— Não!

Um deles ordenou:

— Passa o gravador!

— Eu não estou com gravador nenhum! — respondi.

Estava dizendo a verdade. Eu não carregava um gravador de voz comigo durante o trabalho de campo.

— Mas eu vi você escrevendo! — disse um deles.

— Sim. E daí? Qual é o problema? — debati.

— Ou você nos dá o material, ou então vamos tomar de você à força! — gritou o mais alto deles.

Estávamos em perigo. Ainda assim, recusei-me a cumprir o que parecia ser uma demanda absurda.

Meu amigo tentou escapar. Os seguranças perderam a paciência conosco e nos levaram agressivamente para os fundos do prédio, pelo lado de fora, usando plena força bruta. Naquele momento, percebi que qualquer coisa poderia acontecer. Estávamos em grande risco. Por estar sob investigação federal, a IURD parecia presumir que qualquer pessoa que estivesse na igreja poderia ser uma ameaça. Na parte de trás do prédio, aos fundos, dois pastores nos esperavam.

— Tomem tudo deles! — ordenou o pastor mais velho.

O segurança mais alto então segurou meus braços, enquanto o menor me inspecionava, bolso a bolso. Eu resisti, mas ele forçava as mãos dentro da minha roupa. Tudo o que tiraram de mim foi passado para os pastores examinarem. Naquele momento, senti esvair toda a fé que estava tentando construir para entender a IURD.

— Por que vocês estão roubando de mim? — perguntei.

Eles pegaram meu telefone, chaves, carteira e caderno de campo, examinando tudo cuidadosamente. Depois de um tempo, o pastor mais jovem devolveu os nossos pertences, exceto as minhas valiosas notas de campo, que estavam cheias de informações sobre o liberalismo neopentecostal. Os seguranças nos forçaram a sair dos limites da igreja, empurrando-nos para a rua pelo portão principal.

Fiquei chocado. Violado. De pé na calçada, queria minhas notas de volta e que a justiça fosse feita. Pensei em voltar para dentro da igreja para demandar o que era meu. O amigo de Brasília estava horrorizado. Conversamos brevemente sobre o que fazer. Ele sugeriu chamar a polícia. Eu sugeri chamar a imprensa. Ambas as opções, porém, poderiam nos colocar em perigo. Uma importante lei do morro era não atrair a polícia (ou jornalistas) para a favela. Foi então que um pensamento trágico me ocorreu. Os pastores da IURD poderiam ter conexões com os narcotraficantes da Rocinha, pois estavam ativamente engajados na conversão deles ao cristianismo. E se eles já tivessem contado aos traficantes sobre o incidente? E se os traficantes passassem a desconfiar que éramos agentes do Estado conduzindo uma investigação criminal na área? Ou jornalistas tentando se infiltrar na favela?[263] Eu não tinha pedido permissão ao Dono do Morro para morar na Rocinha.[264] Peguei meu telefone e rapidamente procurei números para pedir ajuda. Tentei primeiro falar com a Amélia, mas ela não atendeu. O sinal de celular era bastante fraco em muitos locais da favela — tentar ligar para um telefone fixo seria a minha melhor aposta. Não consegui encontrar o número do Carcará. Por fim, lembrei que havia aulas noturnas na EAU às sextas-feiras. Resolvi ligar para o telefone fixo da escola. O diretor da ONG na época, Armando, atendeu o telefone e me ouviu contar uma versão atropelada da história. Ele nos instruiu a ficar parados na frente

---

263 Havia o precedente de um jornalista que havia se infiltrado na Rocinha anos antes, o que terminou criando problemas com o tráfico. Ver: LUDEMIR, *Sorria, Você Está na Rocinha*.

264 Os moradores da Rocinha me garantiram que isso não seria necessário. Eles também não precisaram pedir permissão para morar na Rocinha. No meu caso, foi Babi, de quem eu seria vizinho na Rocinha, quem inicialmente arranjou um lugar para mim na favela. O irmão dela tinha sido casado com uma colega minha, uma socióloga.

da IURD, até que alguém da favela chegasse por lá. Tentei ligar para mais alguns números, sem sucesso. Comecei a temer que um evento tão traumático significasse o fim da minha pesquisa na Rocinha.

— Moisés! O que aconteceu? — Paizinha gritou à distância.

Um grupo grande de pessoas do beco onde eu morava estava vindo em nossa direção. Armando estava sem fôlego. Ao longo do caminho, ele tinha parado em várias casas para mobilizar pessoas dispostas a ajudar.

— Para a delegacia, agora! Vamos! — ele ordenou quando me viu.

— Polícia? Tem certeza? — perguntei.

— Claro! Esses evangélicos têm que aprender que não podem fazer o que quiserem na favela! — respondeu Armando.

— E os traficantes?

— O que que tem eles? Você quer denunciar o pastor pros traficantes também? — Armando perguntou, meio confuso.

— Não, quero dizer, não criarei problemas com os traficantes se formos à polícia? — expliquei melhor.

— Nós vamos pegar um táxi para a delegacia de polícia lá na Gávea! Não é a mesma coisa que chamar a polícia aqui pra Rocinha. Vamos! — ele me tranquilizou.

Na delegacia, apresentei queixa contra a IURD. Depois de conversar com o policial, descrevendo em detalhes o que havia acontecido conosco, recebi uma cópia do boletim de ocorrência, formalizando o caso. A acusação era baseada em um artigo específico do Código Penal Brasileiro, que se refere à proteção da *liberdade individual.*[265] Quando li o documento policial, ainda bastante irritado, sorri por um instante e pensei: "pesquisa etnográfica é algo imprevisível mesmo! Esta denúncia é um exemplo concreto de como espero que o liberalismo normativo opere a meu favor. Será que Natasha recorreria à polícia por justiça se estivesse nesta mesma situação? Acho que nunca!" Eu morava na favela para fazer um trabalho de campo antropológico, um período que acabaria mais cedo ou mais tarde. Não importava o que acontecesse, mesmo que os traficantes decidissem

[265] O artigo 146 do Código Penal Brasileiro estabelece que forçar (constrangimento ilegal) alguém, "mediante violência ou grave ameaça, ou depois de lhe haver reduzido, por qualquer outro meio, a capacidade de resistência, a não fazer o que a lei permite, ou a fazer o que ela não manda", é punível com prisão de três meses a um ano, ou multa.

me matar, minha posição carregava privilégios, como esse de acessar facilmente o sistema judicial.

De qualquer forma, o episódio com a Igreja Universal revelou uma distinção importante para mim entre um modo normativo de liberalismo baseado no poder do Estado-nação, e um outro baseado no poder de Deus, um liberalismo neopentecostal. Eu estava apavorado de voltar para casa naquela noite, porque ainda não tinha certeza sobre como os traficantes me tratariam depois do incidente. Meu amigo de Brasília afirmou que nunca mais voltaria a colocar os pés na IURD. Ele foi direto da delegacia, na Gávea, para o quarto de hotel onde estava ficando, em Ipanema.

Amélia me convidou para tomar café da manhã na casa dela no dia seguinte ao episódio. Ela sabia que eu estava traumatizado. Enquanto comíamos nosso pão francês com suco, a TV Globo veiculava uma campanha: "*Liberdade de expressão* é na Globo!" Depois de mais alguns dias trancado em casa, decidi que não me esconderia mais. Acontecesse o que fosse, eu enfrentaria a situação. Natasha foi a primeira pessoa que encontrei depois dos dias que passei em reclusão. Ela estava totalmente por fora do ocorrido, pois não tinha muito contato com os meus vizinhos. Naquele dia, Natasha estava na companhia de nosso amigo Bira. Contei a história toda para eles, ainda envergonhado diante da violência que sofri:

— Gente, adivinha o que aconteceu comigo? Fui enxotado, à força, da Igreja Universal. Uns seguranças malditos! Deixa eu contar...

Ao final da história, Natasha me abraçou e Bira me repreendeu, dizendo:

— Mas por que diabos você foi parar num lugar como esse, bicha? Logo na Igreja Universal? Aquele lugar horrível!

Expliquei que andava frequentando diversas igrejas evangélicas, tentando entender mais sobre os cultos de libertação.

Bira prontamente respondeu:

— Libertação? Ah, meu Deus! Essa coisa de libertação é uma mentira, viado. Você é tão bobo assim, bicha? Esses diabinhos do PAFYC só vão pra lá porque acham tudo engraçado!

Se havia gente como o Peterson, que duvidava da veracidade das possessões, havia também aqueles, como Bira, que questionavam a idoneidade da própria instituição. Ele acrescentou:

— Não acredito em ex-bicha, querida! Se você é uma bicha, você é uma bicha. Nenhuma igreja pode mudar isso!

Natasha proferiu sua opinião:

— Conheci uma travesti que disse que foi libertada na Igreja Universal. Ela até usa roupa de homem agora! Mas não confio naquela vadia.

Após o incidente, até Paizinha me disse que tinha fortes reservas contra a IURD:

— Eles não seguem a Bíblia como deveriam. Esse é um grande problema. Meu pai gosta de ir aos cultos da Universal. Você sabe que ele vai. Mas eu já contei para ele sobre o que aconteceu, e ele ficou muito triste ao ouvir o que fizeram com você lá.

A maioria dos meus vizinhos demonstraram-se bastante solidários a mim, mesmo aqueles que eram membros fiéis da IURD. Paizinha, olhando tristemente nos meus olhos, fez um pedido:

— Uma última coisa... Não desista da sua libertação, viu? O diabo pode estar tentando te tirar do caminho, mas Jesus é bom para você! Não é? Quantas vezes Jesus expôs seus pecados durante um culto de libertação? Quantas vezes ele revelou em público que você é um homossexual? Nenhuma! Nem uma única vez, Moisés. O Senhor é bom! E ele tem um plano pra sua vida.

## AS DOBRAS E AS FRATURAS DO LIBERALISMO

Talal Asad argumenta que há uma exigência liberal moderna de que a religião seja mantida separada da política, do direito e da ciência. Como sugerido anteriormente, essa separação garantiria, concomitantemente, o confinamento da religião (como esperam os liberais seculares) e a possibilidade da religião (para satisfazer os cristãos liberais) como parte da modernidade.[266] Em certo sentido, essa é uma versão do liberalismo normativo que satisfaz as condições de existência do Estado e da religião ao mesmo tempo. A norma que permite que o Estado-nação e a religião coexistam livremente — isto é, o secularismo — ocupa uma posição de dominação e uni-

[266] ASAD, *Genealogies of Religion.*

versalidade em relação a outras possibilidades, como o liberalismo neopentecostal.

No entanto, eu diria que o episódio em que acabei mobilizando o poder judiciário para defender-me da IURD não revela uma fratura entre Igreja e Estado no Brasil. O que fica evidente é a existência de uma dobra entre os dois, um encontro entre modos de normatividade. Como explica poeticamente o filósofo e artista Simon O'Sullivan, "a dobra anuncia que o interior nada mais é do que uma dobra do exterior".[267] Seja por meio das leis brasileiras (da Constituição Federal e outros Códigos), ou pelas leis cristãs (a Bíblia), ainda estamos falando de vontades compartilhadas de um governo universal, por meio de um liberalismo baseado na acumulação de capital (e a teologia da prosperidade), valores familiares normativos e autonomia individual. O Estado-nação e a Igreja neopentecostal operam juntos dentro de uma *assemblage* voltada para a normalização de grupos minoritários, mas o fazem de lados diferentes da mesma dobra.

Dobraduras são relevantes não por demonstrarem a existência de diferentes formas de liberalismo normativo na prática, mas porque demonstram que o projeto liberal normativo opera em mais de uma frente, não como um projeto único, mas como projetos diferentes que se concebem como universalizantes. Apesar da separação idealizada entre Igreja e Estado, a articulação entre esses dois domínios, como um projeto de poder, tornou-se cada vez mais evidente no Brasil na década seguinte à que completei o meu trabalho de campo. O ex-presidente brasileiro Jair Bolsonaro foi eleito em 2018 auxiliado também por "acordos" com igrejas evangélicas, importantemente, em aliança com a IURD.

De acordo com Jean e John Comaroff, antropólogos cujo trabalho explora o crescimento das denominações evangélicas na África, a expansão religiosa, as práticas do ocultismo e o enfraquecimento da esfera política fazem parte da disseminação do que eles chamam de "cultura do neoliberalismo".[268] O liberalismo normativo na Cidade Maravilhosa também se baseia na expansão religiosa evangélica e em um Estado que pretere os moradores das favelas enquanto protege as elites. Tanto o Estado-nação quanto muitas autoridades

---

[267] O'SULLIVAN, *Fold*.

[268] COMAROFF e COMAROFF, *Millennial Capitalism*.

religiosas fazem parte de um rede liberal normativa, multifacetada, que se esforça para colonizar liberalismos minoritários, em benefício político e econômico das elites brasileiras.

Os moradores LGBTQ das favelas estão cientes dessas formas de dominação e produzem suas próprias reações "desidentificadas", em parte mobilizando o diabo e também usando a "feitiçaria" como formas de empoderamento minoritário, como Natasha fazia. Outros, no entanto, reagem oferecendo seus corpos a agências não humanas, desterritorializando o próprio ideal normativo de indivíduos autopossuídos.[269] Em vez de tentar potencializar o liberalismo normativo de diferentes ângulos, outra estratégia para a liberação *queer* seria focar nas fraturas do projeto liberal normativo. As trajetórias de pessoas LGBTQ entre as religiões afro-brasileiras e a IURD expõem lacunas nos entendimentos liberais sobre o *self*, corpos, e a própria noção de pessoa. Um trabalho etnográfico extenso e detalhado foi necessário para mapear essas dobras e fraturas. Mas há valor em desacelerar nossas suposições sobre a política liberal contemporânea.

---

269 CROSSON, *What Possessed You?*

# 6. ESCRAVIDÃO ROMANA

> Não é sobre o produto de seu trabalho que o trabalhador ou a trabalhadora têm direito, mas à satisfação de suas necessidades, qualquer que seja a natureza delas.
>
> **Joseph Déjaque, *L'echange***

Uma noite, Marcus e eu pegamos um ônibus na Rocinha e descemos perto da Praça do Ó, não muito distante da praia na Barra da Tijuca. Marcus era o melhor amigo de Auro. Não demoramos muito para encontrar KB7, uma profissional do sexo, que planejávamos entrevistar naquela noite. Ela caminhou em nossa direção, usando um vestido todo preto. KB7 era alta, com cabelos castanhos claros, longos e lisos. Usava uma peruca. Marcus apresentou-me a ela, dizendo que eu estava morando na Rocinha, pesquisando o liberalismo. KB7 olhou para nós, intrigada, e comentou:

— Liberalismo? Bom, acho que não posso ajudar. Eu ainda preciso ser libertada dos meus pecados, sabe? Eu nunca fui à Igreja Universal, meu querido! — ela riu.

Como nos lembrou KB7, a IURD era uma força liberal (normativa) operando nas *assemblages* sexuais.[270] As igrejas neopentecostais proviam a libertação às profissionais do sexo por meios espirituais. Segundo minha amiga Paizinha, as leis de Deus eram explícitas na abominação ao comércio sexual. Tanto homens quanto mulheres profissionais do sexo eram considerados escravos do pecado aos

---

[270] Como discutido no capítulo anterior.

olhos de Deus.[271] Enquanto isso, na quimbanda e umbanda, religiões afro-brasileiras, muitas Pombagiras, por exemplo, eram espíritos celebrados, e até consultados, justamente pela experiência que tiveram em vida como profissionais do sexo. As mais conhecidas delas nessa área, como a Pombagira do Cabaré, ofereciam seus conhecimentos sexuais exatamente para ajudar os fiéis em questões íntimas. Não era por acaso, inclusive, que, em vários cultos evangélicos de que participei na Rocinha, a libertação de pecadores possuídos pela Pombagira era uma batalha cotidiana. Esses espíritos estavam entre os principais alvos dos exorcismos que prometiam libertar as pessoas do trabalho sexual, de casos extraconjugais e de outros comportamentos sexuais considerados pecaminosos.

Após o comentário sarcástico sobre a IURD, KB7 virou-se e nos levou pela mão até o local onde costumava esperar pelos clientes, na beira da pista, onde o fluxo de carros era mais intenso. Ela nos apresentou às outras travestis que estavam trabalhando com ela: "Essas são minhas amigas da Rocinha!" Nenhuma das outras trabalhadoras eram nossas conhecidas. Marcus e KB7 falavam sobre velhos amigos que tinham em comum. O primeiro pedia notícias para a segunda sobre alguém de quem eu nunca tinha ouvido falar.

— Paloma? Ela ainda está na Itália, querido! Eles dizem que ela foi pega pelos *alibã* [policiais] lá. Não sei... Mas acho que ela tá *livre* de novo! — disse KB7 a ele.

— Livre e glamourosa? E em Milão! Eu amo Milão — comentou Marcus, que trabalhava para uma companhia aérea.

Um carro parou e KB7 puxou o vestido para cima, para mostrar melhor suas lindas pernas, enquanto conversava com o motorista. Sem sucesso. O homem de meia-idade não demorou a ir embora. Conversamos até que Marcus me informou que estávamos interrompendo o fluxo de clientes. Ele percebeu que muitos carros, alguns bem caros, passavam lentamente, mas não paravam perto de nós. Anunciamos à KB7 que voltaríamos para a Rocinha. Antes de partir, Marcus e KB7 fizeram promessas de se verem com mais frequência:

---

271 "Não haverá prostituta dentre as filhas de Israel; nem haverá sodomita dentre os filhos de Israel. Não trarás o salário da prostituta nem preço de um sodomita à casa do Senhor teu Deus por qualquer voto; porque ambos são igualmente abominação ao Senhor teu Deus". Deuteronômio 23:17–18 (Almeida Corrigida Fiel)

— Claro que sim! Senti sua falta, amor! — ela disse e acenou enquanto partíamos.

## BATALHANDO NOVAMENTE

Entrevistas formais, como a que eu tentei fazer com a KB7, não pareciam funcionar muito bem no meu contexto de pesquisa, mesmo que os encontros sempre fossem valiosos. Em outros momentos, contudo, nem precisava encontrar meus amigos pessoalmente para obter informações importantes em conversas que, inicialmente, presumi que seriam corriqueiras:

— O que você está fazendo? Estou indo pra Lapa! — Natasha me contou por telefone.

— Vai sozinha? Hmmm... — comentei, provocando-a.

— Indo batalhar, querida! Quer vir? — ela me perguntou.

— Oi? Como assim, batalhar na Lapa? Fazer pista? Sério? — fiquei surpreso ao ouvir a informação.

— Sério o quê? — ela disse, impacientemente.

— Pensei que você tinha parado! — respondi.

— É, eu tinha. Mas... você sabe! Quer vir ou não? — ela me perguntou.

— Não, pode deixar... — menti, queria muito ter ido com ela.

— Você pode vir e se divertir por lá com alguma bicha-boy enquanto eu ganho meu dinheiro — propôs Natasha.

— Não, não quero atrapalhar! — disse, recusando o convite.

— Desde que perdi meu emprego no restaurante, tenho frequentado a Lapa. Você sabe que meus irmãos pagam o aluguel, né? E eu não vou morrer de fome. Mas preciso de outras coisas na vida, certo? Tipo, sapatos! Quem pode viver sem salto alto? Tem duas coisas que eu amo, salto alto e homem! Eles são a combinação perfeita. Maior tesão! — Natasha riu alto.

— Hahaha! Ok, Nat... Mas se cuida, por favor! — implorei.

— Quem vai mexer com uma travesti perigosa como eu? — ela riu novamente.

— Quero dizer, use sempre camisinha! — explicitei.

— E não é que eles me oferecem mais dinheiro pra foder sem camisinha! Você sabia disso? Mas você acha que eu sou louca, Moisés? — Natasha me perguntou.

— Fique bem! — respondi.

— Me deseje vários gatinhos! Isso é o mais importante! — ela estava bem humorada.

— OK, até amanhã! — despedi.

Desliguei, preocupado. Eu tinha ido à Lapa com Natasha em outras ocasiões. Conhecia aquela região boêmia do Rio. O que eu não percebi foi que Natasha estava voltando ao trabalho sexual. Não parecia grande coisa para ela, mas era para mim. Na próxima vez que nos encontramos pessoalmente, fiz questão de conversar com ela sobre isso. Ela me falou:

— Prefiro não fazer, porque minha família não gosta. E eu também acho que uma travesti pode fazer outros trabalhos, sabe? Não me importo de cozinhar e limpar por dinheiro. Muitos dos meus amigos trabalham em salão de beleza. Mas não sou boa com cabelo! Fazer pista é bom, mas não sou profissional. Não faço isso sempre, e não ganho muito dinheiro. Minha amiga, Shelly, lembra dela? Ela já é gerente e ganha uma boa grana! Ela até queria que eu me juntasse à equipe dela... mas eu teria que colocar silicone e tudo mais. Se nem de tomar hormônio sempre eu gosto! Acho que nunca vou ser uma profissional.

Durante aqueles dias em que fazia trabalho sexual, Natasha saía de casa no início da noite — toda montada, carregando apenas uma bolsa pequena. Algumas outras travestis preferiam ser menos conspícuas, levando as roupas e adornos em uma bolsa maior, montando-se no local ou nas proximidades do ponto de trabalho. Natasha pegava transporte público para chegar à Lapa, bairro conhecido por seus icônicos arcos brancos, os Arcos da Lapa, que foram construídos em tempos coloniais, em estilo romano. Mais do que uma atração turística, a famosa construção era um viaduto para a linha de bonde. Em um passado mais distante, os arcos também haviam servido de aqueduto na Cidade Maravilhosa. Hoje em dia, marcavam a entrada de uma área relegada da cidade, que o município vinha tentando gentrificar, sem muito sucesso. Assim, a Lapa parecia atrair um público diverso, que ia de uma multidão heteronormativa — que frequentava alguns dos bares mais elitistas e turísticos — a moradores LGBTQ de favelas, que ocupavam, principalmente, as próprias ruas e alguns locais *queer* específicos da região, como a boate Buraco da Lacraia — conhecida como um *point* para o público da classe trabalhadora.

## LOCAIS DE TRABALHO SEXUAL

Durante uma conversa sobre o tema, Auro ofereceu um panorama do que poderia ser chamada de "geografia da prostituição" na cidade do Rio de Janeiro.[272]

— Não é como se qualquer uma pudesse batalhar em qualquer lugar, sabe? Tem um lugar para cada tipo. Um lugar pra mulher, um lugar pra homem e um lugar pra travesti. E não só isso... Se você é feio, só pode trabalhar em algumas áreas! — ele riu com escárnio, mostrando os dentes.

Continuou:

— Sua amiga, Natasha, por exemplo! Duvido que deixem ela trabalhar na Barra da Tijuca. Ah, e certamente não em Copacabana![273] Não mesmo... só as mais bonitas trabalham em Copacabana. E Natasha é uma *matesca* [do mato] e feia! É só olhar pra ela. Talvez ela pudesse trabalhar naquele outro lugar... Como que chama mesmo? Na Quinta da Boa Vista.[274] Talvez, lá! Ou talvez na Lapa? — ele continuou, com seus comentários sarcásticos de sempre.

Auro sabia que eu não gostava da maneira como ele falava sobre Natasha, mas insistia em falar dela. Eu me perguntava se ele ficava com ciúmes da minha amizade com ela ou se ele não gostava de Natasha pelo simples fato dela ser uma migrante cearense. Quando estavam juntos, Auro e Natasha tratavam-se bem. Quando separados, ambas as partes expressavam suas opiniões negativas sobre o outro.

---

272 Para um mapeamento mais global dos fluxos de travestis, migração e trabalho sexual, consulte: VARTABEDIAN, *Brazilian Travesti Migrations*.

273 O bairro *nouveau riche* da Barra da Tijuca (Zona Oeste) era percebido como mais afluente do que o bairro mais antigo e tradicional de Copacabana, na Zona Sul do Rio de Janeiro.

274 Um parque dos tempos coloniais situado perto do famoso estádio de futebol, o Maracanã, Zona Norte do Rio de Janeiro. O local tem uma topografia montanhosa, edifícios antigos e esparsos, alguns lagos e árvores altas.

— Você conhece minha amiga Giulia? — Auro me perguntou, e continuou falando: — Giulia é uma travesti, mas é uma mulher perfeita! Quer dizer, recentemente ela se tornou ainda mais bonita. Um tombo! Assim, a Giulia trabalha na Quinta da Boa Vista. Mas ela poderia fazer muito mais. Mesmo as mais bonitas acham difícil conseguir um espaço em Copacabana agora. Você precisa pagar aluguel pra *mocotona* [a travesti mais poderosa, responsável pela área] pela pista. Talvez Giulia não queira se mudar!

Auro continuou com a conversa que parecia mais um monólogo:

— Natasha! Nem mesmo se ela quisesse... Porque ela é muito magra, sem curvas! — ele voltou à avaliação das perspectivas de Natasha no trabalho sexual e prosseguiu:

— Ah, outra coisa. Tem um lugar só pras mulheres e outro lugar pras travestis em Copacabana. Sabia, bicha? Elas não gostam de se misturar. Na Barra da Tijuca, a Praça do Ó é basicamente toda para as travestis. Na Vila Mimosa, majoritariamente, mulheres.[275] Então, pros homens, os gigolôs... Quer dizer, eles pensam que são homens de verdade, mas eu acho que eles são todos *maricas*![276] De qualquer forma... Para os homens, tem a Via Ápia. Mas não é a Via Ápia aqui na Rocinha, não! Eu estou falando sobre a Via Ápia lá no centro da cidade. Na área perto daquele hospital, Santa Casa, sabe? Já a Natasha é mais um tipo assim... Madureira! Um lanchinho barato para os pobres suburbanos.[277] Aliás, as travestis mais feias, as mais podres mesmo, nem saem da Rocinha.

Havia vários pontos de prostituição dentro da favela. Muitos em um beco cheio de bares perto da Rua do Boiadeiro. Durante as minhas primeiras semanas morando na Rocinha, deparei-me com uma placa enquanto passava pelo Largo do Boiadeiro, que era uma agitada área comercial da favela, localizada perto do asfalto. Era uma placa azul, dessas de endereço, colocadas pelo município, o que era bastante incomum na Rocinha. Resolvi me aproximar para lê-la:

---

[275] Vila Mimosa é uma das áreas mais antigas e conhecidas para o trabalho sexual no Rio de Janeiro. Não está localizada muito longe da Quinta da Boa Vista.

[276] Néstor Perlongher argumenta que as performances gestuais e discursivas de masculinidade são um requisito para a maioria dos prostitutos. PERLONGHER, *O Negócio do Michê*.

[277] Madureira pode ser descrita como um bairro suburbano popular localizado na parte noroeste do Rio de Janeiro.

"Travessa Liberdade". Olhei para a estreita rua que a placa nomeava e notei que a Travessa Liberdade ligava a Rua do Boiadeiro à rua comercial mais movimentada de todas na favela, majestosamente chamada de Via Ápia, de forma colonial.[278] Refleti sobre essa justaposição, tomei algumas notas e desci pela Travessa Liberdade.

O primeiro bar na esquina dessa travessa com a Rua do Boiadeiro chamava-se Bar da Liberdade. Minha amiga Carmélia, uma mulher negra poderosa que tinha uma creche na Rocinha, morava muito perto dali. Foi ela quem me explicou a importância dos bares na Rocinha, citando a canção *Mesa de Bar*, de Alcione e Gonzaguinha, de 1985: "É que mesa de bar é onde se toma um porre de *liberdade*! Companheiros em pleno exercício de democracia!"

Quase um ano depois daquela exploração inicial, no começo de 2010, perguntei explicitamente a um das minhas alunas da EAU sobre aquela travessa no Boiadeiro, que ficara marcada na minha memória:

— Você mora perto da Travessa Liberdade? E por que essa rua tem esse nome? Você sabe?

Ela respondeu:

— Ah... Não sei! — pensou mais um pouco e acrescentou:

— Travessa Liberdade é onde tudo acontece! Tráfico de drogas, prostituição, todas essas coisas... Tudo é permitido!

Achei que a explicação dela ressoava com o conceito de "liberalismo de favela" como discutido nos capítulos anteriores. Eu tinha motivos para acreditar que o trabalho sexual também fazia parte de uma "heterotopia liberal" que existia na Rocinha e fomentava modos minoritários de liberalismo.

## GIULIA

As principais avenidas litorâneas do Rio de Janeiro eram locais preferenciais para o trabalho sexual. Como alguém nascido e criado em uma parte do Brasil sem litoral, sentia-me bastante privilegiado por morar tão perto do mar na Rocinha. Tentava aproveitar todas as

278 Via Ápia era o nome originalmente dado a uma das estradas mais famosas que existiam no Império Romano.

oportunidades que tinha de ir à praia. Em um dia de sol, nadando ao meu lado, por entre as ondas, meu vizinho Ricky abriu-se comigo e disse:

— Quando estou na água, me sinto *livre* como um pássaro!

A liberdade é muitas vezes experimentada como um sentimento. Ricky também adorava motos e sentia-se livre andando nelas.

Era na praia de São Conrado que Natasha, Mazinho e muitos membros do PAFYC faziam sexo à noite, e com frequência. Na maioria das vezes, sexo não remunerado. Essa disponibilidade gratuita parecia atrapalhar a cena para uma atividade mais comercial do sexo naquela parte da orla, perto da Rocinha.

Foi também na praia de São Conrado que tive uma longa conversa com Giulia. Ela estava tomando sol. Usava o menor biquíni imaginável. O cabelo ruivo dela iluminava-se sob o sol, como fogo. Quando me aproximei, senti um cheiro gostoso de bronzeador. Giulia me mostrou seus seios.

— Tô trabalhando nas minhas marquinhas de bronze! São valiosas! — contou.

Confesso que Giulia me deixou bastante curioso sobre seu pênis: como ela conseguia escondê-lo (*trucar*) tão perfeitamente? Eu me juntei ao grupo de amigos dela e ouvi as histórias que contavam sobre homens e sobre sexo. Giulia descreveu algumas de suas experiências como garota de programa na Quinta da Boa Vista.

— Bicha! Toda vez que eu pegava aquele ônibus indo batalhar, você precisava me ver... Era como se eu nunca tivesse ido pro asfalto fazer programa. Era como se eu fosse virgem! Passava por esse túnel aqui da Rocinha [o Túnel Dois Irmãos] pensando no que aconteceria durante a noite. Sério! Ainda sinto o sangue ferver toda vez que vou pra Quinta da Boa Vista me prostituir.

Giulia falava enquanto seus gestos reproduziam a cena dela em pé, segurando-se nas barras de apoio do ônibus e chacoalhando até chegar na Quinta da Boa Vista.

— É uma mistura de prazer e medo. Ah, meu Deus! Aquela sensação excitante de não saber o que vai acontecer, sabe? Amava essa parte! Outras coisas eram horríveis. Mas às vezes aquilo que é duro também é bom, né? Quero dizer, eu gosto de um pau duro dentro de mim! — ela riu e abanou o rosto, como se estivesse tentando se acalmar.

Com base na experiência difícil de Natasha, perguntei a Giulia sobre a reação da família sobre o trabalho sexual:

— Eles se preocupam com você? — indaguei.

— Minha mãe sabe de tudo o que eu faço! Não tenho segredos. E eu sou *livre*, meu querido! — ela retrucou.

Giulia também trabalhava como cabeleireira em um salão na Rocinha, caso o dinheiro como profissional do sexo na Quinta da Boa Vista não fosse suficiente para pagar as contas do mês.

— Eu tenho minhas necessidades, sabe! Eu gosto do meu "baseado". E você acha que esse corpo é barato? Às vezes, o asfalto é melhor pra dinheiro. Outras vezes, é o salão que me mantém. Mas sinto falta dos homens quando fico no salão! Alguns dos homens são tão deliciosos. Alisar cabelo de mulher o dia todo enche o saco, bicha!

Concordei com um movimento de cabeça, imaginando Giulia parada em um salão de beleza abafado na Rocinha o dia todo. Ela continuou:

— Tem muita coisa que acontece na Quinta [da Boa Vista]... Vou te contar! Tem coisa boa e ruim, claro. Um dia, conheci um cara que queria que eu fizesse sexo com ele de graça. Ele era gato, musculoso. Perguntei se ele queria me foder ou ser fodido. Ele sussurrou no meu ouvido que queria ver o meu pau. Eu ri e disse a ele que eu não iria foder viado de graça. Nem pensar! O homem se descontrolou na hora e tentou me bater. Acho que ele tava drogado!?! Eu saí correndo em direção à estação de trem. Quando eu tava atravessando a passarela de pedestre pra chegar na estação, sabe? Aí, ele me puxou por trás. Aquele psicopata! E tentou me empurrar lá de cima do viaduto. Se eu não lutasse, já estaria morta, estatelada no trilho, lá embaixo! Você consegue imaginar que cena horrível, querido?

Os perigos da vida noturna demandavam coragem. Eu me senti mal ouvindo sobre os episódios de violência que Giulia viveu "fazendo pista" como travesti. Entretanto, a narradora não parecia triste. Na verdade, ela mantinha uma certa altivez, reconhecendo a própria resiliência, assumindo o prazer pelo desconhecido, e trabalhando continuamente para aprimorar o seu corpo, buscando, dentre outras coisas, o bronzeado perfeito para atrair ainda mais homens quando o sol caísse.

## UMA PROVEDORA PROFISSIONAL DE PRAZER

Havia muitas outras áreas de trabalho sexual na Cidade Maravilhosa. No entanto, mesmo quando essas áreas estavam localizadas na formalidade do asfalto, ainda estavam sujeitas a questões que as conectavam com o morro. Os geógrafos Rogério Matos e Miguel Ribeiro nos lembram da heterogeneidade de elementos que ajudam a compor áreas urbanas de prostituição, e destacam algumas das dinâmicas territoriais específicas da cidade do Rio de Janeiro, diante das complexidades de forças em operação em torno da indústria do trabalho sexual:

> Os territórios da prostituição acompanham a dinâmica da própria cidade na qual estão inseridos e, uma vez estabelecidos, podem se sedimentar durante algum tempo, tendendo à expansão caso aumente a procura do comércio do prazer. Da mesma forma, podem-se fragmentar em decorrência de invasões de outros grupos sobre a área, ou mesmo da intervenção dos poderes instituídos, como a polícia, os políticos e o poder municipal, e mesmo do poder "marginal" representado pelo narcotráfico, levando, em alguns casos, à sua extinção em uma área e/ou o seu reaparecimento em outra.[279]

Ao longo da pesquisa, percebi que certos moradores(as) do morro operavam dentro de um extenso circuito de trabalho sexual. Lentamente, emergiam conexões e fluxos que ligavam pessoas da Rocinha não apenas a outras partes do Rio de Janeiro, mas a outros estados brasileiros e até mesmo a diferentes continentes. Os territórios de trabalho sexual são constituídos por clientes, modos de transporte, dispositivos de controle, formas corporais, práticas sexuais e outros elementos. Eu estava em posição de rastrear muitos desses fluxos precisamente por viver em uma favela tão grande. Notei que a Rocinha operava como um dos entroncamentos da rede do trabalho sexual em operação na Cidade Maravilhosa. Não digo isso só por-

---

[279] MATOS e RIBEIRO, *Territórios da Prostituição nos Espaços Públicos da Área Central do Rio de Janeiro*, 78.

que muito trabalho sexual realmente acontece dentro da favela, mas também porque diversos(as) profissionais do sexo que atuavam no asfalto estabeleciam densas relações com a Rocinha — algumas nasceram na favela ou tinham família na área, outras tinham casas na favela, algumas tinham ligações com traficantes de drogas, e encontrei, ainda, profissionais do sexo que estavam sob a "gerência" de pessoas que viviam na favela.

Essas relações eram destacadas por meio de eventos etnográficos fortuitos. Houve uma noite em que Auro e eu paramos perto da loja de roupas No Limite, na Rocinha. Por lá, trocamos algumas palavras com uma pessoa que Auro conhecia bem, Diana. Era um daqueles encontros inesperados, que muitas vezes ocorrem durante o trabalho de campo etnográfico. Essa senhora, já na casa dos sessenta anos, tinha longos cabelos cacheados, tingidos de preto azulado e amarrados em um rabo de cavalo. Usava grandes brincos dourados e batom vermelho pulsante. Auro perguntou se ela estava saindo para trabalhar naquele momento ou voltando para casa de algum encontro. Diana disse a ele que estava indo para a Barra da Tijuca.

— Indo pra batalha, né, nega? — Auro confirmou.

— Tem que trabalhar, né, Auro! — ela respondeu.

Despediram-se e Auro virou-se para mim, sussurrando:

— Você viu essa velha? Ela já é avó, viu? — ele tentava não rir enquanto falava: — Você tem ideia de como ela ganha dinheiro pra sustentar a família? Diana é uma provedora profissional de prazer! Ela ganha a vida transformando as fantasias sexuais das pessoas em realidade. E eu sei que, às vezes, ela participa da diversão também, se eles quiserem uma senhora nas aventuras sexuais! Mas o principal negócio dela é fazer o babado acontecer, sabe? O que quer que os clientes peçam a ela em termos de sexo.

Não, eu não entendi muito bem o assunto, mas estava tentando. Auro, meu amigo matemático, parecia ter grande prazer em criar situações que ele presumia que me chocariam de alguma forma. Havia multidões de pessoas passando por nós enquanto conversávamos sobre sexo naquela parte movimentada da favela. Não parecia incomodá-lo. Ele continuou sua explicação, aumentando a voz:

— Por exemplo, tem um cliente que quer transar com uma travesti bem dotada, pauzão, cavalona mesmo, que seja violenta e tenha um chicote. Aí, essa senhora conhece o pessoal e arruma a travesti, sacou? Essa senhora é do barulho! Realiza qualquer fantasia de homens e mulheres... Claro, nisso ela ganha muita grana também![280]

A circulação de desejos, profissionais do sexo, fantasias, dinheiro e drogas entre territórios da favela e territórios de prostituição no asfalto parecia constituir "zonas morais"[281] que atravessavam fronteiras e interligavam-se por meio do comércio de prazer. Isso fazia parte de uma organização mais ampla na qual o libertinismo não era oprimido, mas valorizado e desfrutado. Se o liberalismo normativo fomenta o livre comércio, o Estado de Direito e o individualismo, haveria outros modos de troca e transações promovidos pelos valores de um libertinismo enquanto modo possível de liberalismo minoritário? Libido, prazer, excitação, satisfação e orgasmos pareciam ser importantes "moedas de troca" nessas relações, mesmo que às vezes acompanhados pelo risco da violência.

## AS LEIS DO TRABALHO SEXUAL

Os debates sobre as implicações da modernidade para a prática histórica do trabalho sexual são variados e abundantes. No contexto europeu, Sophie Day demonstra que as considerações políticas em relação à prostituição não seguiram uma lógica linear de progresso histórico em direção à liberalização. Ao contrário, Day argumenta que o caso em favor da profissionalização e comodificação do trabalho sexual perdeu força, especialmente, nas décadas seguintes aos anos 1980.[282] Esse período foi quando os argumentos feministas surgiram mais fortes no sentido de afirmar que todo trabalho sexual deveria ser considerado inerentemente explorador e, portanto, a prática deveria ser abolida em vez de legalizada.[283] Carole Pateman, interlocutora neste debate, justifica sua preocupação com a (i)moralidade do trabalho sexual baseando-se na ausência de prazer e desejo

---

[280] Ver: LINO E SILVA, *Queer Sex Vignettes from a Brazilian Favela*, 7.

[281] PARK & BURGESS, *The City*. Ver também o capítulo 4.

[282] DAY, *The Re-emergence of 'Trafficking'*, 817-18.

[283] Para discussões sobre os desafios específicos do trabalho sexual *queer*, consulte: LAING et al., *Queer Sex Work*.

para os(as) trabalhadores(as): "Não há desejo ou satisfação por parte da prostituta. A prostituição não é uma troca mútua e prazerosa do uso de corpos, mas o uso unilateral do corpo de uma mulher por um homem em troca de dinheiro".[284]

Em vez de uma proibição absoluta, no entanto, alguns liberais tinham (e têm) feito campanha para dar liberdade às trabalhadoras do sexo, desde que se submetam aos regulamentos do Estado, que, em alguns países, como na Holanda, implicam pagamentos de impostos. Isso não quer dizer que todos os países concordem com a resolução holandesa, as legislações variam. No Brasil, o Código Penal, instituído em 1940 e ainda operacional enquanto escrevo, não criminaliza a prostituição em si. Desde pelo menos 1987, a ativista feminista e puta (ela preferia esse termo) Gabriela Leite promovia debates em torno da questão do trabalho sexual no país. Desde 2002, a prostituição é reconhecida como profissão oficial pelo Ministério do Trabalho. Em 2012, Leite ajudou a criar uma ONG, chamada Davida, a favor da prostituição.[285] A legislação vigente diz que o Estado brasileiro e seus representantes devem dar aos profissionais do sexo o mesmo tratamento que a outros trabalhadores. Deve ser ilegal prendê-los pelo exercício de sua profissão. De acordo com esses ideais de liberdade, como decidir se a prostituição deve ser concebida como uma forma de prazer, trabalho legítimo ou escravidão? Quem, afinal, seria o escravo contemporâneo?

Orlando Patterson, um sociólogo proeminente, aponta que a escravidão "é melhor entendida como uma forma de dominação pessoal, corporal, pelo proprietário de escravo ou seu agente, com base no exercício ou ameaça de violência física e psicológica".[286] Patterson também observa que uma segunda característica fundamental da escravidão é o desenraizamento e o isolamento sociocultural que ela causa aos escravizados. O autor fala de "alienação natal" e explica que, hoje em dia, "o mais próximo que temos de uma situação de alienação natal tradicional são as pessoas que são ilegalmente transportadas para países estrangeiros, onde temem buscar a proteção da

---

284 PATEMAN, *What's Wrong with Prostitution?*, 57.

285 Gabriela Leite faleceu em 2013. Para uma biografia completa, ver: LEITE, *Filha, Mãe, Avó e Puta*.

286 PATTERSON, *Trafficking, Gender, and Slavery*, 323. Ver também PATTERSON, *Slavery and Social Death*.

lei e das autoridades estatais e terminam isoladas de laços familiares e sociais".[287] Se buscássemos uma definição legal de escravidão, de acordo com o Estado de Direito brasileiro, o artigo 149 do Código Penal estabelece:

> Reduzir alguém a condição análoga à de escravo, quer submetendo-o a trabalhos forçados ou a jornada exaustiva, quer sujeitando-o a condições degradantes de trabalho, quer restringindo, por qualquer meio, sua locomoção em razão de dívida contraída com o empregador ou preposto.[288]

Para complicar o debate sobre escravidão e trabalho sexual, com base em pesquisas de campo sobre o tráfico de pessoas entre Brasil e Espanha, Adriana Piscitelli argumenta que aqueles em situação de tráfico interpretam e incorporam noções de direito que não coincidem necessariamente com definições legais do crime de tráfico de pessoas. Ela acrescenta: "ao mesmo tempo, observei que casos tipificados como tráfico de pessoas nem sempre se remetem a violações dos direitos humanos".[289] Às vezes, os liberais normativos incorporam o trabalho sexual como mais uma forma de trabalho livre, individualidade, liberdade de escolha — em defesa de um livre mercado. Em outros momentos, a prostituição aparece como indefensável, e emerge como aquilo que o liberalismo deve purgar, como o oposto da liberdade: a escravidão. E, no entanto, como Piscitelli nos lembra, as profissionais do sexo, mesmo aquelas que participam em esquemas de tráfico humano, podem ter uma compreensão diferente dessa situação.

A natureza exata da transação no trabalho sexual é um dos pontos mais complicados do debate liberal. Algumas feministas lutam para distinguir entre trabalho sexual forçado e não forçado. O que exatamente estaria à venda no trabalho sexual? Se a transação implica que os corpos são disponibilizados para compra no mercado, o trabalho sexual não poderia ser considerado uma forma contempo-

---

287 PATTERSON, *Trafficking, Gender, and Slavery*, 324.

288 Código Penal Brasileiro (1940, com redação dada em 2003).

289 Nem todas as formas de violência podem ser classificadas como "violações de direitos humanos". Ver PISCITELLI, *Entre as 'Máfias' e a 'Ajuda,'*, 58.

rânea de escravidão, um comércio de carne humana? Ou o trabalho sexual poderia ser melhor entendido como uma forma de transação de serviço? Pateman, discutida na introdução deste livro por suas reflexões seminais em *The Sexual Contract*, argumenta que no liberalismo (normativo), as trocas sexuais são reguladas por meio de variações do que poderia ser considerado uma forma de "contrato social". Uma versão derivada desse contrato seria a dimensão evidente do acesso masculino aos corpos femininos por meio do contrato de casamento. No caso do trabalho sexual, no entanto, a autora explica:

> Os contratualistas argumentam que uma prostituta cede, por contrato, uma forma específica de força de trabalho, por um determinado período, em troca de dinheiro. Existe uma troca livre entre prostituta e cliente, e o contrato de prostituição é exatamente como — ou é um exemplo de — um contrato de trabalho. Do ponto de vista do contrato, a prostituta é dona de uma propriedade em sua própria pessoa e aluga parte dessa propriedade no mercado.[290]

Do ponto de vista dos grupos minoritários, no entanto, a situação não parece a mesma. Para moradores de favelas engajados em trabalho sexual (*batalhando*), por exemplo, a lei do asfalto e outras instituições do Estado-nação não protegiam adequadamente seus direitos como cidadãos brasileiros. A polícia abusava regularmente de travestis no asfalto.[291] A maioria das prostitutas da Rocinha temia ou desprezava a polícia, algumas tendo que pagar uma parte de seus lucros para poder trabalhar livre de assédio. Quando os pagamentos não eram feitos diretamente para a força policial, o dinheiro poderia ser canalizado por meio de cafetinas locais (algumas travestis) para as mãos dos *alibã* (a polícia). Esses eram considerados pagamentos para a prestação de "segurança".

De acordo com os ideais do contrato social, a proteção dos cidadãos deveria ser uma obrigação do Estado. Portanto, a necessidade desses pagamentos "extras" implicava que, primeiro, as trabalhadoras

---

290 PATEMAN, *What's Wrong with Prostitution?*, 54.

291 Algo também observado por KULICK, *Travesti*.

do sexo não eram totalmente reconhecidas como cidadãs do Estado brasileiro; segundo, não operavam em um livre mercado justo; e, finalmente, a lei do asfalto era frequentemente manipulada pela polícia para incriminar travestis. Essa última prática era corriqueira com outras minorias brasileiras também, particularmente crianças de rua, pessoas negras e outros moradores de favelas em geral. Embora as travestis não pudessem ser criminalizadas pelo "trabalho sexual" em si, se assim desejasse, a polícia poderia forjar outras acusações para incriminá-las oficialmente. Dentro do esquema normativo liberal, no entanto, cafetões e cafetinas eram os que poderiam ser acusados de violar as leis ao promover "atos obscenos em público".[292] Contraditoriamente, essas mesmas pessoas eram as que recebiam mais proteção. Cafetões e cafetinas tinham o dinheiro, as conexões e a influência política necessários para subornar a força policial, trocando dinheiro pela proteção do Estado.

## HIERARQUIAS *QUEER* GLOBAIS

Natasha me disse que a família dela era contra a prostituição. Além das considerações morais ligadas à sexualidade, na perspectiva (minoritária) do liberalismo campesino, a mãe de Natasha afirmava, ainda, que uma pessoa não deveria vender seu corpo, nem mesmo seus serviços, como se fossem mercadorias.[293] Esse era o ponto de vista de Dona Rosário. Era uma visão diferente daquela do liberalismo normativo. De fato, o liberalismo campesino parecia fazer oposição tanto às forças estatais como às de mercado. A atitude de Dona Rosário, contudo, não deveria ser simplesmente descartada porque existem outros entendimentos liberais mais consolidados. Considerações morais desse tipo trazem implicações importantes para as escolhas de vida dos moradores das favelas.

O que tenho apresentado enquanto um liberalismo *queer* na favela também é especialmente relevante para o debate sobre o comércio de sexo por dinheiro. Dado o foco nas experiências corporais, a prostituição parece criar oportunidades para encontros radicais e

[292] Artigo 233 do Código Penal Brasileiro.

[293] Ver capítulo 3.

inesperados (como Giulia tinha afirmado acima). Além disso, derivei de minhas conversas sobre a Travessa Liberdade que a existência de uma heterotopia liberal na Rocinha permitiria um modo alternativo de liberdade para o trabalho sexual.[294] Todas essas *assemblages* de liberalismos normativos e minoritários se encontram, com diferentes intensidades, nas experiências de minhas amigas travestis da Rocinha.

Era final de outubro de 2009. O dia estava chegando ao final e escurecia lá fora. Enquanto fazia compras no supermercado, conversei com Auro sobre um novo membro do PAFYC. Mais uma vez, o matemático parecia estar chateado com o pessoal do Bonde das Novinhas. Ele disse:

— Prefiro não falar sobre esse assunto. Não tenho respeito por essas pessoas! Elas são as mais baixas das mais baixas de todas. Você sabe como eu chamo elas? Bichas pão com ovo! Elas não estão nem no nível das bichas Coca-Cola...[295]

Hierarquias claramente existiam entre os meus amigos LGBTQ na Rocinha. Depois de sair do supermercado, perto do beco de casa, Auro e eu paramos em uma esquina antes de nos separarmos. Ele tirou um frasco de perfume da mochila e o borrifou sobre si.

— Quero estar perfumada indo para casa! E se um gostoso cruzar o meu caminho? — ele sorriu.

— Que cheiro bom! — comentei.

— É europeu... Tenho muitas amigas morando na Europa! — disse.

— Sério? — exclamei.

— Sim! Veja só, essas são as travestis que eu respeito, as que dão duro na Europa, entende? Eu sei que elas também sofrem. Não existe paraíso. Esses europeus são tudo racista! Mas pelo menos minhas amigas estão fazendo algo da vida. O que essas pessoas do PAFYC fazem?

---

294 Ver capítulo 2.

295 "Pão com ovo" é um lanche barato e um pouco sem graça vendido nas padarias. Talvez por analogia, as bichas de status mais baixo da favela eram chamadas de "bichas pão com ovo", fáceis de obter e sem grande *status*. Já a "Coca-Cola" também era fácil de encontrar, mas tinha um pouco mais de prestígio do que o pão com ovo.

Perguntei se Auro estava se referindo a trabalho sexual na Europa.

— Sim, a maioria delas são prostitutas na Itália agora. Algumas foram pra Espanha, França e até pra Suíça. Depende de como as coisas rolam por lá! — ele respondeu.

— E elas ganham um bom dinheiro? — continuei a conversa.

— Sim! Elas têm que ganhar dinheiro, bicha. Se não ganharem, estão em apuros! Elas batalham pra pagar as dívidas. Porque querem ter o passaporte de volta, querido! Querem a *liberdade* de volta — afirmou.

Estávamos bloqueando o beco, alguém reclamou. Auro recebeu um telefonema e teve que ir para casa. Ele se afastou, deixando perguntas sem resposta e um rastro de perfume importado para trás. Fui para a minha casa, intrigado, determinado a descobrir mais sobre o caso dessas travestis da Rocinha que trabalhavam na Europa em circunstâncias, no mínimo, complicadas.

Quando Auro percebeu que eu estava especialmente interessado nessa questão, talvez interessado até demais, ele começou a reter informações. Em um dado momento, passei a suspeitar que Auro pudesse estar envolvido no que, pelo pouco que eu ainda sabia, parecia ser um esquema de tráfico de pessoas. Ele não estava. Com o tempo, consegui compreender melhor a história. Os cafetões abordavam as travestis mais "promissoras" da favela e ofereciam dinheiro para "melhorar" a aparência delas, por meio de cirurgia plástica, implantes de silicone, trabalho odontológico e tudo mais que os "agentes" considerassem necessário para uma carreira de sucesso. Quando seus corpos estavam "prontos", os cafetões então financiavam a viagem delas para a Europa. Se nada desse errado, e as travestis conseguissem chegar ao seu destino, um "gerente" diferente (outro cafetão) estaria esperando por elas no aeroporto, geralmente, em Milão ou Roma.

Uma das primeiras coisas que esses cafetões (e cafetinas) na Europa faziam era confiscar os passaportes das travestis migrantes e outros documentos de identificação. A única maneira de recuperá-los era trabalhando na rua, trocando sexo por dinheiro, até que pudessem pagar todas as dívidas, mais juros e os custos adicionais de passagens aéreas, aluguel, comida e roupas que faziam parte do pacote de "empréstimos" para a viagem e a vida na Europa. Quando as travestis conseguissem pagar todo o dinheiro de volta (se conseguissem), o valor final devolvido seria muitas e muitas vezes superior ao que os "gerentes" emprestaram inicialmente. Se não pudessem pagar as dívidas, ficariam à mercê dos cafetões, que tinham conexões tanto no Brasil quanto na Itália (possivelmente com a máfia local) para viabilizar que essas migrantes sem documentos trabalhassem na Europa. No entanto, o esquema de corrupção não era perfeito, e até mesmo a mais obediente das travestis vivia com o medo (e a ameaça real) de deportação.

## SHELLY

Lembrei que Natasha havia me contado, anteriormente, que sua amiga Shelly oferecera dinheiro para ela, para fazer cirurgia plástica e profissionalizar-se na prostituição, mas que Natasha não havia aceitado. Talvez houvesse mais naquela história do que eu consegui entender a princípio? Decidi seguir essa pista também. Certa noite, peguei um ônibus com Natasha da Rocinha para um bairro suburbano do Rio de Janeiro, Madureira. Era mais de meia-noite, e a maioria dos meus vizinhos pediam-me para não ir àquela parte da cidade tão tarde da noite, mas me sentia seguro com Natasha. Vavá, Bira e Nivaldo também se juntariam a nós para a noitada. Eles prometeram me apresentar à Boate Papa G. No ônibus, encontrei uma maneira de perguntar mais sobre Shelly e o esquema de prostituição que ela administrava.

— Do que você está falando? Shelly é minha amiga. Ela me ajudou muito no passado. Você não sabe como são essas bichas da Rocinha, xingando a gente de matesca e de tudo quanto é nome? Então, Shelly não é assim. Ela gosta de mim. E temos que respeitá-la! Shelly é uma das travestis mais antigas da Rocinha — Natasha ficou um pouco irritada comigo.

Em seguida, contou-me que Shelly trabalhava no Beco 11, um beco escuro e cheio de botecos degradados, que ligava a grande lixeira localizada no final da Rua do Valão ao Largo do Boiadeiro. Shelly tinha uma casa lá naquele beco e alugava quartos para atividades sexuais.

— Ela cobra por hora! Imagine o dinheiro, bicha! — afirmou e, em seguida, explicou: — Mas Shelly é bem conectada porque é uma boa pessoa. Todo mundo gosta dela.

Natasha continuou a me contar que ela havia trabalhado com Shelly no passado, e que conhecia o marido dela também.

— Eles acabaram de adotar um bebê, há alguns meses! Essa é a Shelly.

— E o dinheiro que ela te ofereceu para se tornar uma prostituta profissional? — questionei Natasha.

— O que que tem? Ela tem dinheiro, eu te disse. E se eu tivesse pegado, eu pagaria de volta! Shelly gosta de mim e acha que eu tenho potencial. Ela se ofereceu para me ajudar, só isso! — Natasha respondeu.

— Ela seria sua cafetina? — persisti.

— Eu teria que levar essa coisa de fazer pista no asfalto mais a sério. Ela ia me ajudar a ter mais clientes e ia conversar com alguns amigos pra encontrar um local melhor pra eu trabalhar. Já te disse, a Shelly conhece muita gente! — Natasha não havia respondido da maneira que eu esperava.

— E você disse não? — confirmei.

— Primeiro, eu disse sim! Aí mudei de ideia. Então, Shelly me disse que com os peitos grandes eu poderia até ir pra Europa! Ôxe, imagina... Sou tão gata assim? Imagine meus peitões! — Natasha riu alto e colocou as mãos contra o próprio busto, simulando seios enormes.

— Europa! Shelly queria mandar você para a Europa? — estávamos finalmente chegando à questão que eu investigava.

— Não a própria Shelly! Ela me colocaria em contato com outras pessoas... Mas eu disse que não. Já te falei várias vezes que disse não! Por que você tá tão estranho com isso? — Natasha perguntou desconfiada.

— É pra minha pesquisa. Lembra? Estou escrevendo sobre essas coisas. Trabalho, sexo, liberdade... — respondi.

— Liberdade? Ah, sim! Imagina eu na Europa? Viajando em um aviãozão. Divando na Itália! — ela ficou animada com o pensamento e começou a gritar: — *Ciao, bello*? Totalmente liberada!

Eu ri. Não estava pensando em liberdade no mesmo sentido que ela, mas logo percebi que viajar para a Europa para trabalhar no mercado do sexo tinha implicações que minhas próprias ideias de liberalismo ainda não conseguiam conceber. A atração pela Europa nos projetos de vida dessas travestis não era necessariamente a busca de um estilo de vida eurocêntrico, baseado na obtenção de "direitos". Na verdade, respondia à discriminação heteronormativa e um mercado de trabalho limitado para travestis no Brasil. Trabalhar na Europa também era uma tática para alcançar formas de liberdade que importavam para meus amigos LGBTQ na favela: a liberdade de transformar seus corpos como desejassem, de experimentar as aventuras que imaginavam, de trepar com os homens que sonhavam e, como veremos, também a possibilidade de fomentar as relações que mais importavam para elas, especialmente, as relações de parentesco.

## PREFERÊNCIA PELA RUA

Natasha e sua turma, incluindo eu, descemos do ônibus em Madureira e caminhamos até a Papa G. Tinha bastante gente em frente à boate. As pessoas vendiam bebidas em carrinhos, fumavam e falavam alto. Muitos carros estavam estacionados com as portas abertas, com o ritmo do funk bombando. Travestis desfilavam, fazendo da rua uma passarela. Outras estavam dançando — seus quadris se movendo ao ritmo da batida. Fiquei um pouco tonto com toda essa efervescência e olhei para a escuridão do céu por alguns segundos. Em vez de descanso, meus olhos encontraram um gigantesco *outdoor* colorido posicionado acima da entrada da boate. Em letras garrafais, dizia: "PAPA G: PRA QUEM CURTE LIBERDADE, SENSUALIDADE E TUDO MAIS". Pareceu-me que a mensagem se referia à liberdade da sensualidade, do sexo e de todos os prazeres que escapam às palavras. O anúncio no *outdoor* lembrou-me que também havia um mercado produtor e consumidor de "libertinagem". Havia pessoas lucrando com a "liberdade, sensualidade e tudo mais!" Sempre existiram elites econômicas explorando o comércio de álcool, drogas, sexo e entretenimento, para produzir lucro. Quais os efeitos dessa mercantilização do libertinismo para os meus amigos da favela?

— Vamos entrar? — perguntei ao grupo da Rocinha.

O *outdoor* tinha me deixado curioso para ver a boate por dentro.

— Entrar onde? Já estamos aqui! — Nivaldo respondeu.

— Dentro da Papa G, ora! — respondi, confuso.

— Você quer ir pra dentro da boate? A gente prefere ficar na rua mesmo. É muito mais divertido! Confia em mim — Nivaldo me surpreendeu.

Natasha acrescentou:

— De jeito nenhum que eu vou entrar! É chato e caro. E eles só querem as bichas-boy lá dentro. Vamos ficar aqui!

A festa era na rua. Não havia necessidade de pagar a taxa de entrada. Não precisávamos nos sujeitar à seleção da portaria. Havia álcool mais barato, música grátis e muitas bichas na rua. Ficamos do lado de fora mesmo.

Natasha acenou para uma amiga do outro lado da pista. Cruzamos a Travessa Almerinda Freitas para nos juntarmos a ela, reunidos em frente a uma porta azul escura, número 39. Cerca de cinco minutos depois, Natasha anunciou que queria dar uma volta no quarteirão.

— Claro, vamos! — concordei.

— Eu vou, bicha... Você vai ficar aqui! Eu só vou ali na esquina procurar um lugar pra mijar — ela riu e nos deixou.

— Essa bicha tá tramando alguma coisa... — Bira observou.

Vavá e Nivaldo estavam ocupados comprando bebidas de um carrinho de rua que vendia caipirinha de limão, com muito gelo e bastante açúcar. Enquanto isso, comecei a conversar com a amiga da Natasha. Ela usava uma peruca loira, cílios de plástico e um vestido prateado.

— De onde você conhece a Natasha? Você mora na Rocinha? — indaguei.

— Rocinha? Não, eu não. A primeira vez que conheci a Nat foi na Lapa, eu acho! — ela me contou.

— Você também gosta da Lapa? — perguntei.

— Eu costumava fazer programa na Lapa. Mas parei por um tempo. É a primeira vez que saio de casa depois de um século! — ela revelou.

— Por quê? O que houve? — Vavá perguntou, entrando na conversa.

— Ai, bicha! Não sei... não tava me sentindo muito bem! — minha nova conhecida retrucou.

— Amiga, pode dizer o que é... Não me diga que você pegou a *Freddy*? — Vavá disse sem rodeios.[296]

Vavá riu. Eu sabia que *Freddy* era uma das palavras do pajubá para o HIV, e preocupei-me.

— *Freddy*? Eu? Não... É complicado, bicha! Estou recebendo ajuda psicológica... — ela disse, com a voz retraída.

— O que é, mulher? — Vavá insistiu.

— Afff... quero fazer a cirurgia de troca de sexo — confessou ela.

Todos nós ficamos quietos por um tempo.

— Mesmo? Sabe que eu acho isso legal? — disse Bira.

— E eu acho que você é louca! Você é uma travesti, não é uma mulher! — Vavá continuou a dizer o que queria.

— Louca? — questionei Vavá.

— Eu não sou louca, Vavá! Os psicólogos do SUS me disseram que eu não estou maluca. Eu sou normal. Só não sou um homem. Eu sou uma mulher! — a amiga de Natasha afirmou.

Eu sabia que o SUS (Sistema Único de Saúde) havia começado a oferecer atendimento às pessoas trans no Brasil.

A reação de Vavá, no entanto, foi rir em voz alta.

— Você realmente vai fazer essa cirurgia? — ele perguntou a ela.

— Um dia, espero! Não posso pagar cirurgia particular. E tem uma longa lista de espera no SUS... Talvez eles me liguem um dia e meu sonho se torne realidade.[297]

Naquele exato momento, um velho Fiat Uno preto passou lentamente pela rua movimentada, dispersando a multidão. O motorista não olhou para nós. Do lado do passageiro, Natasha colocou metade do corpo pela janela do carro e gritou:

— Não esperem por mim!

Bira riu alto.

— Eu não falei que ela estava tramando alguma?!? Não se preocupe, Moisés. Fica com a gente e voltamos juntos pra Rocinha, tá bem? E eu conheço esse carro! Já fiquei com esse cara... É um cliente dela — Bira disse, ainda rindo.

---

[296] Uma das explicações que ouvi de meus amigos na Rocinha foi que o termo *Freddy* se referia a Freddy Krueger, um personagem fictício serial killer que aparece em filmes como *A Hora do Pesadelo* (1984).

[297] Sobre as complexidades desse assunto no Brasil, ver: FRANKLIN, *Surgical Subjects and the Right to Transgender Health in Brazil.*

## DA ROCINHA PARA ROMA

Alguns meses se passaram sem que eu descobrisse qualquer informação significativa sobre o suposto esquema de tráfico de pessoas na Rocinha. Percebi que Auro gostava de exagerar — nas histórias, nas expressões faciais e até mesmo no perfume. Talvez ele tentasse me divertir? Desisti de fazer perguntas muito diretas sobre o tema. Auro evitava o assunto também. Quando perguntava a outras pessoas sobre o esquema, quase todo mundo dizia que não tinha ideia do que eu estava falando. Natasha foi a única que me ofereceu mais informações, contudo, ao final, as pistas pareciam ser inconclusivas. Será que eu deveria falar com a Shelly? Eu estava com receio, não sabia como ela iria reagir ao saber que eu queria pesquisar algo que poderia prejudicá-la.

Foi só quando encontrei o melhor amigo de Auro que voltei à trilha certa. Marcus havia convidado Auro e a mim para tomarmos um chá na casa que ele alugava na parte um pouco mais elevada da favela. Quando entramos, tocava uma música alta. Ouvindo a letra, pude identificar o nome de Iemanjá. Era a voz da cantora Maria Bethânia, baiana, iniciada no candomblé. Bethânia era uma das favoritas de Marcus.

— Este chá veio de Londres, amigo! Essa é a vantagem de trabalhar no aeroporto. Se os clientes gostam de você, te dão todos os tipos de presentes! — Marcus contou e complementou: — Aliás, Auro, consegui fazer reserva pra minha próxima viagem à Europa!

— Bicha! Uau, que bom pra senhora. Pra onde você vai dessa vez? — Auro perguntou a ele.

— Londres — Marcus respondeu.

— Londres? Outra vez? — Auro questionou.

— Bem, você sabe que a companhia aérea tem uma rota direta pra Londres, né? Ficou mais fácil pra conseguir uma passagem nesse voo. De Londres, posso ir pra outro lugar. Talvez Roma ou Milão, pra visitar as meninas? — Marcus explicou.

— Ah! As travestis na Itália? Leva o Moisés com você. Ele está bem curioso sobre elas! — Auro gargalhou.

Eu me senti um pouco exposto.

— Nem tenho certeza se as meninas ainda estão lá. Não falo com elas há um tempo! — Marcus retrucou e continuou: — E o Mattatoio, em Roma? Eu fui lá uma vez. Lembra que te contei, Auro? Elas estavam todas lá, trabalhando na rua em pleno inverno. Os casacos de couro! Aqueles lindos sapatos italianos... Tão elegantes. Você está me dando uma boa ideia. Vou voltar lá um dia!

Decidi não dizer nada naquele momento. No entanto, registrei o nome do local de prostituição em Roma — Mattatoio. Eu estava tão preocupado que os moradores da favela estivessem sendo escravizados na Europa, que achava bem difícil aceitar a possibilidade de a Itália figurar também como um território de sonhos e conquistas para as trabalhadoras sexuais. Foi então que lembrei da etnografia de Don Kulick com travestis no Brasil, que fazia as seguintes considerações:

> As travestis não se prostituem apenas nas ruas de Salvador e de outras cidades brasileiras. Muitas delas deixam o país para viver um período na Europa, notadamente na Itália, trabalhando como prostitutas. A Itália está para as travestis como o El Dorado estava para os conquistadores espanhóis do Novo Mundo. É a terra de fabulosas riquezas, é o destino almejado por viajantes que desejam fazer fortuna e retornar à terra natal com dinheiro suficiente para realizar seus sonhos.[298]

As evidências etnográficas que encontrei na Rocinha referiam-se a uma forma legítima de migração ou a um esquema de tráfico de pessoas? Essas questões pareciam estar entrelaçadas a diferentes posições liberais possíveis. Decidi que, em vez de buscar uma resolução fácil para as minhas dúvidas, precisava conhecer melhor as experiências vividas relacionadas ao debate. Apoiar o trabalho sexual como uma forma legítima de trabalho em um mercado livre ou renunciá-lo como uma forma de escravidão *a priori* parecia uma falsa dicotomia. Em vez disso, optei por outra rota. Em 9 de setembro de 2010, às 17h45, no voo BA 0556, pousei em Roma com a esperança de encontrar uma perspectiva mais fundamentada sobre o assunto.

---

[298] KULICK, *Travesti*, 180.

## O MATTATOIO

Cheguei na Itália sem um plano definido, além de conversar com travestis brasileiras trabalhando nas ruas de Roma. Na verdade, o que queria era encontrar migrantes da Rocinha, em parte como uma forma de reconexão com a favela. Em meados de 2010, eu havia concluído o período principal do trabalho de campo morando no Rio de Janeiro. Deixei minha casa na Favela da Rocinha para morar novamente em St Andrews, na Escócia, e concluir meu doutorado. No entanto, a transição ao fim do trabalho de campo não foi fácil. Eu estava apegado às pessoas e a tudo que vivi na favela. Mantinha contato regular com amigos por telefone, e-mail e outros meios, mas não era o suficiente. A questão da escravidão em Roma havia deixado marcas em mim; era um problema em aberto que não me deixava desconectar do trabalho de campo. Como estava morando temporariamente na Europa, não foi muito difícil encontrar uma oportunidade para reunir as peças que juntei no Rio de Janeiro e tentar montá-las em Roma. Era a minha segunda vez na capital italiana. Não conhecia bem a cidade e certamente não conhecia muito da língua italiana — apesar da raiz latina compartilhada com o português. Felizmente, eu tinha amigos trabalhando para o Ministério das Relações Exteriores do Brasil (MRE) em Roma. E eu tinha o nome do lugar onde as profissionais do sexo brasileiras supostamente trabalhavam na capital italiana: o Mattatoio.

Depois de me instalar no quarto que aluguei em um hotel barato, entrei em contato com meus amigos na Embaixada do Brasil e agendei um encontro com eles na Piazza Navona, ao final do expediente de trabalho. Durante um jantar no início do outono, contei-lhes o que me levava a visitar Roma.

— O quê? Travestis? Sério? — um deles questionou, surpreso com a minha preocupação sobre o tema.

— Precisamos descobrir o que está acontecendo! — respondi.

— Desculpe, a prostituição não é uma das minhas responsabilidades na embaixada — ele respondeu solene.

— Mas pode haver um esquema de tráfico de pessoas entre o Brasil e a Itália. É um assunto muito sério! A embaixada brasileira não deveria estar preocupada? — perguntei.

— Claro, mas não é meu trabalho investigar isso. As travestis deveriam entrar em contato com a embaixada, se precisarem. Melhor do que sairmos por aí atrás delas? — ponderou.

— A questão é que, se estão realmente trabalhando sob um esquema de escravidão, como poderiam procurar por ajuda? Provavelmente, estão sob o controle de grupos poderosos, a máfia italiana, quem sabe? — respondi.

— Exatamente! Há muitas incógnitas. E se você suspeitar que este é um esquema criminoso sério, aconselho você a ficar fora disso. A máfia italiana não é brincadeira! Tente se proteger — ele me avisou.

Voltei para o meu quarto de hotel para digerir aquela conversa. Passei o resto da noite procurando informações sobre o Mattatoio e planejei ir lá no dia seguinte. O endereço que encontrei na internet era bastante central em Roma: Piazza Orazio Giustiniani. Eu também percebi que *mattatoio* traduz-se do italiano literalmente como "matadouro". Seria aquela apenas uma infeliz coincidência? Talvez a referência do matadouro (Mattatoio) que eu havia escutado na Rocinha fosse algum tipo de piada que eu não entendi naquela época? Mas, pensei, pelo menos um lugar chamado Mattatoio existia em Roma. Eu o tinha encontrado no mapa. Planejei minha rota e fui para a cama, decidido a visitar a área no dia seguinte.

Na noite do outro dia, quando cheguei ao local, por volta das 21h, o Mattatoio estava fechado. Esperei e andei pela área, perguntando-me se estava no lugar errado. Ou talvez fosse muito cedo para as prostitutas saírem às ruas de Roma? Peguei meu telefone e percebi que o Mattatoio onde estava era, na verdade, o antigo matadouro de Roma. Agora, aquela estrutura funcionava como uma espécie de centro cultural gentrificado. O matadouro de verdade havia sido transferido para a periferia da cidade. Esperei mais um pouco por lá e voltei para o hotel. Decidi tentar a sorte em italiano, aventurando-me em uma pesquisa na internet usando as palavras *mattatoio* e *prostituzione*. Os resultados me levaram a um local chamado Centro Carni, e encontrei um artigo no *Guardian*, datado de 20 de novembro de 2009, sobre o assassinato de uma travesti brasileira:

> A polícia italiana está investigando o assassinato de uma transexual brasileira envolvida em um escândalo de drogas e

> prostituição que forçou a renúncia de um dos principais políticos da Itália no mês passado. O cadáver da vítima — conhecida apenas como Brenda — foi encontrado incrustado de fuligem esta manhã, após um incêndio no porão de seu apartamento. Ela era uma das duas prostitutas envolvidas em um caso de chantagem a Piero Marrazzo, o ex-governador do Lácio, região ao redor de Roma. Figura de destaque na oposição de centro-esquerda ao governo de Silvio Berlusconi, descobriu-se que Marrazzo foi chantageado por quatro membros do grupo paramilitar da *carabinieri*, que o filmaram enquanto ele fazia sexo e cheirava cocaína com uma das transexuais. Ele renunciou e fugiu para um mosteiro perto de Roma.[299]

O local encontrado em minha última pesquisa ficava a mais de uma hora do meu hotel. Eu não teria condições de pagar uma corrida de táxi até lá, e o local não era de fácil acesso usando o transporte público; teria que fazer duas conexões por ônibus. Além disso, não havia nenhuma garantia de que eu realmente estivesse no caminho certo. Independentemente disso, saí por volta das 18h no dia seguinte, na esperança de chegar ao Centro Carni antes que ficasse tarde demais. No momento em que entrei no ônibus, no entanto, fui tomado pelo medo. Percebi que estava sozinho em uma grande cidade desconhecida, na escuridão, tentando investigar um esquema internacional de tráfico de pessoas, que poderia incluir cafetões cruéis, escravizadas sexuais, a poderosa máfia italiana e até políticos corruptos. Tudo o que tinha em mãos era o dinheiro para o ônibus, uma captura de tela de um mapa de Roma salvo no meu telefone e algumas palavras em italiano escritas no meu caderno de bolso. Eu me preocupava que aquela situação pudesse sair do controle e, pior ainda, criar problemas desnecessários para as travestis. Antes de deixar o hotel, tinha ligado para os meus amigos na embaixada novamente, para perguntar mais sobre o local. Eles disseram que nunca tinham ouvido falar do Centro Carni e aconselharam-me, fortemente, a não tentar encontrá-lo sozinho.

---

299 HOOPER, *Brazilian Prostitute in Italian Political Scandal Found Murdered*. Guardian, 20/11/2009,<https://www.theguardian.com/world/2009/nov/20/transsexual-murder-brenda-piero-marrazzo>

No terceiro ônibus da noite, pensei em Natasha, KB7 e Auro. Senti falta deles. Eu disse a mim mesmo que se Marcus havia visitado esse tal lugar, então, também seria possível para mim fazê-lo. Desci em uma parada que presumi ser perto do matadouro. Aproximei de uma italiana mais velha e pedi instruções em italiano mal falado:

— *Dove Mattatoio?*

Ela olhou para mim e disse algo que não entendi. Com as mãos, ela indicou que eu deveria voltar para o ônibus. Segui as instruções dela e entrei de novo pela porta que estava a ponto de fechar-se. Tentei pedir ajuda ao motorista do ônibus, que parecia indicar que eu deveria esperar mais e permanecer no veículo. A viagem era ainda mais longa do que eu antecipei. Será que estava perdido? Do nada, o motorista parou o ônibus. Ele fez um sinal de que eu deveria sair. Estava muito escuro lá fora. Desci e vi o ônibus se afastar, as luzes vermelhas sumindo na escuridão.

Respirei fundo e olhei ao redor. Perdido. Quando os meus olhos se ajustaram, notei a figura de uma travesti loira, segurando uma bolsa de mão, parada na calçada perto do ponto de ônibus. Ela estava encostada à uma parede e sorria para mim. Aproximei-me dela, quase em desespero, e disse abruptamente:

— *Ciao*! *Brasiliana*? [Oi! Brasileira?]

Ela respondeu, desapontada:

— *Non*!

Continuei balbuciando coisas, supostamente, em italiano:

— *Dove brasiliana*? [Onde brasileira?]

Ela virou-se de costas para mim e apontou para um lugar que parecia um vasto estacionamento, sem iluminação alguma.

— *Continua a camminare*! [Segue caminhando!] — disse.

Agradeci a ela e lentamente continuei em frente. Não conseguia nem ver onde pisava. Naquele momento, comecei a notar faróis de carros, distantes, no horizonte. Depois de alguns minutos caminhando, meu medo tornou-se pura adrenalina. Uma figura fantasmagórica apareceu à distância. Um carro que passara lentamente, havia projetado um pouco de luz no que parecia ser uma pessoa: cabelo preto, vestido preto e pele negra. Seria ela uma das travestis escravizadas que estavam me assombrando durante todo esse tempo? O carro foi embora e a escuridão prevaleceu novamente.

— *Brasiliana?* — perguntei, ainda à distância.

— *Sì*! — Ouvi uma voz longínqua responder.

Continuei a me aproximar.

— *Da dove*? (De onde é?) — perguntei, instintivamente, cheio de alegria.

— Rio de Janeiro — disse ela.

— Rocinha? — perguntei, já em frente a ela, nem mesmo considerando a remota probabilidade de ela ser de lá.

— Como você sabe? — ela respondeu em português, e abriu um sorriso.

— Eu não sabia! — respondi, tão surpreso quanto ela.

A mulher, cujo nome, apropriadamente, era Angel, pegou-me pela mão e fez várias perguntas sobre a Rocinha. Quem eu conhecia na favela? Como fui parar em Roma?

— Shelly Sword? Você conhece a Shelly? — ela perguntou.

— Sim, eu conheço! Bem, não somos amigos, mas eu a conheço! — respondi.

— Ela é uma das mais próximas de mim na favela! Nascemos na mesma área da Rocinha, chamada Macega.[300] Você já ouviu falar? — ela perguntou, animadamente.

— Claro! Eu conheço a Macega! — respondi.

À medida que conversávamos, Angel introduzia mais palavras pajubá na conversa. Eu não me esquivei. Depois de todo o tempo que passei na Rocinha, meu conhecimento do "dialeto" havia melhorado muito. Angel parecia genuinamente feliz em me conhecer. Senti que tinha encontrado uma antiga amiga. Lembrei de ter escutado o nome Angel da boca de Auro ou Marcus — não tinha certeza. Mencionei os nomes deles para ela, e Angel os reconheceu. Depois de um tempo, lembrei da experiência com a KB7 na Praça do Ó e perguntei a Angel:

— Tudo bem pra você conversar agora, ou melhor deixar você trabalhar?

Ela respondeu:

— Por favor, fica! Ainda é cedo, e é tão bom encontrar alguém de casa!

---

300 A Macega era uma das áreas mais carentes da Rocinha.

Depois de falar um pouco sobre Rocinha, rindo e fofocando, passei a contar a ela que era antropólogo, pesquisando o liberalismo na Rocinha. Angel perdeu um pouco do entusiasmo:

— Quando te vi, pensei que você fosse um cliente. Mas um cliente sem carro em um estacionamento desses?!? Eu também notei que você era bicha. Aí você me falou da Rocinha. Eu pensei, o que essa bicha quer? Procurando trabalho? Agora você está dizendo que isso é uma pesquisa. É isso?

Contei a Angel sobre as amigas que deixei na Rocinha e todas as histórias que ouvi sobre travestis indo para a Europa a trabalho. Eu também falei para ela sobre a solidão que era a minha vida escrevendo uma tese na Escócia. Fiquei um pouco emocionado e disse:

— Eu tinha que vir aqui!

Angel amoleceu.

— Da próxima vez que eu ligar pro Brasil, vou contar pras bichas que você me visitou, viu? Vão ficar felizes em saber disso! Agora, o que exatamente você quer saber pra sua pesquisa? Vá em frente!

Ela terminou por me ajudar mais do que eu parecia ser capaz de ajudá-la. Angel confirmou o que eu tinha ouvido de Natasha. Ela mesma tinha tomado hormônios femininos por um tempo. Em seguida, começou a receber injeções de silicone líquido para aumentar suas coxas, mas não tinha dinheiro para pagar por uma cirurgiã plástica profissional.

— Então, comecei a pedir dinheiro emprestado a um amigo. Não peguei muito de uma vez! Não sou burra. Eu fiz o implante mais básico, sabe? Peito, bunda... E aí, viajei! Achei que minha dívida não era muito alta, mas foi difícil pagá-la. Na verdade, ainda estou pagando, porque pedi mais dinheiro emprestado recentemente para visitar a minha família no Brasil. Ah, e eu mudei o tamanho dos meus seios também! Olha para isso!!! — ela disse, abaixando o decote do vestido para me mostrar seus seios enormes. Continuou:

— Em seguida, vou consertar meus dentes! — e riu, apontando para um dente que estava faltando.

Um carro azul parou perto da gente. Angel o ignorou, mas eu disse a ela para não se preocupar comigo. Fiquei feliz por tê-la conhecido e não perderia seu contato. Ela foi conversar com o motorista por um tempo, mostrando primeiro o volume de seus seios e, depois, o tamanho do pênis. O motorista fechou a janela e foi embora, parando vários metros à frente para conversar com outra profissional do sexo.

— Ele não é sério, esse cara! Eu conheço o carro dele. Muitos homens simplesmente vêm ver nossas bundas, nossos peitos e nossos paus e depois vão embora! — explicou ela.

— Gostam de ver pau aqui também? Quanto maior, melhor? — perguntei.

— Você é sabido! Claro, quanto maior, melhor: peito, bumbum e pau! A maioria desses homens gosta é de pau mesmo. Peito é mais fácil de aumentar do que pau, né? Aliás, silicone líquido pode virar uma tragédia. Tem muita travesti que eu conheço que deformou totalmente o corpo! — ela me disse, rindo.

— Elas deformaram os corpos delas fazendo procedimento para agradar os clientes? — perguntei.

Ela rapidamente me corrigiu:

— O quê? Não, não é só pra agradar os clientes... É pra agradar a nós mesmas! Sempre quis ter o corpo que tenho hoje. Quando me olho no espelho, é como um sonho que virou realidade. Mas eu fiz tudo certo! Não sou deformada, sou linda, né? Você viu?

## SEXO E BELEZA

Em uma pesquisa sobre beleza, sexo e cirurgia plástica, Alexander Edmonds escreve que, para os brasileiros, "a beleza feminina muitas vezes surge como o signo principal da modernidade — como atração, ameaça moral ou mesmo libertação." O autor continua:

> A beleza pode ser vista em relação a contradições maiores na modernidade: entre novas liberdades e desejos desenfreados no capitalismo de consumo e as restrições à liberdade experimentadas por sujeitos 'liberados' à medida que são expostos aos perigos da troca generalizada.[301]

Edmonds enfatiza o poder da estética como uma forma de valor, que não pode ser facilmente incorporada a outros marcadores so-

---

301 EDMONDS, *Pretty Modern*, 30, 33.

ciais da diferença. De fato, no argumento dele, é exatamente por haver uma lacuna entre a estética e outras formas de classificação social que a beleza pode se tornar uma rota de ascensão social quando outras rotas mais formais de mobilidade são dificultadas. "Embora a beleza seja injusta, na medida em que parece ser 'concedida' até aos moralmente indignos, ela também pode empoderar aqueles excluídos de outros sistemas de privilégio, baseados em riqueza, pedigree ou educação".[302]

A declaração de Angel sobre a importância de sua própria beleza desafia a tentação de pensar a estética apenas como mercadoria, a ser embalada e vendida no mercado das profissionais do sexo. Era mais do que isso; o corpo feminino alcançado por meio da cirurgia plástica — mesmo custando algumas dívidas — não era apenas para o prazer do cliente. Esse corpo era, antes de tudo, uma questão de promover transformações que seriam libertadoras para as próprias travestis.

Claro, também seria possível argumentar que tais desejos são produzidos por uma exigência perversa de validação externa, combinada a uma baixa autoestima das travestis em primeiro lugar. Em vez de recorrer à psicologização, ou mesmo a uma crítica da "falsa consciência", escolho tomar a verdade de Angel como uma verdade. Para ela, o trabalho sexual era uma forma de vida que possibilitava um tipo específico de liberalismo *queer*: a conquista das liberdades necessárias para produzir as transformações corporais desejadas e, ao mesmo tempo, desfrutar de prazeres sexuais.

Quando outro carro interrompeu minha conversa com a Angel, ela falou mais sobre os prazeres de uma vida travesti na Itália:

— Bicha! Viu aquele ali? — ela perguntou.

— Não, não consigo ver muito bem — lamentei, porque as luzes dos faróis estavam me cegando.

— Azar o seu! Ele era *troppo bello* [muito bonito]. Me deixou molhadinha. Que gostoso! Isso é o perigo aqui... Esses homens italianos são muito *sexy*. No Brasil, não temos a sorte de encontrar um gostoso desses nem durante uma noite inteira de trabalho. Lá, os mais gatos só querem o nosso dinheiro! Aqui? Somos pagas pra ir pra cama com esses galãs! O que mais eu posso pedir? — ela disse, rindo.

---

302 EDMONDS, 20.

Angel queria que eu fosse testemunha da beleza de um cliente em potencial. Ir para a cama com homens que ela considerava extremamente gostosos fazia parte do prazer de trabalhar na Europa. Nesse sentido, a Itália também provia satisfação sexual. Angel tinha acesso a um prazer de ordem estética, o de ter os homens que desejava, "galãs" que valorizavam e adoravam as travestis. Em seu trabalho, Kulick chamou a atenção para essa forma particular de prazer *queer*:

> Por maior que seja sua importância, o dinheiro não conta toda a história da prostituição travesti. Quando temos oportunidade de acompanhar as conversas das travestis nas ruas é possível perceber que outra dimensão, além do dinheiro, vem à tona: o prazer. O trabalho como prostituta dá prazer às travestis. Elas gostam da atividade. A prostituição reforça sua autoestima e proporciona satisfação sexual.[303]

No entanto, também existiam perigos associados a esses clientes. Enquanto Angel falava, lembrei do que a antropóloga Erica Williams chamaria de "emaranhados ambíguos" de raça e sexualidade.[304] Alguns desses homens italianos tinham um outro entendimento sobre a natureza de suas relações com as travestis. Por exemplo, alguns deles certamente exotizavam os corpos delas, ainda mais quando eram corpos negros brasileiros, como o de Angel. Embora ela considerasse que muitos clientes eram fisicamente atrativos, havia outras questões delicadas que Angel também me revelou:

— Eu realmente não confio neles, mona! Eles são gatos e tudo, mas a maioria deles é perversa. Alguns são apenas estranhos, brutos. Mas, olha, eu sou uma vadia louca! Eu sou. Outro dia, entrei num carro, sabe? Era um cara *sexy*, que parecia árabe.[305] Ele me levou para um lugar por perto. Antes de querer começar a foder, ele cheirou algo [drogas] e me ofereceu um pouco. Ele disse que ia dividir comigo, de graça. Não sei o que ele cheirou nem o que me deu, só sei que desmaiei.

---

303 KULICK, *Travesti*, 196.

304 WILLIAMS, *Sex Tourism in Bahia*.

305 Talvez houvesse algum preconceito contra os árabes naquele contexto, que eu não entendi muito bem na época.

Seguia as palavras dela com a máxima atenção. Ela ficou em silêncio por um momento.

— Angel, e o que aconteceu? — não pude deixar de perguntar a ela.

Ela respirou fundo e continuou:

— Quando acordei, ele tinha me empurrado pra fora do carro. Me deixou pelada, no meio da rua! Eu não conseguia nem me levantar. Estava com os olhos abertos, mas totalmente fora de mim. De verdade! Quase morri naquele dia. Tenho certeza disso. Acho que ele tentou me matar de propósito — ela se emocionou, ficou em silêncio novamente e concluiu: — Mas vai saber o que aconteceu? As drogas aqui são muito fortes, diferentes do Brasil. Tenha cuidado!

A conversa estava fluindo como se eu conhecesse Angel anteriormente. Achei que era o momento adequado para perguntar diretamente sobre o tráfico de pessoas.

— E você tem uma cafetina aqui? Como funciona? Você pode voltar pro Brasil quando quiser? Ou fica sempre vigiada? — apressei-me, fazendo perguntas que idealmente demandariam mais tempo e intimidade.

Angel se recusou a responder em profundidade. Ainda assim, disse:

— Sim! Eu vou pro Brasil. E quando eu pagar minha dívida, volto pro Brasil de novo. Tem gerente, sim! Como todo emprego, né? Eu não uso essa palavra *cafetina*. Ela é minha amiga, mas tenho que ficar de olho nela também porque, de repente, minhas dívidas aumentam do nada! Mas sou livre pra ir quando pagar minhas dívidas.

Naquele momento, duvidei da liberdade de Angel. Eu não disse nada, mas era muito difícil para mim acreditar que, dada a situação narrada, fosse tão fácil se libertar daquele esquema. Mas como eu poderia saber mais do que Angel? Eu perguntei a ela:

— E por que você gostaria de ir embora?

Ela disse:

— Tô ficando velha e cansada dessa vida na Europa. Trabalhamos muito mais aqui do que no Brasil. Agora tá tudo bem, tá até quente. Mas, bicha! Imagina a gente a noite toda aqui durante o inverno? Ficamos doentes e tudo. E não posso ficar doente porque tenho que trabalhar, e aí?

Não consegui conter meu sentimento de compaixão. Talvez ela tenha notado algo, porque logo acrescentou:

— Mas é luxuoso também. Você precisava me ver, mona! Boto um casaco de pele bem pesadão, que comprei num brechó daqui. Adivinha o que eu faço? Eu coloco esse casaco e não visto nada por baixo. Quando os clientes param, eu simplesmente abro o casaco e mostro tudo o que eles querem ver! — ela gargalhou.

Insisti em perguntar mais sobre as condições de trabalho.

— Mas em termos de dinheiro, todo o dinheiro que você ganha vai para essa pessoa com quem você tem o empréstimo?

Ela respondeu:

— Não! O dinheiro todinho, não! Eu preciso de grana pra viver, tem minhas droguinhas e outras questões, sabe?

O uso de diferentes drogas era algo comum entre a maioria das minhas amigas travestis. Nesse sentido, Natasha era uma exceção. Na verdade, Natasha costumava julgar outras travestis nesse ponto.

— É melhor eu parar com essas malditas drogas, porque elas são caras! — Angel desabafou e continuou: — Além disso, no passado, ganhava muito mais dinheiro do que agora. Tem travesti demais na Itália hoje em dia! Quando cheguei aqui a primeira vez, ganhei tanto dinheiro que paguei a dívida todinha e ainda economizei um pouco pra comprar uma casa pra minha mãe na Rocinha! Bons tempos, mona... Paguei todas as minhas dívidas e voltei para o Rio!

Ouvi o que ela disse e pensei na Rocinha. Imaginei a felicidade da mãe dela, mesmo que não conhecesse a mulher. Como Kulick observou, ir para a Itália é muitas vezes uma tática que as travestis brasileiras usam para ajudá-las a realizar seus sonhos. Entre esses sonhos, observa ele, dar um lar às mães era uma das maiores prioridades.[306] Parabenizei a Angel, e ela comentou:

— Eu gostaria de ter ficado lá no Rio na época, mas troquei meus implantes de silicone e voltei. Por enquanto, estou aqui. Mas vou voltar pro Brasil assim que pagar o restante do empréstimo.

Tentei sondar um pouco mais:

— E onde você mora aqui? Você está com seu passaporte? Pode viajar se precisar?

Ela olhou para um carro se aproximando e me disse:

---

306 KULICK, *Travesti*, 178.

— Eu? Moro com outras bichas do Brasil. Não muito longe daqui, todas juntas. Tinha outras duas da Rocinha aqui, mas elas se mudaram pra Espanha. Falaram que as coisas estavam melhores por lá hoje em dia.

Eu continuei tentando:

— E o passaporte? — Angel não respondeu.

Ela não estava mais prestando atenção em mim. Estava seguindo os faróis de um veículo à distância. Era um carro preto, que parecia mover-se em círculos.

De repente, o tom de voz dela mudou, alertando:

— Bicha! Tá vendo aquele carro, ali? São os *carabinieri*, a polícia. Vê onde eles tão agora? Se começarem a dirigir muito pra cá, vamos ter que correr, viu?

Fiquei bastante assustado.

— Correr? Correr pra onde? — perguntei a ela.

— Tá vendo esse matagal aqui atrás? Vamos nos esconder lá. Eu te mostro, viu!

Imaginei a gente correndo e escondendo na escuridão. Pensei em meus amigos na Embaixada do Brasil e em todas as advertências que me deram.

— Eu também tenho que fugir? — perguntei a ela.

— Se você não correr, eles vão te levar! Vão dizer que você tava envolvido em alguma coisa. Vão levar você, ou até nós dois!

Percebi que todo o meu corpo tremia.

A polícia continuou a dirigir em círculos por um tempo, antes de partir. Logo, Angel voltou a me perguntar sobre as novidades da Rocinha como se nada tivesse acontecido. De certa forma, nada acontecera. Angel tinha passado por coisas muito piores. Outro carro se aproximou de nós. Eu ouvi Angel pedindo cinquenta euros pelo programa. O motorista foi embora.

— Esse aí achou que estávamos juntos! — ela me disse.

Lembrei do que havia aprendido com Marcus sobre não atrapalhar o trabalho delas na pista. Além disso, ainda não tinha superado o choque da ameaça policial. Disse a Angel que não queria atrapalhar mais. Ela respondeu dizendo que estava gostando de conversar comigo. Outra vez, senti o peso emocional de poder partir quando quisesse, enquanto Angel teria que passar uma vida no estacionamento do Centro Carni em Roma.

— Nos vemos na Rocinha, hein? E se você voltar pra Itália, venha me ver! — Angel disse, abraçando-me com força.

Eu me afastei, andando lentamente escuridão adentro outra vez. O coração não era o mesmo, mais aconchegado pela generosidade e o carinho de Angel.

## RECONSTRUINDO RELAÇÕES

Apesar das dificuldades, a quantidade de dinheiro que Angel obtinha nesse esquema internacional de trabalho sexual seria praticamente impossível para ela conseguir de outra forma. A vida no Brasil não é fácil para os moradores de favela. No entanto, Angel deixou evidente que não se tratava apenas de dinheiro, ou mesmo opressão. Ao escrever sobre o trabalho sexual no Quênia, o antropólogo George Paul Meiu argumenta que profissionais do sexo de pequenas vilas apreciavam a oportunidade de ganhar dinheiro rápido nos grandes centros urbanos do país. O trabalho sexual e a renda extra proporcionavam a eles várias oportunidades e alguns desafios. Em particular, "eles debatiam como reimaginar o que significava respeitabilidade e pertencimento, e como o dinheiro produzido por meio de trocas etnoeróticas poderia ser convertido em relações e vínculos meritórios".[307] Muitas vezes, esses recursos eram usados exatamente para fortalecer os laços de parentesco e pertencimento com as suas comunidades de origem.

Inspirado nas observações de Meiu sobre os profissionais do sexo no Quênia, sugiro que, para as travestis brasileiras na Europa, comprar uma casa para suas mães oferece a possibilidade de remediar relações estremecidas com suas famílias "de sangue". Se um estilo de vida libertino fazia com que as profissionais do sexo perdessem respeitabilidade, a compra de propriedades — não para o próprio proveito, mas para suas famílias — parecia reverter alguns esses efeito deletérios. Pode-se argumentar que esse tipo de transação se enquadra mais na valorização da propriedade privada (seguindo o liberalismo normativo) do que em qualquer forma de liberdade mi-

307 Em seu trabalho, George Paul Meiu examina as interseções entre trabalho sexual e etnia no Quênia. Ver: MEIU, *Ethno-Erotic Economies*, 243.

noritária. No entanto, na Rocinha, raramente era possível possuir propriedade em um sentido formal, devido à inexistência de títulos legais. Talvez esse investimento travesti na cura das relações de parentesco fosse melhor compreendido em diálogo com os valores familiares do liberalismo campesino, como um movimento de afastamento do individualismo. Justamente quando as mães de muitas travestis — como Dona Rosário — estão devastadas porque suas filhas parecem seduzidas pelas "falsas liberdades" da modernidade e do capitalismo, os laços de parentesco (coletividades) ressurgem sob a forma de uma dádiva: um lar para a família.

A construção do corpo travesti via trabalho sexual pode ser entendida como uma forma *queer* do "cuidado de si"[308] — um exercício ético e estético, em vez de uma transação comercial liberal normativa. As aventuras proporcionadas pela prostituição, a atenção que as travestis recebiam nas ruas, as possibilidades desconhecidas de prazer, a capacidade de remediar relações de parentesco rompidas — todos esses aspectos falavam de uma forma de libertação muito além do liberalismo normativo. Como citei nas linhas iniciais deste capítulo: "não é sobre o produto de seu trabalho que o trabalhador ou a trabalhadora têm direito, mas à satisfação de suas necessidades, qualquer que seja a natureza delas".[309] Para travestis, como a Angel, essa forma de libertação era um efeito de processos de desidentificação. Angel não se concebia como vítima da escravização moderna nem como um produto à venda no livre mercado. Ela tentava conceber um liberalismo que pudesse servi-la enquanto sujeito não normativo, vivendo as dores e os prazeres de seus sonhos *queer*.

---

308 O conceito aqui deriva de Michel Foucault e pode ser definido como "práticas refletidas e voluntárias por meio das quais os homens [*sic*] não somente determinam algumas regras de conduta, como também procuram transformar-se, modificar-se em um ser singular e fazer de sua vida uma obra que seja portadora de certos valores estéticos e responda a certos critérios de estilo". FOUCAULT, *History of Sexuality, volume*. 2, 10.

309 DÉJAQUE, *L'Echange*, 6.

## TOMANDO LIBERDADES COM NATASHA

De volta à Rocinha, tomei a liberdade de ter uma conversa bem direta com Natasha.

— Mas Natasha, como você pode aguentar isso? Deve ser horrível! E os caras que não tomam banho e depois pagam para fazer sexo com você? Não é humilhante? — debati com ela.

— Não! — ela respondeu.

— Por que não? — perguntei.

—Não! Eu não vou pra cama com homem assim. Talvez você vá? — ela disse, tentando me provocar.

— O quê? Só os gostosões procuram você na pista? — provoquei de volta.

— Não! Não é assim, bicha. Eu apenas digo não! Você tá louca? Quem te disse que, se eu sou prostituta, tenho que ir pra cama com quem me quiser? Eu vou pra cama com os que eu quero!

Natasha mudou minha perspectiva sobre o assunto outra vez.

— Mas você não tem medo? E se os caras explodirem, violentos? — continuei.

— Eles que tentem! Eu sei como lidar com eles. Eu gosto da aventura, de conhecer novos caras. Quando estou me prostituindo, tenho a *liberdade* de fazer coisas que não faço nem na Rocinha! — ela abriu seu grande sorriso, estalou os lábios dando um beijo no ombro.

Se havia uma certa liberdade heterotópica na favela, deixar o território do morro poderia possibilitar outras liberdades minoritárias também. Afinal, o asfalto não era um território absolutamente homogeneizado pelo liberalismo normativo. Para minhas amigas travestis, o trabalho sexual oferecia uma forma de desterritorializar o asfalto. Do ponto de vista normativo liberal, a prostituição parece apresentar-se como esquema binário: ou as trabalhadoras do sexo são livres ou são escravizadas — e essas últimas precisariam ser necessariamente "salvas" (territorializadas) pelo liberalismo normativo.

Argumento que as travestis que são trabalhadoras do sexo operam, concomitantemente, nos dois lados desse binarismo — tirando proveito das rachaduras que contradições fomentam. Essas profissionais do sexo da favela não eram agentes liberais empoderados que escolhiam livremente as tecnologias de beleza que queriam consumir e depois escolhiam vender seus serviços no livre mercado. Também não eram, simplesmente, vítimas exploradas por um sistema imoral de trocas, baseado em um esquema de tráfico de pessoas, obrigadas a contrair empréstimos para alcançar um corpo feminino padrão (e enriquecendo a indústria da beleza porque sofrem com problemas de autoestima por serem travestis). Diante dessas possibilidades maniqueístas, excessivamente simplistas, sujeitos minoritários mobilizavam as táticas de desidentificação que descrevi etnograficamente neste capítulo, satisfazendo muitos desejos.

Já argumentei que, para a maioria dos meus amigos LGBTQ na Rocinha, a liberdade estava relacionada ao potencial de desterritorialização oferecido por certas práticas corporais.[310] Angel estava completamente emaranhada no esquema de prostituição na Itália. Todavia, ela usava as oportunidades oferecidas por esse mesmo esquema "ilegal" para desafiar certas normas. Angel havia conseguido o corpo que desejava, mesmo quando a estética travesti que cultivava poderia ser considerada abjeta de acordo com julgamentos transfóbicos. Ela trabalhava em um "mercado" que não se encaixava na compreensão liberal idealizada de livre mercado. O Mattatoio operava nas periferias sombrias de Roma, circulando dinheiro que não se originava apenas de atividades financeiras reguladas pelo Estado. A maioria dos clientes, certamente, não tinham a sanção de suas famílias, esposas e igrejas — muito pelo contrário. Do ponto de vista heteronormativo, a maioria dessas pessoas estariam praticando atos furtivos que eram "desviantes" — guiados por paixões, fantasias e prazeres difíceis de racionalizar. Esses homens estavam procurando por algo que outros corpos femininos não poderiam facilmente oferecer a eles. Todos esses atos minoritários, interconectados, permitiam que modos alternativos de liberalismo emergissem, em uma extensa *assemblage* que ligava a Rocinha a Roma.

---

310 Ver capítulo 4.

# 7. COMO SE NÃO HOUVESSE AMANHÃ

> A liberdade como um fato demonstrável e a política coincidem e estão relacionadas entre si, como dois lados da mesma moeda.
>
> **Hannah Arendt, *Between Past and Future***

Ainda me lembro do cheiro de colchão velho quando entrei naquele barraco e encontrei Natasha adoentada. O ano era 2012.[311] Toda a vitalidade dela parecia desbotada quando encontrei minha amiga febril, em cima de uma cama suada, na Favela da Rocinha. Natasha não tinha arrumado o cabelo. Ela não se gabava de sua beleza nem se deliciava mais com o prazer de ser uma travesti liberada. Mas o orgulho dela ainda estava lá, mesmo que manifestado de forma diferente. Natasha queria minha confiança. Ela parecia esperar algum reconhecimento meu de que ela ainda tinha controle sobre aquela situação. Tentava preservar o orgulho de ter suas verdades reconhecidas. Naquele dia, Natasha me disse que tinha uma virose, que nem merecia um nome, na verdade — uma virose genérica, um vírus com o qual não deveríamos nos importar. Talvez ela soubesse que era exatamente o contrário, mas o fato é que ela escolheu não se entregar.

Por que motivo eu sentia tanta dificuldade em lidar com aquela situação? Acontece que eu não tinha quase nenhuma experiência anterior com a morte. Até me mudar para a Rocinha, só havia vivido o falecimento de minha avó paterna e nenhuma outra morte entre os meus amigos próximos ou mesmo conhecidos. Houve inúmeros óbitos enquanto eu morava na Rocinha. Durante as operações poli-

---

[311] Conforme descrito no capítulo 1.

ciais nas favelas, era comum que corpos fossem deixados espalhados, sangrando. Amélia havia me dito que, durante as guerras entre facções rivais de tráfico de drogas, a situação era ainda pior:

— Há alguns anos, Moisés, eu me levantava para ir trabalhar nas segunda de manhã e tinha que ir pulando cadávere na Rua do Valão! Um caminhão da prefeitura vinha recolher em pilhas... — lembrou.

A Rocinha me colocou em uma relação diferente com a morte. No entanto, eu ainda não estava pronto para aceitar o fato de que a vida de Natasha poderia estar em risco.

## 11 DE DEZEMBRO

No dia seguinte ao encontro com a minha amiga moribunda na casa de Vavá, voltei para ver o primo de Natasha, Nivaldo. Eu queria que ele me contasse mais a respeito da situação. Fui recebido na casa deles novamente, onde contei a ambos sobre meu choque por ver Natasha em tal estado. Queria a ajuda deles para pensar em um plano de ação para salvar Natasha. Essa ideia apossara-se de mim mesmo que eu estivesse, já naquela época, ciente do argumento de que atitudes paternalistas de "salvação" têm uma longa genealogia colonial.[312]

— Não há nada que possamos fazer, Moisés! Já falei com ela várias vezes. Ela não quer ir pro hospital — Nivaldo me disse, movendo a boca de uma forma estranha, quase sorrindo.

— Mas você acha que ela vai melhorar? — perguntei.

— Quem sabe? Ouvi dizer que ela não tá nada bem! — Nivaldo respondeu.

— Você sabe exatamente qual é a doença dela? — continuei.

— Tem uns nódulos crescendo por toda a garganta — ele explicou.

— Sim... mas por quê? Qual a causa disso? Você acha que pode ser câncer ou é outra coisa? — insisti.

— Você quer dizer, a *Freddy*? — ele disse sem rodeios.

---

[312] Conforme discutido por COMAROFF e COMAROFF em *Modernity and Its Malcontents.*

— Isso mesmo, será que é HIV? — perguntei, usando uma linguagem mais técnica, imaginando que seria mais delicado.

— Claro, pode ser! Essa peste pode pegar qualquer um de nós. E você conhece as histórias dela, certo? — ele respondeu, deixando-me curioso.

— Que histórias? — eu queria saber mais.

— Bem, existem várias... mas você sabe o que aconteceu com ela no Ceará? Pouco antes de se mudar pro Rio de Janeiro?

— Não, eu não sei. O que aconteceu? — perguntei ansioso.

— Ôxe... É uma novela! — comentou, e ajeitou-se no sofá, depois de endireitar os grossos óculos no rosto.

Nivaldo lentamente me disse que Natasha havia sido acometida por uma doença algumas semanas antes de decidir migrar para o Rio. Ela estava perdendo peso e tinha uma febre persistente, ainda quando morava em Martinslândia. Depois de alguns dias de sintomas intensos, Dona Rosário decidiu levar Natasha (Clodoaldo na época) ao hospital público de Guaraciaba do Norte com a ajuda de um de seus filhos. Natasha estava tão fraca quando deu entrada no pronto-socorro que a enfermeira que a atendeu primeiro receitou que ela tomasse soro imediatamente. Dona Rosário estava muito preocupada, já havia perdido outros filhos antes.

A mãe de Natasha esperou algumas horas até que um médico estivesse disponível para dar um diagnóstico. Ele examinou Natasha cuidadosamente e sugeriu que ela tinha um caso grave de gripe. Deu alta para ela. Dona Rosário queria voltar para Martinslândia no mesmo dia. No entanto, ao sair do hospital, Natasha desmaiou. Uma das enfermeiras correu para ajudá-la e chamou o médico novamente. Daquela vez, seria uma emergência. Natasha foi colocada em uma maca de hospital. O médico mal olhou para a paciente. Ordenou que as enfermeiras internassem Natasha para passar a noite e fizessem exames de sangue o mais rápido possível. Dona Rosário chorou. Pediu para dormir no hospital para ficar com a filha. Contudo, o irmão de Natasha a convenceu a ir para Martinslândia e voltar no dia seguinte.

Natasha ficou no hospital por dias. Dona Rosário pegava a D-20 entre Martinslândia e Guaraciaba com frequência para visitá-la.[313]

---

313 Conforme discutido no capítulo 3, D-20 é uma caminhonete ainda utilizada para transporte público em alguns locais do Nordeste brasileiro. É um veículo

Cerca de duas semanas depois, Natasha parecia estar melhorando. Os médicos receberam todos os resultados de seus exames de sangue e informaram a Natasha o diagnóstico dela. No dia em que a filha recebera os resultados, Dona Rosário estava trabalhando no roçado da família pela manhã, e foi ao hospital somente à tarde. Quando chegou lá, ouviu das enfermeiras que Natasha havia retirado o soro intravenoso do braço e, com o sangue ainda jorrando, escapara do hospital pela porta da frente. Dona Rosário explodiu com a equipe do hospital. Começaram uma busca desesperada por sua filha, mas não se soube o paradeiro de Natasha por alguns dias. Quando Dona Rosário finalmente teve notícias da filha, a primeira coisa que Natasha disse foi que ela iria se mudar para o Rio de Janeiro e fazer tudo que sempre quis fazer na vida.

Achei a história de Nivaldo um tanto estranha. Particularmente, fiquei pensando sobre essa afirmação: "Com o sangue ainda jorrando, escapara do hospital pela porta da frente."

Então perguntei a Nivaldo:

— E quais foram os resultados dos exames de sangue dela naquele dia?

— Quem sabe! — ele respondeu, encolhendo os ombros.

— Com certeza Dona Rosário sabe? — insisti.

— Eu não sei se ela sabe. Eu realmente não sei! E, se ela soubesse, por que nos contaria?

Não tive tempo de decifrar mais daquela conversa, que poderia ser apenas invenção. Eu tinha um voo marcado para fora do Brasil no dia seguinte. Voltei para a minha casa na favela, para arrumar minhas coisas, incluindo todos os meus sentimentos confusos daqueles dias intensos na Rocinha.

Alguns meses depois, em novembro de 2012, eu tinha acabado de começar um pós-doutorado em Cambridge, Massachusetts. No dia 11 de novembro, a irmã de Natasha, Marieta, me enviou uma mensagem pedindo que eu orasse por minha amiga. A situação de Natasha havia se deteriorado, e ela havia sido internada em um hospital público em Vila Isabel, perto do Maracanã. Quando perguntei a ela detalhes sobre a doença de Natasha, tudo o que sua irmã disse foi "câncer na

---

muito desconfortável, mas muitas vezes a única opção para aqueles que não podem pagar outros meios de transporte.

garganta". Depois dessa informação, tentei entrar em contato com várias outras pessoas na Rocinha, sem muito sucesso. Amélia não sabia nada sobre a saúde de Natasha, mas prometeu tentar falar com o pessoal no Ceará. Quando conversei com Bira, ele confirmou que Natasha havia sido hospitalizada e a condição dela era grave. Disse-me que os médicos estavam muito preocupados. Ao mesmo tempo, também reclamou que a família dela estava sendo muito protetora. Ele ficou chateado porque não autorizaram os amigos de Natasha a visitá-la no hospital.

O amigo mais próximo de Natasha, Vavá, respondeu-me um dia depois. Ele também confirmou que nossa amiga em comum estava muito doente.

— Espero que ela se recupere, como eu! — ele afirmou.

Vavá encaminhou uma fotografia de Natasha em uma cama de hospital, sem camisa, com os olhos fechados, expondo um par de braços esquálidos e um pescoço extremamente inchado. Uma fita crepe branca cruzava seu rosto de um lado para o outro, prendendo um tubo enfiado pela boca semiaberta. Apesar de tudo, Natasha parecia em paz. Olhei para a foto na minha tela por mais alguns instantes, antes de começar a chorar.

Poucos dias depois, a irmã de Natasha entrou em contato comigo novamente. Ela escreveu para me informar que Natasha havia se recuperado bem durante as vinte e quatro horas anteriores. Os médicos disseram que os sinais eram positivos. Fiquei animado e, imediatamente, compartilhei a boa notícia com Amélia e Samira.

Cerca de um mês depois, no dia 11 de dezembro de 2012, a família de Natasha informou que a minha amiga havia falecido. O enterro ocorreu no mesmo dia do óbito. Fui convidado, mas não consegui viajar dos Estados Unidos para o Brasil em tão pouco tempo.

## ENTERRADA DE CALÇAS

Na semana seguinte à morte de Natasha, voltei para a favela. Foi o mais rápido que consegui chegar. Amélia me hospedou em sua casa. O filho dela, Moreno, havia se mudado para morar com a namorada, e Amélia me ofereceu a cama dele. Conversas sobre

Natasha inevitavelmente marcaram aquela visita. Tentei ver o maior número possível de amigos em comum. Havia um sentimento geral de revolta entre eles. As pessoas acusavam a família de Natasha de não os deixar despedir da amiga. De acordo com alguns membros do PAFYC, os irmãos dela disseram que as bichas não eram bem-vindas para visitá-la no hospital. Dada essa atitude, e a falta de informações sobre o enterro, a maioria dos amigos de Natasha na Rocinha não compareceram à cerimônia no Cemitério do Catumbi. De qualquer forma, o cemitério ficava distante da Rocinha.[314] Uma das melhores amigas de Natasha, a travesti Segata, desabafou:

— Quer saber? Tô feliz por não ter ido a esse enterro, Moisés! Porque ouvi dizer que enterraram o viado de calça! A família vestiu Natasha de homem na hora do túmulo. Você pode imaginar essa cena? Que ridículo! Se eu tivesse lá, eu teria enlouquecido. Eu juro! Eu teria tirado meu próprio vestido pra colocar na morta. Ainda que eu ficasse nua no meio do cemitério, eu teria feito isso! Você sabe que eu teria feito isso.

A tristeza das pessoas em relação aos últimos dias de Natasha era comovente. A família havia, mais do que nunca, se revoltado contra as escolhas de vida dela. Eu me perguntava se achavam que um presumido "excesso de liberdade" de Natasha era responsável por sua morte prematura. Ouvi de Nivaldo que os irmãos dela até deixaram a Rocinha e se mudaram para o Rio das Pedras, na Zona Oeste do Rio de Janeiro, uma favela sem traficantes, mas com uma ordem imposta por princípios diferentes. Como já expliquei anteriormente, o território do Rio das Pedras era controlado por grupos paramilitares (milícias) formados, em sua maioria, por atuais ou ex-agentes do Estado (por exemplo, policiais, bombeiros e políticos). Assim, os paramilitares se alinhavam com os aspectos mais violentos do poder estatal. Por outro lado, suas operações eram mais "discretas" do que as dos traficantes de drogas. Impunham também uma certa ordem ao lugar que não era possível na Rocinha.

Nivaldo me passou o telefone do irmão de Natasha, mas foi difícil encontrar coragem para ligar e conversar com ele. Para minha

---

314 O Cemitério do Catumbi (também conhecido como Cemitério São Francisco de Paula) está localizado a cerca de oito quilômetros a nordeste da Rocinha.

surpresa, foi a irmã de Natasha que acabou entrando em contato comigo primeiro. Marieta tinha visto nas redes sociais que eu estava na Rocinha e havia mandado uma mensagem dizendo que a mãe dela estava no Rio das Pedras e queria me ver. Meu coração ficou apertado com a ideia de encontrar a família de Natasha depois de ouvir todas as histórias de homofobia e transfobia atribuídas a eles. Se eles não queriam bichas visitando Natasha no hospital e até tentaram "normalizar" o gênero de Natasha nos últimos momentos de minha amiga nesta terra, por que eles estariam interessados em falar comigo?

Ainda assim, combinei de visitá-los em um sábado. Entrei na mesma van branca que corria da Rocinha para o Rio das Pedras a qual, muitas vezes antes, havia pegado na companhia de Natasha. Na minha chegada, Dona Rosário, abraçou-me ainda mais forte do que naquele dia quando desci de um pau de arara na porta da casa dela em Martinslândia, interior do Ceará. Antes que qualquer palavra fosse trocada, os olhos da senhora ficaram cheios de lágrimas. Marieta parecia feliz em me ver. Ela me deu dois beijos nas bochechas e apontou para a direção de sua casa.

— Todos nós saímo da Rocinha. Meus irmãos tão morando no Rio das Pedras agora. Só tem confusão na Rocinha! É igual a viver no inferno. Sempre preferi o Rio das Pedras. É mais organizado aqui — Marieta me explicou ao longo do caminho.

O que ela não mencionou foi que tal "organização" só era possível à custa de muitas liberdades. O tráfico de drogas, por exemplo, que era uma atividade liberada na Rocinha, era severamente reprimido no Rio das Pedras.

A irmã de Natasha morava com o marido e uma filha em um apartamento amplo, mas de um quarto.

— Por esses dias, minha mãe tem dormido aqui na sala mesmo — Marieta disse, apontando para um sofá-cama marrom.

Dona Rosário concordou com a cabeça. A mãe de Natasha estava mais quieta do que o normal. Ela me perguntou, finalmente:

— Você estava viajando? Como você está?

Expliquei sobre o que fazia nos Estados Unidos e tentei evitar falar sobre a morte de Natasha. Não sabia quando estaríamos prontos para chegar naquele momento doloroso. Dona Rosário me surpreendeu ao ir direto ao assunto:

— Sentimo sua falta no enterro do Clodoaldo. Não teve velório. Não tinha dinheiro pro velório. Foi tudo muito simples, mas tenho certeza de que ele gostaria que você tivesse lá.

— Queria muito ter ido! Eu me encontrei com ela algumas semanas antes de se internar. Fiquei feliz por ter conseguido falar com ela uma última vez — respondi.

Dona Rosário começou a chorar de novo. Marieta correu para pegar um copo d'água para ela.

Logo, meus olhos começaram a encher de lágrimas também. Caminhei até a janela mais próxima e olhei para o Rio das Pedras, escondendo o meu rosto. Assim que recuperei o fôlego, tentei mudar de assunto e perguntei:

— Vai se mudar pro Rio pra morar com a sua filha agora, Dona Rosário?

Ela não respondeu.

Olhei para a irmã de Natasha, esperando que ela quebrasse o silêncio.

— Mamãe não gosta do Rio! Ela só está aqui agora por causa de tudo o que aconteceu — Marieta disse, com um sorriso tímido e uma voz suave, diferente de sua família.

Dona Rosário bebeu toda a água e depois me disse:

— Venha aqui. Quero te mostrar uma coisa.

Ela pegou uma mala debaixo do sofá-cama, abriu e tirou uma caixa velha que estava misturada com algumas roupas. Marieta olhou para mim. Dona Rosário segurou a caixa no colo, depois abriu a tampa de papelão. Senti um cheiro de fotos antigas.

— Eu sei que você tinha apreço por Clodoaldo. Você era um amigo sincero... ao contrário dos outro! A maioria do povo gostava de andar com ele nas noitada. Só era amigo pra farra e pras coisa errada. E nas hora difícil? — ela reclamou. — Eu sei que você se importava com ele. Você até foi em Martinslândia pra ver a gente! Pra ver a família.

Dona Rosário me entregou as fotos que ela achava que deveria ver. Marieta sentou-se ao meu lado. Olhávamos imagens de Natasha, ainda criança, no interior do Ceará. Fotos da minha amiga sorrindo entre seus irmãos. Em outra, Natasha já estava em sua cama de hospital. Vi cenas do enterro dela, o caixão sempre com a tampa fechada. Em uma das fotos, Natasha estava na Rocinha, ainda no início de sua transição como travesti, sorrindo, vestindo um top vermelho.

— Minha irmã era uma pessoa tão feliz! — Marieta comentou, usando o pronome feminino. Adicionou: — Sinto falta da companhia dela. Sinto falta da animação dela. Nunca a esqueceremos! Ela era maravilhosa.

Dona Rosário comentou:

— Mas o bichinho sofreu. Eu não consigo nem te dizer, Moisés! Nem sei explicar como que senti vendo ele naquela cama de hospital. Magro como uma vara, e o pescoço tão inchado que ele não conseguia nem respirar — ela fez uma pausa e prosseguiu: — Então, um dia me disseram que Clodoaldo tava melhorando! Ficamo tão animado. Você deveria era ver nós naquele dia. Pensei que meu filho ia voltar. Mas pensei mesmo! Pouco tempo depois, ele tava morto.

Olhando para as fotos do caixão, eu me perguntava se eles realmente haviam vestido o corpo dela com roupas masculinas no momento final. Eu ainda não sabia a causa oficial da morte de Natasha. Mas não fiz perguntas. Não era o momento. Na verdade, esse momento nunca chegaria. O vazio criado pela ausência de Natasha tomara conta de todos. Dona Rosário tentava compartilhar comigo o que ainda restava da presença da minha amiga. Apesar de todas as críticas que ouvi sobre a família e a forma como eles lidaram com os últimos dias de Natasha, eles sempre se importaram com ela. Naquela noite, saí da casa de Marieta para voltar para a Rocinha e a mãe de Natasha fez um último apelo: pediu para que eu nunca me esquecesse de Clodoaldo.

## RESIGNAÇÃO

Continuo a pensar em Natasha e ainda tento encontrar formas de celebrar a vida dela e o apreço que ela tinha por liberdades consideradas "desviantes". A coragem dela era o que mais me impressionava quando estávamos juntos. Houve muitos momentos em que me preocupava com a segurança de Natasha. Eu dizia a ela: "Cuide-se, Natasha!" Perguntava-lhe repetidamente se ela estava usando camisinha. Nas últimas semanas, quando já estava bem doente, eu tinha quase certeza de que Natasha era HIV positiva. Pensei até em forçá-la a tomar antirretrovirais. Mas também temia ir além de uma ética legítima de cuidado e comportar-me com um tirano condescendente. Talvez, pior, eu estaria, ainda que sem querer, impondo uma lógica liberal normativa de autocuidado a alguém que parecia viver a vida com "excesso" de liberdade. Eu não queria reproduzir a estrutura moralizante que relacionava o risco do HIV à liberdade sexual.[315]

Quando Natasha morreu, eu me senti culpado de uma maneira que ainda acho difícil de explicar. Talvez eu sentisse que deveria ter feito mais para intervir. Mas Natasha não me deixou. Ela não queria nem ouvir falar de hospital. Na minha dor, senti que ela havia falhado em cuidar de si mesma, e eu em cuidar dela. Durante o meu período de luto, questionei se tinha aproveitado o meu tempo com Natasha da melhor maneira possível. A profunda desconexão que senti na última vez que a encontrei pessoalmente havia deixado um sabor amargo.

Por fim, passei a considerar que as liberdades sexuais de Natasha faziam parte de um desejo não normativo de libertação. Talvez a morte dela não seja o fracasso que considerei a princípio. Em vez disso, as arriscadas trilhas de vida de Natasha podem servir como evidência de sua coragem de encarnar uma existência travesti até o fim, mesmo quando desaprovada pelos outros. O fato de Natasha não atender aos meus apelos normativos por "autocuidado", ou aos clamores de sua mãe por liberdades mais "decentes", não deveria ser uma decepção. Afinal, Natasha nunca me disse que estava interessada em viver uma vida longa e morrer de velhice. Ela também nunca disse que queria morrer jovem. Eu não acho que Natasha estava tentando se matar. Pelo contrário, hoje acho que ela aproveitou tanto a vida que conscientemente aceitou as consequências de viver de acordo com seus próprios ideais minoritários de liberdade.

A literatura mais recente sobre o sexo *queer,* particularmente os trabalhos focados em práticas sexuais conhecidas como "*barebacking*",[316] abraça esse tipo de compreensão sobre as atitudes de Natasha como uma escolha de vida legítima, sem cair na armadilha de julgamentos liberais normativos. David Halperin, notável

---

315 Para outras discussões sobre esse assunto, consulte, por exemplo: BERSANI, *Is the Rectum a Grave?*

316 Sexo planejado sem camisinha.

teórico, argumenta que os sujeitos LGBTQ continuam a ocupar a categoria de "grupo de risco", apesar das alegações de despatologização da sexualidade *queer*. Quando confrontados com práticas sexuais *queer*, especialistas em saúde pública tendem a oferecer explicações "psicológicas" para comportamentos que acham difíceis de explicar. Por exemplo, ainda são comuns os argumentos de que pessoas LGBTQ gostariam de "sexo de alto risco" devido à falta de amor próprio, homofobia internalizada, compulsão sexual, entre outras acusações. A ascensão do *barebacking* como uma prática sexual *queer* atraiu ainda mais acusações desse tipo. Para Halperin, no entanto, tais narrativas devem ser contestadas. É urgente que uma política LGBTQ desafie o que se concebe por "correr riscos" em relação às vidas *queer*. O autor clama por entendimentos que não oponham, necessariamente, um sujeito liberal hipercognitivo responsável ideal a outros sujeitos "desviantes", muitas vezes entendidos como cognitivamente deficientes, psicologicamente doentes e, em última análise, incapazes de fazer as escolhas certas.[317]

No mesmo sentido, o crítico literário Michel Warner propõe que o que é considerado "comportamento de risco" LGBTQ deve ser entendido em um registro diferente: não como uma questão psicológica individual, mas como um fenômeno coletivo (social). Ele sugere três possibilidades que poderiam servir como formas alternativas para interpretar o sexo *barebacking* (particularmente, em situações em que sujeitos soronegativos consentem em sexo "desprotegido" com soropositivos): solidariedade com parceiros soropositivos, uma atitude ambivalente em relação à importância de viver uma vida longa e, finalmente, uma recusa em viver uma vida "normal".[318]

Comecei a me perguntar se a morte de Natasha poderia ser pensada como um desafio ao liberalismo normativo. A teoria etnográfica mais ampla sobre o liberalismo minoritário que ofereço tenta ser fiel aos desejos expressos por Natasha e à política de vida dela. No entanto, pergunto-me também se tal interpretação serviria apenas para confortar a dor e a culpa de não ter podido salvá-la. Nos piores dias, questiono se, em vez de ser complacente com os desejos de Natasha, o que estava fazendo era aceitar acriticamente as desigualdades e

---

317 HALPERIN, *Que Veulent les Gays?*

318 WARNER, *The Trouble with Normal.*

injustiças que fazem algumas pessoas viverem mais do que outras. Natasha teria morrido se diferença de classe, discriminação e transfobia não existissem? Natasha estaria morta se o liberalismo normativo não fosse tão nefasto? Sei que, dadas as condições de vida de uma travesti brasileira, que vivia em uma grande favela do Rio de Janeiro, por volta de 2010, Natasha não deixou que a possibilidade da morte lhe tirasse as liberdades que ela valorizava. O que me parecia uma doença potencialmente letal, algo que demandaria tratamento imediato e hospitalização, havia se transformado em um problema diferente para Natasha. Mais uma vez, não acho que Natasha estava contente por morrer, mas sentia nela um sentimento de resignação, a aceitação que vem de alguém certo de suas escolhas de vida. Não havia pena de si mesma, ou mesmo drama, na atitude dela durante nosso último encontro. Senti apenas o desejo de que eu confiasse nas palavras dela. Gostaria de poder ter oferecido a Natasha um tipo diferente de cuidado e atenção naquele momento, que superasse minhas limitações de não saber lidar com a morte que se anunciava.

Este livro almeja honrar minha amizade com Natasha Kellem de uma maneira que eu não fui capaz de fazer antes.

## "SEM FUTURO"

O que descrevo neste livro são condições alternativas de possibilidade de liberdade na vida (e morte) de alguns moradores de favela que conheci durante a pesquisa, formas de liberalismo para além de outros entendimentos liberais estabelecidos. As "liberdades exageradas" de Natasha não eram uma exceção na Rocinha. Os membros do Bonde das Novinhas, autodenominado PAFYC, também tomavam liberdades que me faziam preocupar com o futuro, a saúde, a educação formal e a segurança deles. Todas as conversas desconfortáveis que tentei ter sobre como cuidar do futuro deles revelaram também algo sobre as dificuldades que eu mesmo encontrei ao lidar com liberalismos diferentes dos meus.

Em um livro chamado *No Future*, Lee Edelman denuncia a orientação implícita para o futuro que é parte constitutiva da defesa dos direitos humanos, da propriedade privada e da longevidade a qualquer custo — incluindo, nessa crítica, a lógica liberal que trata "o futuro das crianças" como uma consideração importante em qualquer tipo de raciocínio político. Ele chama essa forma de normalização liberal da temporalidade de "futurismo reprodutivo". No argumento de Edelman, a política *queer* deveria desafiar suposições não apenas de que os humanos devem se reproduzir, mas também de que devemos sempre pensar em um futuro melhor para "nossos" filhos como um objetivo político último. Nas palavras do autor, "a verdadeira política de oposição implícita na prática das sexualidades *queer* não está no discurso liberal e na paciente negociação de tolerâncias e direitos, por mais importantes que sejam para todos nós, ainda excluídos, mas na capacidade das sexualidades *queer* de conceber a dissolução radical do contrato". Para Edelman, o "contrato" é tanto um contrato social quanto simbólico, que prescreve uma orientação futura (hetero)normativa. O modo de ser *queer* não deveria ter que se sujeitar a uma "ordem civil" já determinada, mas ser capaz de redefinir concepções temporais, desafiando "a fé fundamental na reprodução do futuro".[319]

Entre a burguesia gay e lésbica, o liberalismo *queer* passou a significar a normalização da vida LGBTQ na Europa e nos Estados Unidos, mas também em nações consideradas mais periféricas, como Brasil e México. Segundo o sociólogo Rafael de la Dehesa, a liberação *queer* na América Latina começou a ganhar mais força na década de 1970, como um item adicionado à agenda política contra formas "iliberais" de governo — como a ditadura militar no Brasil e o "governo de partido único" do PRI mexicano. Em ambos os casos, o movimento liberal normativo *queer* se beneficiou de ligações com a Europa e, mais importante, com os Estados Unidos. Os esforços internacionais para "democratizar" a América Latina abriram a região para outros itens da agenda liberal internacional, como a universalização das reivindicações de direitos humanos e a ênfase nas noções de "modernidade" derivadas do Iluminismo. Junto, houve também um impulso para expandir os direitos civis para cooptar sujeitos que haviam sido marginalizados devido aos seus desejos e práticas sexuais não normativas.[320] Mais recentemente, essas conquistas têm tornado

---

319 EDELMAN, *No Future*, 117, 16, 17.

320 Para um relato mais detalhado da luta pelos direitos LGBTQ na América Latina, consulte DEHESA, *Queering the Public Sphere in Mexico and Brazil*. Para o contexto histórico brasileiro em particular, ver: GREEN, *Além do Carnaval*.

"normal" o fato de casais homossexuais não apenas se casarem, mas também se reproduzirem, gerando filhos tanto por meio da adoção quanto de novas tecnologias reprodutivas.

Para os meus amigos na favela, no entanto, modos minoritários de liberalismo ofereciam diferentes cenários. Os moradores da Rocinha desafiavam o contrato social liberal com práticas de ocupação urbana e apresentavam um desafio ainda mais ousado quando se recusavam a viver a vida de acordo com as expectativas de um "futurismo reprodutivo". A principal preocupação deles não estava necessariamente relacionada a um futuro melhor, casar-se legalmente, viver o maior tempo possível ou economizar recursos para a herança de seus filhos.[321] Em vez disso, eles se preocupavam muito mais em viver a vida com a máxima intensidade, desfrutando de prazeres sexuais desconectados da reprodução biológica e sem se estressar com questões de "saúde". Em vez de preservar seus corpos para o futuro, estavam mais preocupados em testar os limites contemporâneos das transformações corporais.

## A CONTA DA MORTE

Diferentes modos de liberalismo continuam a emergir na Rocinha. Ao seguir diversas rotas de vidas LGBTQ na favela ao longo dos anos, testemunhei várias outras histórias que me trazem de volta as memórias de Natasha. O desejo por formas alternativas de libertação continua existindo, apesar do que a Constituição brasileira garante, das pressões para a "modernização" e da existência de uma Declaração Universal dos Direitos Humanos. À medida que os membros do PAFYC envelheciam, muitos de seus projetos de vida continuavam implicados em desejos libertários minoritários, por vezes, com consequências difíceis de aceitar para aqueles que vivem de acordo com ideais mais normativos de liberdade.

---

[321] Pelo que percebi, a acumulação de capital não era a maior prioridade naquele contexto. Discuto uma exceção sobre isso no capítulo 6; algumas profissionais do sexo expressavam o desejo de economizar o suficiente para comprar uma casa para suas mães "de sangue". As razões pelas quais desejavam fazê-lo não estavam necessariamente relacionadas ao acúmulo de riqueza em si, mas ao reparo de relações familiares muitas vezes comprometidas.

Além dos meus antigos vizinhos, que vejo com mais frequência, mantive contato regular com Samira, Segata e muitos membros do PAFYC, como Pituca e Adilson. Em abril de 2014, vi um post nas redes sociais anunciando a morte de uma travesti chamada Kimberley Ambrósio, que ainda era adolescente.[322] Samira confirmou a notícia quando liguei para ela. Eu não era próximo de Kimberley. Ainda assim, sofri com a morte dela, em parte porque me lembrava o ocorrido com Natasha. Quando perguntei como ela morreu, Samira disse:

— Água nos pulmões, disseram. Não sei mais nada além disso. Você sabe como são essas coisas, né? Complicado.

— Sim... — respondi a ela.

Eu entendia dessas situações por experiências passadas.

No ano seguinte, apenas sete dias depois do meu aniversário, em janeiro de 2015, soube que um amigo da Rocinha, Anderson Dieckmann, havia morrido.

— Sim! É verdade... Anderson morreu. Morreu de tuberculose. Talvez tenha sido algo que ele pegou na prisão? — Samira confirmou e deixou a pergunta.

Minha amiga me lembrou que Anderson havia passado algum tempo na prisão quando foi pego pela polícia traficando drogas no asfalto. Anderson era muito alto, com um nariz pontudo. O sobrenome adotivo, Dieckmann, era uma referência à atriz brasileira Carolina Dieckmann. Ambos tinham o formato do nariz parecido. Tentei descobrir mais sobre a família de Anderson. Eu queria falar com eles e oferecer assistência. Ninguém na Rocinha me ajudou nessa empreitada. Mais uma vez, houve uma sensação de resignação com a qual achei bastante difícil de lidar.

Então, no final de março de 2015, um outro conhecido, chamado Dellon, também faleceu. Ele não era exatamente um amigo, mas eu o conhecia por amigos em comum. Um ano antes de sua morte, ele havia sido preso, e a notícia estava em toda a mídia brasileira. A polícia o acusara de participar de um esquema de trabalho sexual envolvendo adolescentes menores de idade da Rocinha. Ele seria o cafetão. Dellon era um pouco mais velho do que a maioria das pessoas no

---

322 Assim como Natasha havia adotado o sobrenome Bündchen, em referência à beleza da supermodelo, Kimberley havia escolhido outra top model brasileira para seu sobrenome: Ambrósio era uma referência a Alessandra Ambrósio.

PAFYC, mas não tinha nem vinte e um anos. Quando perguntei a Samira sobre a morte dele, ela desabafou:

— Você tá pensando o que eu tou pensando? Todos os anos, pelo menos um de nossos amigos do PAFYC tá morrendo. O que você acha? É HIV?

Não sabia o que dizer. Parecia uma combinação de fatores. Eu tinha pensado muito sobre HIV e Aids na época da morte de Natasha, talvez até demais. Enquanto estive mudo durante o nosso diálogo, Samira continuou a falar:

— Dellon estava doente há algum tempo. Estava magro! Ninguém disse assim que era Aids. Mas eu acho que era!

Como em casos anteriores, as pessoas prestariam suas homenagens aos mortos, principalmente, utilizando seus perfis nas redes sociais. Algumas semanas depois dos falecimentos, as mensagens parariam e a vida cotidiana seguiria seu curso até que outra morte acontecesse. Em março de 2017, foi João Marcos quem morreu. Eu mal o conhecia, mas Samira escreveu uma mensagem para me avisar. Ela estava bastante chateada com a morte dele. João também era membro do PAFYC.

— Câncer! Um tumor cerebral o levou, Moisés. Pelo menos, foi isso que eu ouvi. Ele era muito jovem!

Lembrei-me da família de Natasha informando às pessoas que Natasha também havia morrido de câncer. Tentei consolar Samira pelo telefone e disse que queria vê-la pessoalmente para falar sobre todos esses falecimentos. Eu ainda me perguntava se podiam ser evitados. Gostaria que pudéssemos fazer mais do que apenas testemunhar morte após morte. Ao mesmo tempo, eu também não queria ser paternalista; estava tentando aprender algo sobre lidar com a morte de uma maneira mais próxima àquela dos meus amigos da favela.

Alguns meses depois, em outubro de 2017, Samira e eu nos abraçamos, pessoalmente, no Beco do Foguete, que era o ponto de encontro habitual do PAFYC na Rocinha em 2009 e 2010. Tivemos uma longa conversa e debatemos se havia algo que poderíamos ter feito para evitar todas aquelas mortes. Samira me disse:

— Não é por falta de conselho, Moisés! Eu sempre converso com esses meninos, falo para se cuidar, né? Minha amiga Maria, você conhece a Maria? Ela é bem mais velha que a gente. Então, ela fala na lata pra usar camisinha, para fazer o teste de HIV. Na hora, eles aceitam, mas tudo de mentira! Eu sei que eles não querem fazer o teste. Será que eles têm medo de saber? Ninguém quer se preocupar com isso! Será que não se importam? E por que que nós devemos importar se eles mesmos não se importam?

Ofereci-me para pensar em algum projeto social ou alguma organização de saúde pública que pudesse disponibilizar o teste rápido de HIV de forma gratuita na favela, para que pudéssemos testar todos os nossos amigos do PAFYC. Samira reagiu:

— Bom, você pode tentar... mas não vai funcionar, estou dizendo.

Confesso aqui que o desejo de "salvá-los" ressurgia a cada morte que acontecia, ainda que eu mesmo fosse bastante crítico sobre a atitude moralizante cristã que existia na Rocinha. Sempre que eu tentava agir de acordo com o meu próprio desejo de "salvação", ficava evidente que não havia muito que pudesse ser feito na prática, por razões que estavam além do meu controle.

Enquanto escrevia os capítulos finais de *Liberalismo Minoritário*, em 2020, mais duas mortes ocorreram entre o grupo do PAFYC. A travesti Roberta, uma boa amiga minha, se foi. Ela tinha apenas dez anos quando a conheci na Rocinha, e mantivemos contato desde então. Em 2013, ela foi pega com dois amigos dela passeando pelo Morro do Banco, uma pequena favela do outro lado do Morro da Gávea, a oeste da Rocinha e mais perto da Barra da Tijuca. Naquele episódio, traficantes do Morro do Banco, integrantes de uma facção rival dos traficantes da Rocinha, acusaram Roberta e seus amigos de espionagem. Eles levaram os três para um lugar secreto no Morro do Banco e abusaram severamente deles. As fotos da cabeça de Roberta, sangrando por coronhadas de pistola, acabaram virando notícia em diversos lugares. Mas Roberta sobreviveu a esse episódio. Em 2020, ela parecia estar indo muito bem. A morte dela foi repentina. Ao ver seus álbuns de fotos *on-line*, notei que ao longo dos anos Roberta vinha definhando.

— Talvez drogas? — Samira me perguntou quando comentei sobre esse fato. Ela continuou: — Eu realmente não sei, Moisés. É tudo muito triste pra mim! Mas eu sei que Roberta estava envolvida com drogas.

Poucos dias após Roberta, foi Marcelo quem morreu. Ele tinha cerca de dezesseis anos ao falecer. Talvez fosse jovem demais para se lembrar de quando eu morava na Rocinha. Ao longo dos anos, à medida que crescia, ele se destacava no Bonde das Novinhas pela beleza. Ele agia de maneira mais masculina do que os outros membros e mantinha o cabelo loiro, descolorido, como um surfista. A combinação de juventude, atributos físicos e atitude masculina era muito lucrativa para ele. Marcelo trabalhava como garoto de programa. Muitas vezes eu via fotos dele tiradas em apartamentos de luxo na Zona Sul do Rio de Janeiro, onde costumava encontrar seus clientes, homens mais velhos. Sempre me preocupei que a maioria de seus parceiros tivesse pelo menos três vezes a idade dele. Provavelmente, mais um moralismo da minha parte. Marcelo morreu no hospital, após algumas semanas em terapia intensiva, assim como Natasha.

Mais uma vez, voltei-me para Samira, sentindo-me devastado, culpado e cansado de todas aquelas mortes. Perguntei muito honestamente:

— Havia algo que poderíamos ter feito para evitar a morte do Marcelo?

Ela respondeu:

— Eles disseram que era câncer... Mas ele acho que foi HIV mesmo. E você?

Eu disse:

— Não sei! Nem tudo é HIV. Mas, em breve, todos os nossos amigos do PAFYC terão ido embora. Como pode isso?

Samira pausou e concluiu:

— É, meu querido! Parece que as coisas só pioram com todas essas mortes. Mas o que podemos fazer? Essa galera só pensa em foder e aproveitar a vida como se não houvesse amanhã!

## VIDA, ÉTICA E LIBERDADE

Em sua abordagem sobre a "cultura da pobreza", nas décadas de 1960 e 1970, Oscar Lewis apresentou diversos elementos a serem considerados. À primeira vista, alguns deles se encaixariam bem com a situação de alguns moradores de favela no Brasil. Dentre eles, Lewis menciona, por exemplo: "confusão de identificação sexual, falta de controle de impulsos, uma forte orientação para o tempo presente com relativamente pouca capacidade de adiar a gratificação e planejar o futuro".[323] Como argumentei na introdução deste livro, a base liberal normativa desse tipo de abordagem da "cultura da pobreza" apresenta um desafio para a compreensão da vida cotidiana em territórios de favela. Eu não negaria, por exemplo, que uma "forte orientação para o tempo presente" parece ser uma descrição adequada da atitude que a maioria dos membros do PAFYC demonstram. A suposição, no entanto, de que tal orientação temporal seria um problema (cultural) só pode ser feita contra uma expectativa de orientação futura normativa. O que Lewis chama de "confusão de identificação sexual" também revela um julgamento baseado em suposições de um binarismo normativo de gênero.

Não quero ser anacrônico, ou repetir críticas que já foram feitas. O que quero sugerir, usando as observações de Lewis de mais de cinquenta anos atrás, é que formas alternativas de liberalismo podem ter existido nos chamados territórios de pobreza urbana por muito mais tempo do que supomos. Em estudos anteriores, no entanto, essas liberdades minoritárias teriam sido descartadas, se não apagadas — tratadas, por exemplo, como problemas que o "desenvolvimento" deveria ser capaz de resolver.

A vida abreviada de muitos moradores LGBTQ da favela não é apenas uma questão de necropolítica.[324] No cerne do problema dessas mortes "prematuras" está uma suposição, do ponto de vista liberal normativo, de que esses sujeitos seriam *incapazes* de apreciar o valor da vida (versus morte, e também versus uma não vida).[325] Como sujeitos *vivos*, esperava-se que meus amigos passassem por todos os diferentes estágios normativos da vida (nascimento, crescimento, reprodução) antes de chegar ao estágio final, que seria a morte. Em vez disso, a insistência deles na não-reprodução e na ausência de uma orientação marcada para o futuro — com uma capacidade incomum de lidar com mortes prematuras e de cultivar relações com os espíritos de mortos — configurava um desafio à constituição

---

323 LEWIS, *La Vida*, 53.

324 MBEMBE, *Necropolítica*.

325 Elizabeth Povinelli argumenta que um foco exclusivo no biopoder parece ter servido aos interesses econômicos das elites ocidentais. Além de uma preocupação com a vida e a morte, Povinelli sugere que nossa política deva concentrar-se também no problema mais amplo da vida versus não vida. POVINELLI, *Geontologias*.

liberal normativa da ordenação da vida (biopoder).[326] Ao mesmo tempo, eles também questionavam a relação ideal entre os seres vivos e outros seres que, normalmente, consideramos não ter a capacidade de viver.

Além disso, os moradores da favela apresentam um problema para o liberalismo normativo porque desafiam a exigência do contrato social de que se deve oferecer obediência ao Estado-nação em troca do cuidado e da proteção de suas vidas. Liberalismos minoritários e experiências LGBTQ nas favelas reconfiguram a vida e a não vida de tal forma que se tornam resistentes às exigências de maximização do lucro do neoliberalismo. Esta não é uma questão a ser "corrigida" apenas por meio de uma maior inclusão dessa população em políticas públicas de saúde, nos projetos de desenvolvimento ou mesmo na garantia dos direitos humanos. Nem poderia ser resolvida com mais benevolência por parte dos narcotraficantes ou a implementação de novas leis do morro.

O notável artigo de James Laidlaw intitulado *For an Anthropology of Ethics and Freedom* chamou minha atenção para o potencial que a antropologia fomenta diante de um dilema humano central: as condições de possibilidade para a liberdade. Nas palavras de Laidlaw, "onde quer que seja, quando a conduta das pessoas for moldada por tentativas de se tornarem certas pessoas, porque, após reflexão, é como tais pessoas que desejam viver, nessa medida, a conduta delas é ética e livre".[327] Meus amigos da Favela da Rocinha estão bastante cientes da existência de opressões e de suas consequências: exploração econômica, diferenças de classe, falta de acesso aos serviços públicos, entre outros. No entanto, muitas vezes, eles respondem a essas dimensões mais sufocantes de suas vidas de maneiras que não são óbvias para os outros, em parte porque o diagnóstico deles do problema não deriva de uma posição normativa. A análise do liberalismo que venho propondo deriva-se de múltiplos encontros com as liberdades existentes na favela, que eu não poderia ter testemunhado se não fossem as experiências que meus amigos LGBTQ viveram. Celebro o fato de Natasha ter existido, assim como todas as outras

326 FOUCAULT, *História da Sexualidade, volume. 1.*

327 LAIDLAW, *For an Anthropology of Ethics and Freedom*, 327.

amigas e conhecidas da Rocinha, incluindo as que já faleceram. Que continuem a ser espíritos livres!

## NEM BRANDA E NEM TÍMIDA

Enquanto as elites controlarem as liberdades existentes e as possibilidades de libertação, os oprimidos estarão fadados a continuarem como oprimidos. Ao conceber uma possível antropologia da libertação, Michael Singleton deixou um alerta no sentido de que "a geração atual, conhecendo a teologia da libertação apenas de nome, virá a substituí-la por uma antropologia insossa".[328] Os esforços da chamada "geração decolonial"[329] de antropólogos nos dão a esperança de que essa luta não será monótona. Mas talvez não será preciso "deixar a antropologia queimar"[330] para conseguirmos desafiar os poderes do liberalismo normativo.

De fato, a libertação minoritária exige um engajamento etnográfico detalhado para entender a "desidentificação": isto é, como aqueles que estão fora dos grupos raciais, sexuais e etários dominantes negociam com esses poderes preponderantes sem necessariamente alinharem-se a favor ou contra essas forças excludentes, mas transformando-as de acordo com seus próprios objetivos táticos.[331] Uma importante contribuição do trabalho político dos moradores LGBTQ das favelas tem sido a produção constante de "linhas de fuga" diante de formas entrelaçadas de opressão. Uma maneira de produzir tais linhas é por meio da desterritorialização e da mobilização de múltiplos modos de liberalismo ao mesmo tempo, ainda que muitas vezes passem despercebidos ou sejam imediatamente desacreditados. Talvez, o que precisamos não seja impulsionar a antropologia para sua destruição, mas lutar por uma antropologia mais alinhada com as existências minoritárias que reivindicamos apoiar. A antropologia tem falhado em suas contribuições para a causa da liberdade porque a maioria dos antropólogos temem um alinhamento com o

---

[328] SINGLETON, *Pour une Anthropologie de la Liberation*, 54.
[329] ALLEN & JOBSON, *The Decolonizing Generation*, 137.
[330] JOBSON, *The Case for Letting Anthropology Burn*, 259. Ver introdução.
[331] MUÑOZ, *Disidentification*.

liberalismo normativo. Este livro demonstra que, se continuarmos com a tarefa urgente de descolonizar o liberalismo, poderemos conceber melhor as diferenças entre uma antropologia liberal (normativa) e uma antropologia (minoritária) para a libertação.

# EPÍLOGO

> Somente com um bom jogo é que se pode experimentar a liberdade tanto como meio quanto como fim da existência humana, porque a liberdade não é apenas um objetivo abstrato, mas também uma experiência educacional de humanidade compartilhada.
>
> **Svetlana Boym, *Another Freedom***

No liberalismo normativo, o próprio uso da linguagem é entendido como a efetivação de um determinado "direito à liberdade", muitas vezes protegido pelo Estado de Direito.[332] No livro "*There's no Such Thing as Free Speech*", no entanto, o filósofo Stanley Fish argumenta que o conceito liberal de "liberdade de expressão", como, por exemplo, presente na Constituição dos Estados Unidos, é inatingível. Isso ocorre porque "na medida em que o objetivo da Primeira Emenda é identificar o discurso separável da conduta, e as consequências que surgem em decorrência da conduta, não existe tal discurso e, portanto, não há nada para a Primeira Emenda proteger".[333] Embora o argumento de Fish possa parecer controverso, ele se baseia no princípio de que todo enunciado é em si um ato; o discurso em si é uma forma de conduta.[334] O debate sobre os limites entre a "liberdade de expressão" e o "discurso de ódio" demonstra claramente o problema de assumir que a "liberdade de expressão" seja um "direito universal".[335]

---

332 HANSSEN, *Critique of Violence.*

333 FISH, *There's No Such Thing as Free Speech*, 106.

334 AUSTIN, *How to Do Things with Words.*

335 BUTLER, *Excitable Speech.*

Na Rocinha, onde o Estado de Direito não funciona da mesma forma que no asfalto, a percepção de que "não existe liberdade de expressão" parece ser mais evidente do que em outros territórios. Entre as anotações de campo de minhas experiências na favela, contabilizo várias ocorrências de uma expressão que amigos meus, como Mazinho, Kayanna e Natasha, utilizavam com frequência: "Quem te deu a liberdade de falar comigo assim, hein?" A frase era utilizada quando, em um determinado diálogo, uma das partes, de alguma forma, se sentia ofendida pelo ato de fala da outra. Mesmo que o uso dessa expressão não seja exclusivo das favelas, era sem dúvida mais proeminente lá do que em outros lugares onde morei. Nesta seção final, gostaria de colocar essa mesma pergunta, tão comum na favela, diante de mim mesmo. Por extensão, aproveito para interpelar o próprio campo da antropologia: "quem te deu a liberdade de falar sobre liberalismos minoritários?"

Natasha costumava "tomar liberdades" com os outros, ou "dar um it".[336] Ao mesmo tempo, ela também exigia respeito. Quando questionamentos sobre a liberdade de expressão eram postos para ela, a resposta mais comum que Natasha ofereceria era dizer:

— Eu posso! Sou Natasha Kellem Bündchen!

Ela sabia que ser travesti e morar na favela trazia uma potência libertária. Quanto a mim, eu poderia presumir que não precisava de permissão para falar, uma vez que na favela "rola de tudo". Obviamente, e por diversas razões, esse não seria o melhor argumento. Eu poderia, ainda, invocar um direito constitucional individual à liberdade de expressão, no estilo normativo liberal. Fundamentar-se no liberalismo normativo para justificar as condições de possibilidade para este livro, no entanto, seria um exercício contraditório e, provavelmente, fadado ao fracasso, além de ir contra as minhas intenções políticas.

Em vez disso, tentando aprender com os meus amigos da Rocinha, e reconhecendo nossas posições desiguais, proponho tornar mais explícitas as condições que considero ter permitido a realização desta pesquisa (para além dos consentimentos formais que recebi nesse sentido). Gostaria de destacar três aspectos que marcaram o esforço antropológico que levou à publicação deste livro, demandas que me

---

336 Ver prefácio.

foram colocadas em campo como condições para o meu próprio discurso sobre o liberalismo. Primeiro, Natasha e outros exigiram um diálogo baseado na compreensão de suas verdades como verdades. Em segundo lugar, o trabalho de campo me mostrou a importância da distinção entre uma antropologia liberal e uma antropologia para a libertação — esta última provando estar mais alinhada com os interesses dos meus amigos LGBTQ. Terceiro, diante dessas condições anteriores, minha escrita deveria ser parte de um exercício ético e político específico, a construção de uma narrativa em apoio aos modos minoritários de libertação.

O conceito de liberalismo minoritário introduzido neste livro não pretende ser simplesmente uma variação do liberalismo dentro de uma estrutura pré-estabelecida de tolerância em relação à "diversidade cultural". Em vez disso, o conceito é derivado de experiências de campo e uma antropologia "baseada em escolhas políticas conscientes sobre estar do lado da luta e da transformação".[337] Nesse caso, em vez de apenas buscar ampliar um catálogo de liberdades, como uma espécie de exercício antropológico de "coleção de borboletas", sugeri que o ponto principal de tomar a sério as liberdades minoritárias seria promover a luta dos moradores de favelas contra formas de dominação que não são as mais evidentes e, exatamente por isso, mais eficazes. Notavelmente, refiro-me à colonização das possibilidades de liberdade pelo liberalismo normativo. Muitos antropólogos, mesmo aqueles que afirmam apoiar a causa da liberdade, têm pontos cegos quando se trata do liberalismo. A percepção de que existem modos minoritários de liberalismo deve servir para aumentar a heterogeneidade (desterritorialização) do liberalismo, não para promover sua universalização.

Enquanto estava na Rocinha, experimentei modos de libertação minoritários que me fizeram pensar se realmente queria voltar a um modo de vida em que o liberalismo normativo parece totalmente aceitável (quando não desejável). Minha própria possibilidade de escolha, nesse caso, apresentou-se como um problema "liberal" para mim. Quem pode escolher o quê? Como uma vez fui lembrado na Rocinha, como um brasileiro branco de classe média, eu tinha a liberdade de escolher onde morar, enquanto a maioria dos moradores

---

337 HARRISON, *Decolonizing Anthropology*, 88.

das favelas estariam presos àqueles territórios. Ao mesmo tempo, porém, alguns vizinhos meus, principalmente evangélicos, demonstravam que era possível sair da Rocinha. Na visão deles, o que acontecia era que muitos moradores do morro, na verdade, gostavam da "confusão" e do "libertinismo" da favela.[338] De minha parte, ficava pensando: o que seria estar preso em um território de liberdades alternativas? Será que os traficantes do morro se sentiam assim? Tinham toda a liberdade e poder dentro da favela, ao mesmo tempo em que estavam presos nela. As pessoas no asfalto seriam mais livres ou apenas viveriam formas diferentes de prisão daquelas da favela? Por vezes, era lembrado da letra de "Minha Alma", uma canção bastante popular no Brasil: "as grades do condomínio são pra trazer proteção. Mas também trazem a dúvida se é você que tá nessa prisão". Ao caminhar até a praia de São Conrado com meus amigos da favela, costumávamos passar por vários condomínios de classe média alta. Enquanto ríamos e curtíamos livremente uma vida de rua, as crianças dos condomínios olhavam para nós detrás de grades de ferro, seus pais e mães em pânico com a nossa existência.

## PRISÃO E OUTRAS QUESTÕES

Na favela, existem diferentes modos de liberalismo em articulação com o poder e o governo dos traficantes. Essas experiências minoritárias eram constituídas, principalmente, a partir da "desidentificação" dos moradores de favela com o liberalismo normativo das elites brasileiras. Como a própria Natasha reconhecia, ela tinha mais liberdade para ser ela mesma na Rocinha do que no asfalto. Em parte, isso se devia às leis do morro, algumas das quais eram especialmente concebidas para a população LGBTQ da favela. Para alguns migrantes nordestinos, a possibilidade de uma experiência diferente de liberdade era um aspecto fundamental do desejo que cultivavam de sair de lugares como o interior do Ceará para o Rio de Janeiro. Como uma espécie de migrante também, experimentei os efeitos diretos de algumas das políticas liberais do tráfico. Por exemplo, isso aconteceu quando eu estava na companhia do meu amigo Auro e

---

338 LINO E SILVA, *Ontological Confusion*.

lidamos com um episódio de violência homofóbica malsucedido na favela.[339]

Na Rocinha, a dependência que algumas formas de liberalismo tinham de atividades consideradas "ilegais" pelo Estado-nação — como o tráfico de drogas — destacava outro conjunto de relações (e fraturas) entre as leis do morro e o Estado de Direito. Embora a polícia tivesse pouco controle sobre o território da favela no dia a dia, os traficantes ainda estavam sujeitos a limitações em suas liberdades de movimento para fora da favela. Os traficantes de drogas tinham que pagar subornos continuamente à polícia ("arrego") para evitar prisões e conflitos armados. Destarte, o território da cadeia figurava como articulador das liberdades na vida dos moradores das favelas. Minha amiga Rose me explicou essa conexão durante uma de minhas visitas ao PPG.[340] Os traficantes que eram mandados para a cadeia terminavam por valorizar as possibilidades de liberdade alternativas, mais do que aqueles que nunca tinham passado pela cadeia. Confirmando a importância das prisões estatais como parte das *assemblages* de liberdade na vida dos moradores de favelas, Bezerra, esposo de Amélia, certa vez confessou durante uma conversa com seu filho, Moreno:

— Eu quero é ter minha *liberdade*, cara! É muita humilhação e esculacho na cadeia!

Eles debatiam sobre o dinheiro "fácil" que poderiam ganhar traficando drogas, e Bezerra acabou expressando um outro entendimento comum na favela: principalmente para os mais pobres, só por não estarem na prisão, deveriam se considerar livres.

Sabe-se da superlotação e corrupção no sistema carcerário brasileiro, com uma população desproporcional de pretos e pardos. Alguém da elite no Brasil, quando vai para a cadeia, recebe vários privilégios oficiais e "não oficiais". Por exemplo, em um país onde o acesso ao ensino superior ainda é uma prerrogativa de poucos, por lei, os presos com diploma universitário recebem o direito de ter sua própria cela, especial, e de serem mantidos separados dos prisioneiros "comuns".[341] Enquanto isso, a população brasileira desfavorecida

---

339 Como descrito em detalhes no capítulo 2.

340 Ver capítulo 2.

341 Esta lei está em vigor desde 1941. Ver o Código de Processo Penal Brasileiro (Decreto-Lei No. 3.689), art. 295.

sofre as piores formas de abuso. Na cadeia, aqueles sem associação prévia ao crime organizado muitas vezes precisam se juntar a alguma facção do narcotráfico para garantir sua sobrevivência.[342] As prisões fazem parte de um aparato punitivo do Estado (neoliberal) voltado para os relegados urbanos, seja por meio da humilhação ou do castigo físico. As prisões também fazem parte de um aparato normativo religioso no Brasil. Igrejas neopentecostais oferecem libertação espiritual das armadilhas e laços do diabo, mas não só isso: há fortes conexões entre movimentos religiosos e as prisões estatais. Muitos dos encarcerados acabam se convertendo ao cristianismo para alcançar alguma forma de libertação.

Dito isso, as profundas contradições que existem entre os modos de liberalismo normativo e os modos de liberalismo minoritário foram destacadas, mais uma vez, em 2020, enquanto eu assistia à TV. O programa, exibido aos domingos, era apresentado pelo médico Drauzio Varella. Ele trouxe uma câmera para uma prisão brasileira para mostrar diferentes histórias de vida da população travesti encarcerada. Em uma cena, o médico apresenta o caso de uma travesti, chamada Lolla, que havia sido recentemente autorizada a sair da prisão e a voltar para casa. Ao contrário das expectativas da maioria, o fato de Lolla estar livre da prisão não trazia satisfação para os desejos dela. Nas palavras de Varella, "morando com o pai, ela ainda contou que, por estar no meio da sociedade novamente, não ficava à vontade para expressar sua identidade de gênero feminina como gostaria".

Em seguida, ele entrevistou diretamente Lolla, que afirmou:

— Lá [no presídio], eu tinha mais *liberdade*!"[343]

Para travestis como Lolla, havia mais liberdades minoritárias a serem desfrutadas na prisão do que vivendo fora dela, em "sociedade", com sua família, sob o patriarcado. Isso serve como um lembrete de que relações de parentesco podem tanto oprimir quanto promover um certo liberalismo *queer* — como era o caso do parentesco entre

---

342 Como Rose explicou, a maioria dessas facções têm valores explícitos relacionados a uma forma minoritária de liberalismo. Para uma etnografia da vida em uma dessas prisões, principalmente na perspectiva da maior facção do tráfico brasileiro (PCC), ver: BIONDI, *Junto e Misturado*.

343 Ver: <https://www.uol.com.br/universa/noticias/redacao/2020/03/07/acharam-a-lolla-trans-retratada-por-drauzio-vai-receber-ajuda-de-campanha.htm>

os membros do grupo PAFYC.[344] A amizade pode ser uma forma tão importante de relacionalidade que, às vezes, transforma-se em parentesco. Portanto, examinar criticamente a dimensão opressiva das relações de parentesco não é o mesmo que afirmar que o liberalismo minoritário deve, necessariamente, basear-se no individualismo como alternativa. Como o caso do PAFYC demonstra, a liberdade do "bonde", como uma coletividade, era uma questão de maior importância para eles do que a libertação individual — embora também testassem as possibilidades mais individuais de libertação na IURD. Por vezes, as próprias relações "de sangue" eram bastante valorizadas, como vimos quando algumas travestis faziam o possível para remediá-las, apesar de serem reconhecidas como uma fonte de opressão.

Fora da esfera familiar, a maioria dos moradores da favela tinham histórias para contar sobre suas experiências com o Estado-nação. Elas iam de confrontos com policiais a instituições como prisões. Moradores da favela envolviam-se com o poder do Estado sempre que tentavam tirar uma carteira de identidade, uma carteira de trabalho,[345] recebiam eletricidade em suas casas ou eram tratados em hospitais públicos, por exemplo. Outra ação estatal era o bem-sucedido programa de redistribuição de renda chamado Bolsa Família, operado sob o governo do presidente Lula.[346] No entanto, era o aparato de policiamento do Estado-nação que mais marcava a vida dos moradores da Rocinha. Havia uma ameaça constante de "invasões" policiais no território da favela (com tiroteios, prisões e balas perdidas). Havia também temores relacionados às revistas feitas por policiais na entrada da favela e, sobretudo, medo de ir para a prisão — ou de ter amigos, filhos, filhas e outros parentes na prisão.

---

344 Ver capítulo 4.

345 Documento oficial necessário para muitas formas de emprego "legal" no Brasil (trabalho de carteira assinada).

346 Criado por meio do Decreto Presidencial No. 5.209, em 17 de setembro de 2004, o programa era baseado em transferências condicionais de renda para a população brasileira abaixo da "linha da pobreza" (medida quantitativa da renda mensal). Uma das condições para receber o benefício do Estado era manter as crianças na escola, por exemplo. Esse programa unificou e expandiu outros programas de transferência de renda criados no governo anterior ao de Lula.

Em um livro chamado *Freedom with Violence*,[347] o teórico *queer* Chandan Reddy destaca que, para as populações minoritárias, o liberalismo raramente significa liberdade da violência. Ao contrário, a maioria das narrativas (normativas) de liberdade vinculam os direitos e a cidadania de grupos privilegiados (dominantes) a um uso supostamente necessário e legítimo da violência, muitas vezes perpetrada pelo Estado-nação contra negros, pessoas *queer*, migrantes indocumentados e outros. As observações de Reddy foram baseadas nas realidades dos Estados Unidos. Embora *Liberalismo Minoritário* não seja focado em análises comparativas explícitas, ainda é possível considerar as diferenças e semelhanças estabelecidas por meio das operações do liberalismo em diferentes países.[348] O que parece ser evidente tanto nos Estados Unidos quanto no Brasil é que a organização liberal normativa nesses dois territórios depende fortemente da perpetração da violência estatal (principalmente por meio da violência policial e do encarceramento), que afeta desproporcionalmente as populações menos favorecidas desses países. Não por acaso, portanto, o fomento e o reconhecimento de modos alternativos de liberalismo deveriam tornar-se possibilidades políticas urgentes e relevantes para projetos de vida como o de Lolla e de muitas outras em grupos minoritários.

## LIBERTAÇÃO ALÉM DO HUMANISMO

As relações entre o Estado-nação e os diferentes fenômenos religiosos também se tornaram mais evidentes por meio desta etnografia do liberalismo. A Igreja Católica, as igrejas neopentecostais e as religiões afro-brasileiras oferecem suas próprias formas de libertação. Aliado ao fracasso (ou desinteresse) do Estado em apoiar os projetos de vida dos moradores das favelas, a "religião" torna-se um domínio valioso na provisão de liberdades, seja por meio do trabalho coletivo em mutirões, dos exorcismos, ou da possessão e da feitiçaria. A libertação religiosa importava para os meus amigos da Rocinha de maneiras que o liberalismo secular não parece conse-

347 REDDY, *Freedom with Violence.*

348 Ver, por exemplo, o trabalho de WACQUANT, *Urban Outcasts.*

guir conceber. Por exemplo, as transformações experimentadas por pessoas LGBTQ por meio de possessões e exorcismos estavam diretamente ligadas à flexibilidade de seus corpos, que permitiam que uma variedade de entidades não humanas (divindades, demônios e espíritos) penetrassem e existissem neles (ou em vez deles).

No caso particular da Igreja Universal, enquanto eu conduzia o trabalho de campo sobre os cultos de libertação, ocorreu um episódio que me reconectou ao aparato estatal do liberalismo.[349] Nunca esquecerei que terminei a noite em uma delegacia de polícia na Gávea, onde registrei um boletim de ocorrência contra a IURD. Como tal, pode-se pensar que as igrejas e o Estado-nação são organizações que trabalham por meio de diferentes modos de liberalismo. No entanto, os esforços da Igreja Universal em termos de libertação espiritual também funcionavam como um aparato para a normalização das liberdades na vida daqueles meus amigos da favela que desterritorializavam seus corpos, desejos e práticas sexuais. Em certo sentido, a IURD e o Estado-nação eram ambos agentes que operavam contra as liberdades minoritárias, mas de lados diferentes de uma dobra liberal normativa.

As religiões afro-brasileiras atraíam a maioria das pessoas LGBTQ que conheci na Rocinha, e desafiavam o liberalismo normativo ao promover a desterritorialização de "indivíduos autopossuídos" — em controle de si mesmos. Muito recentemente ouvi de amigos na favela que mesmo Natasha, que era mais cética, procurava a ajuda de uma Pombagira na Rocinha quando precisava. Meus amigos LGBTQ desafiavam normas por meio de encontros com espíritos e divindades, que também os aconselhavam sobre questões relacionadas ao amor, sexo e prostituição. Assim, esses seres não humanos complexificavam os entendimentos possíveis sobre a vida e a não vida, expandindo as possibilidades limitadas de existência ao possuírem os corpos humanos.[350]

É importante ressaltar que, se os humanos sofrem com a violência do Estado, os espíritos não são suscetíveis ao mesmo aparato estatal punitivo, ao policiamento e à prisão. Pelo menos não no mesmo

---

349 Ver capítulo 5.

350 Na umbanda, um corpo masculino poderia se tornar uma entidade feminina através da possessão por um espírito, por exemplo.

sentido liberal normativo. Alguns dos Exus e Pombagiras celebrados na Rocinha eram considerados criminosos em vidas pregressas. Alguns eram profissionais do sexo, libertinos ou pessoas anteriormente escravizadas — humanos que encontraram as formas mais brutais de violência estatal e não foram os beneficiários típicos do liberalismo normativo durante suas vidas. Em uma forma diferente da humana, no entanto, conseguiram se libertar dos abusos do liberalismo normativo. Conscientes dessa situação, as igrejas neopentecostais pareciam ter encontrado uma importante "fronte" de atuação como agentes na regulação e opressão desses espíritos "desviantes" e suas liberdades minoritárias, cumprindo o papel do Estado do outro lado de um dobradura.

## POR DIAS MAIS FELIZES EM TEMPOS DE VIOLÊNCIA

Apesar de ter me mudado da favela em 2010, ainda consegui realizar o sonho de comprar uma moradia, mesmo que de um quarto, perto da casa de Amélia.[351] Como não havia escritura oficial para transferir, assinei um pedaço de papel produzido pelo proprietário anterior do imóvel adquirindo os "direitos" (no sentido das leis do morro) sobre a propriedade. Minha localização permanente na favela passou a ser no mesmo beco onde morei em 2009 e 2010, apenas alguns prédios mais próximo à Escola Amigos Unidos (EAU). Assim, tenho uma casa no Rio de Janeiro e mantenho minhas conexões com a maioria das pessoas que conheci durante o trabalho de campo. Quando não estou na Rocinha, minha grande amiga Amélia e outros vizinhos me ajudam a cuidar do barraco.

Em novembro de 2010, o governo do Rio de Janeiro decidiu "ocupar" o Complexo do Alemão, uma conurbação de favelas localizadas na Zona Norte do Rio de Janeiro, não muito longe do aeroporto internacional. Em vez da figura do Dono do Morro que existia na Rocinha, o Complexo do Alemão tinha um arranjo de poder muito mais complicado, com diferentes "donos" e diferentes facções do narcotráfico operando em diferentes partes de um território

[351] Esta seção contém trechos do meu capítulo em LINO E SILVA & WARDLE, *Freedom in Practice.*

fragmentado. A decisão de ocupar tal complexo de favelas foi um sinal claro de uma nova, mais ambiciosa e cada vez mais violenta forma de política de "segurança pública" no Rio de Janeiro.

Essa operação policial fazia parte de um programa mais amplo, voltado para o combate ao narcotráfico no Rio de Janeiro. Trazia a promessa de trazer "ordem" às favelas do Rio, exatamente quando aquela cidade, e o Brasil, preparavam-se para sediar a Copa do Mundo de 2014 e os Jogos Olímpicos de 2016. Como a ocupação da polícia foi resistida bravamente no Complexo do Alemão, o governo brasileiro decidiu trazer o exército nacional para lutar contra os moradores das favelas. A cobertura midiática do evento incluiu muito sangue. O exército justificou sua brutal demonstração de força contra aqueles que resistiam à ocupação argumentando veementemente que tal guerra era necessária para trazer *liberdade* para a população que vivia naquela favela. Um comandante do grupo policial que participou da operação foi citado em muitos jornais dizendo:

— Vencemos. Trouxemos a *liberdade* à população do Alemão.[352]

Na madrugada de 13 de novembro de 2011, seria a vez de a Rocinha ser ocupada pela polícia, em conjunto com o Exército brasileiro. A operação fora anunciada na televisão com dias de antecedência pelo alto escalão do Governo do Rio de Janeiro, deixando meus amigos na Rocinha ansiosos e com medo, esperando a guerra chegar. Como antes, o governo e a mídia nacional continuaram a justificar a ocupação sangrenta de territórios urbanos pelo Estado-nação utilizando-se de alegações de que isso traria liberdade à população das favelas. Após uma entrada inicial do Estado, o plano professado era instalar na Rocinha o que o governo do Rio estava chamando de UPPs (Unidades de Polícia Pacificadora). Anteriormente, as operações policiais consistiam, principalmente, na "invasão" das favelas pelas forças estatais, em busca de drogas, prendendo pessoas e logo saindo do território dos morros. As UPPs eram baseadas em uma lógica diferente; a principal justificativa delas era que os agentes do Estado-nação não só deveriam invadir, mas também ocupar os territórios das favelas, estabelecendo novas delegacias de polícia,

---

352 Ver as notícias originais no G1 da Globo: <http://g1.globo.com/rio-de-janeiro/rio-contra-o-crime/noticia/2010/11/veja-frases-sobre-o-combate-ao-crime-no-rio-de-janeiro.html>.

implantando um contingente muito maior de representantes estatais dentro das favelas.

Ninguém sabia ao certo como os traficantes da Rocinha reagiriam a tal "ataque" do governo. Alguns pensavam que, tendo em vista os sangrentos conflitos ocorridos no Complexo do Alemão em 2010, os traficantes da Rocinha simplesmente fugiriam e evitariam o confronto direto com o Estado-nação. No entanto, muitas outras pessoas citaram que Nem — o Dono do Morro na época — havia jurado que ele e seu grupo lutariam até a morte. Um amigo contou que, em uma grande festa, poucos dias antes da ocupação programada, Nem fez um discurso emocionado, prometendo iniciar uma grande batalha que seria vitoriosa contra as forças estatais na Rocinha. As cenas violentas da histórica Guerra de Canudos vieram à tona mais uma vez, em um significativo paralelismo histórico com as favelas.[353]

Em 10 de novembro de 2011, dois dias antes do início da ocupação, eu estava em Cambridge, Massachusetts, conversando pela internet com Armando, o diretor da EAU. Em certo momento de nossa conversa, ele me disse que estava abalado e não conseguia acreditar no que acabara de ver na televisão. A TV Globo tinha acabado de interromper sua programação regular para mostrar algumas notícias de última hora sobre a Rocinha. Meu coração começou a bater rápido, perguntei o que estava acontecendo e se ele estava ouvindo fogos de artifício na favela. Ele respondeu que não e calou-se. Fogos de artifício seriam um sinal de que a invasão da favela teria começado. Depois de um tempo, meu amigo finalmente revelou:

— Diz a TV Globo que a polícia pegou o Nem!

Era a minha vez de ficar em silêncio. Eu não sabia o que dizer. Quase imediatamente, mensagens começaram a aparecer na internet sobre a possibilidade de que Nem teria sido preso. Meus amigos da Rocinha começaram a postar freneticamente no Facebook. Seria verdade que Nem estava preso? Armando me pediu para ficar *on-line* e disse que tentaria me manter informado. Ele ainda duvidava da notícia. Minutos depois, meus amigos no Facebook começaram a postar links para notícias que confirmavam que Nem havia sido capturado

---

353 Na introdução, explico a conexão entre as favelas brasileiras e a Guerra de Canudos.

pela polícia enquanto tentava fugir da favela dentro do porta-malas de um carro diplomático.

A reação por parte dos meus amigos LGBTQ na favela foi extremamente negativa. Uma delas publicou suas opiniões nas redes sociais. Em uma das postagens, ela afirmou: "Liberdade Pro Nem da rocinha :) *_* vai toma no cu (UPP)". O clima geral era extremamente negativo e dominado por incertezas sobre o futuro da favela e, em específico, sobre o que aquele episódio significaria para a proteção das liberdades *queer* na Rocinha.

Em muitas das minhas visitas subsequentes à favela, ouvi várias reclamações por parte dos meus amigos LGBTQ sobre o quanto as coisas haviam mudado. Eles sentiam falta da empolgação das grandes festas na Rocinha. Sentiam falta da atenção que costumavam receber dos traficantes. Acima de tudo, mencionavam que a homofobia e a transfobia haviam aumentado nos becos da Rocinha.

— A quem podemos recorrer agora? A esses policiais homofóbicos? — Segata perguntou.

Até mesmo a Parada do Orgulho LGBTQ da Rocinha, um evento que havia começado logo depois que deixei a favela em 2010 (e separado daquele que acontecia no asfalto) estava sob ameaça. Tudo passou a depender da autorização formal da polícia e, pior ainda, sem o apoio dos traficantes, não haveria recursos para financiar o evento. Aqueles primeiros anos da UPP na Rocinha foram alguns dos piores para as liberdades minoritárias dos meus amigos da favela. Ao mesmo tempo, os moradores da Rocinha não notavam mudanças significativas no sentido de terem mais liberdades normativas.

Em 2014, o projeto das UPPs começou a entrar em falência no Rio de Janeiro. Sem a capacidade financeira, a habilidade técnica ou a vontade política que seriam necessárias para "exterminar" atividades consideradas "ilegais" — mas extremamente lucrativas — a ressurgência do tráfico de drogas começou a ser sentida nas favelas. Em um arranjo emergente, mais instável, novos traficantes começaram a ocupar o morro. Nos últimos anos, a expectativa entre os meus amigos LGBTQ na Favela da Rocinha tem sido pela volta de dias mais felizes.

# REFERÊNCIAS

Abu-Lughod, Lila. "Writing Against Culture". In *Recapturing Anthropology: Working in the Present*, edited by Richard Fox. Santa Fe: School of American Research Press, 1991.

Aguião, Silvia. *'Aqui Nem Todo Mundo É Igual ' Cor, Mestiçagem e Homossexualidades numa Favela do Rio de Janeiro*. Master's thesis, UERJ, 2007.

Aguião, Silvia. *'Fazer-se no 'Estado': Uma Etnografia Sobre o Processo de Constituição dos 'LGBT' como Sujeitos de Direitos no Brasil Contemporâneo*. PhD diss., Unicamp, 2014.

Alessi, Gil. "Subiu o Morro como Antônio, Desceu como Nem da Rocinha". *El País*, December 28, 2016.

Allain, Jean. *The Legal Understanding of Slavery: From the Historical to the Contemporary*. Oxford: Oxford University Press, 2012.

Allen, Jafari, and Ryan Jobson. "The Decolonizing Generation: (Race and) Theory in Anthropology since the Eighties". *Current Anthropology* 57, no. 2 (April 2016): 129–48. DOI: 10.1086/685502.

Almeida, Ronaldo de. *A Igreja Universal e seus Demônios*. São Paulo: Terceiro Nome, 2009.

Alves, Jaime A. "From Necropolis to Blackpolis: Necropolitical Governance and Black Spatial Praxis in São Paulo, Brazil". *Antipode* 46, no. 1 (2014): 323–39. https://doi.org/10.1111/anti.12055.

Amado, Jorge. *Capitães da Areia*. São Paulo: Companhia de Bolso, 2009.

Anshen, Ruth Nanda, ed. *Freedom: Its Meaning*. London: George Allen and Unwin, 1942.

Appadurai, Arjun. *Fear of Small Numbers*. Durham, NC: Duke University Press, 2006.

Arendt, Hannah. *Between Past and Future*. New York: Penguin, 1961.

Asad, Talal. *Genealogies of Religion: Discipline and Reasons of Power in Christianity and Islam*. Baltimore: Johns Hopkins University Press, 1993.

Austin, John L. *How to Do Things with Words*. Oxford: Clarendon Press, 1962.

Baehr, Amy, ed. *Varieties of Feminist Liberalism*. Lanham, MD: Rowman and Littlefield, 2004.

Benjamin, Walter. *Das Passagen-Werk*. Frankfurt: Suhrkamp, 1982.

Benveniste, Émile. *Indo-European Language and Society*. Miami: Miami Press, 1973. Disponível em: http://nrs.harvard.edu/urn-3:hul.ebook:CHS_Benveniste.Indo-European_Language_and_Society.1973.

Berlin, Isaiah. *Four Essays on Liberty*. London: Oxford University Press, 1969.

Bersani, Leo. *Is the Rectum a Grave?* Chicago: University of Chicago Press, 2009.

Biondi, Karina. *Junto e Misturado: Uma Etnografia do PCC*. São Paulo: FAPESP, 2010.

Boas, Franz. "Liberty among Primitive People". In *Freedom: Its Meaning*, edited by Ruth Nanda Anshen. London: George Allen and Unwin, 1942.

Boff, Leonardo. *O Caminhar da Igreja com os Oprimidos*. Petrópolis: Editora Vozes, 1981.

Boym, Svetlana. *Another Freedom: The Alternative History of an Idea*. Chicago: University of Chicago Press, 2010.

Brown, Wendy. *Undoing the Demos: Neoliberalism"s Stealth Revolution*. Brooklyn: Zone Books, 2015.

Butler, Judith. *Excitable Speech: A Politics of the Performative*. London: Routledge, 1997.

Caldeira, Teresa. *City of Walls: Crime, Segregation, and Citizenship in São Paulo*. Berkeley: University of California Press, 2000.

Campos Lima, Eduardo. "Police Are Killing Poor Civilians in Brazil's Favelas: The Church Offers Protection". *America: The Jesuit Review*, January 20, 2020. https://www.americamagazine.org/politics-society/2019/12/23/police-are-killing-poor-civilians-brazils-favelas-church-offers.

Campuzano, Giuseppe. "Reclaiming Travesti Histories". *IDS Bulletin* 37, no. 5 (2006): 34–39.

Carade, Hildon. *Entre a 'Síndrome do Pato' e o 'Efeito Mateus': Juventude e Políticas Sociais na Periferia de Salvador*. PhD diss., UFBA, 2016.

Cardoso, Vânia. "Narrar o Mundo: Estórias do 'Povo da Rua' e a Narração do Imprevisível". *MANA* 13, no. 2 (2007): 317–45.

Cassin, Barbara, et al., ed. *Dictionary of Untranslatables: A Philosophical Lexicon*. Princeton, NJ: Princeton University Press, 2014.

Chakrabarty, Dipesh. *Provincializing Europe*. Princeton, NJ: Princeton University Press, 2000.

Chalhoub, Sidney. *Visões da Liberdade: Uma História das Últimas Décadas da Escravidão na Corte*. São Paulo: Companhia das Letras, 2011.

Clastres, Pierre. *Society Against the State: Essays in Political Anthropology*. New York: Zone Books, 1987.

Comaroff, Jean, and John Comaroff. "Millennial Capitalism: First Thoughts on a Second Coming". *Public Culture* 12, no. 2 (2000): 291–343.

Comaroff, Jean, and John Comaroff. *Modernity and Its Malcontents: Ritual and Power in Postcolonial Africa*. Chicago: University of Chicago Press, 1993.

Crosson, J. Brent. "What Possessed You? Spirits, Property, and Political Sovereignty at the Limits of 'Possession.'" *Ethnos* 84, no. 4 (2019): 546–56. DOI: 10.1080/00141844.2017.1401704.

Cunha, Euclides da. *Os Sertões*. Rio de Janeiro: Laemmert, 1902.

DaMatta, Roberto. *A Casa & a Rua: Espaço, Cidadania, Mulher e Morte no Brasil*. Rio de Janeiro: Rocco, 1997.

Das, Veena. *Life and Words: Violence and the Descent into the Ordinary*. Berkeley: University of California Press, 2006.

Day, Sophie. "The Re-emergence of 'Trafficking': Sex Work Between Slavery and Freedom". *Journal of the Royal Anthropological Institute* 16 (2010): 817–18.

Decena, Carlos. "Tacit Subjects". *GLQ: A Journal of Lesbian and Gay Studies* 14, nos. 2–3 (2008): 339. DOI: 10.1215/10642684-2007-036.

Dehesa, Rafael de la. *Queering the Public Sphere in Mexico and Brazil: Sexual Rights Movements in Emerging Democracies*. Durham, NC: Duke University Press, 2010.

Déjaque, Joseph. "L'Echange". *Le Libertaire*. New York, 1858.

DeLanda, Manuel. *A New Philosophy of Society: Assemblage Theory and Social Complexity*. London: Bloomsbury, 2006.

Deleuze, Gilles. *Dialogues II*. New York: Columbia University Press, 2007.

Deleuze, Gilles, and Félix Guattari. *Kafka: Toward a Minor Literature*. Minneapolis: University of Minnesota Press, 1986.

Deleuze, Gilles, and Félix Guattari. *A Thousand Plateaus: Capitalism and Schizophrenia*. London: Continuum, 2004.

Deleuze, Gilles, and Félix Guattari. "What Is a Minor Literature?" *Mississippi Review* 11, no. 3 (2001): 13–33.

D'Emilio, John. *Sexual Politics, Sexual Communities*. Chicago: University of Chicago Press, 1998.

Derrida, Jacques. *Writing and Difference*. London: Routledge, 1981.

Dreyfus, Hubert and Paul Rabinow, eds. *Michel Foucault: Beyond Structuralism and Hermeneutics*. London: Routledge, 2016.

Du Bois, W. E. B. *The Souls of Black Folk*. Greenwich, CT: Fawcett, 1961.

Edelman, Lee. *No Future: Queer Theory and the Death Drive*. Durham, NC: Duke University Press, 2004.

Edmonds, Alexander. *Pretty Modern: Beauty, Sex, and Plastic Surgery in Brazil*. Durham, NC: Duke University Press, 2010.

Eng, David. *The Feeling of Kinship: Queer Liberalism and the Racialization of Intimacy*. Durham, NC: Duke University Press, 2010.

Facina, Adriana, and Pâmella Passos. "Funk Pacificado? Reflexões Sobre a Implementação das Unidades de Polícia Pacificadora (UPPs) e seus Impactos Culturais". In *Direitos Humanos e Neoliberalismo*, ed. Antônio Pele et al., 1–16. Rio de Janeiro: Lumen Juris, 2018.

Farmer, Paul. *Infections and Inequalities: The Modern Plagues*. Berkeley: University of California Press, 1999.

Ferguson, James. *Global Shadows: Africa in the Neoliberal World Order*. Durham, NC: Duke University Press, 2006.

Ferreira, Francisco, Phillippe Leite, and Julie Litchfield. "Brazil: The Search for Equity". *Revista* (Spring 2007).

Fish, Stanley. *There's No Such Thing as Free Speech, and It's a Good Thing, Too*. New York: Oxford University Press, 1994.

Foucault, Michel. *Discipline and Punish: The Birth of the Prison*. New York: Vintage, 1995.

Foucault, Michel. *The History of Sexuality*. Vol. 1, *An Introduction*. London: Vintage, 1990.

Foucault, Michel. *The History of Sexuality*. Vol. 2, *The Use of Pleasure*. New York: Vintage, 1986.

Foucault, Michel. *Power/Knowledge*. New York: Vintage, 1980.

Foucault, Michel. "Of Other Spaces, Heterotopias". Translated from *Architecture, Mouvement, Continuité*, no. 5 (1984): 46–49.

Foucault, Michel. *Technologies of the Self: A Seminar with Michel Foucault*. Amherst: University of Massachusetts Press, 1988.

Fox, Richard, ed. *Recapturing Anthropology: Working in the Present*. Santa Fe, NM: School of American Research Press, 1991.

Franklin, Joshua. "Surgical Subjects and the Right to Transgender Health in Brazil". *TSQ* 5, no. 2 (May 2018): 190–206. https://doi.org/10.1215/23289252-4348629.

Freire, Paulo. *Pedagogia do Oprimido*. São Paulo: Paz and Terra, 2013.

Freud, Sigmund. *Five Lectures on Psychoanalysis*. New York: Penguin, 1995.

Geschiere, Peter. *The Modernity of Witchcraft*. Charlottesville: University of Virginia Press, 1997.

Green, James. *Beyond Carnival: Male Homosexuality in Twentieth-Century Brazil*. Chicago: University of Chicago Press, 2001.

Guimarães, Antônio. *Classes, Raças e Democracia*. São Paulo: Editora 34, 2009.

Halperin, David. *Que Veulent les Gays?: Essai sur le Sexe, le Risque et la Subjectivité*. Paris: Amsterdam Press, 2010.

Hanssen, Beatrice. *Critique of Violence: Between Poststructuralism and Critical Theory*. London: Routledge, 2000.

Harrington, Michael. *The Other America: Poverty in the United States*. New York: Macmillan, 1962.

Harrison, Faye. *Decolonizing Anthropology: Moving Further toward an Anthropology for Liberation*. Arlington, VA: American Anthropological Association, 1997.

Hayes, Kelly. "Wicked Women and Femmes Fatales: Gender, Power, and Pomba Gira in Brazil". *History of Religions* 48, no. 1 (2008): 1–21. DOI:10.1086/592152.

Hecht, Tobias. *At Home in the Street: Street Children in Northeast Brazil*. Cambridge: Cambridge University Press, 1998.

Hilgers, Mathieu. "The Three Anthropological Approaches to Neoliberalism". *ISSJ* 61 (2002): 351–64.

Hobbes, Thomas. *Leviathan*. Menston: Scolar P, 1651.

Hobsbawm, Eric. *Echoes of the Marseillaise: Two Centuries Look Back on the French Revolution*. New Brunswick, NJ: Rutgers University Press, 1990.

Holland, Eugene. "Deterritorializing 'Deterritorialization': From the *Anti-Oedipus* to *A Thousand Plateaus*". *SubStance* 20, no. 3, issue 66 (1991): 55–65.

Humphrey, Caroline. "Alternative Freedoms". *Proceedings of the American Philosophical Society* 151, no. 1 (2007): 1–10.

Jaguaribe, Beatriz. "Favelas and the Aesthetics of Realism: Representations in Film and Literature". *Journal of Latin American Cultural Studies* 13, no. 3 (2004): 327–42.

Jobson, Ryan. "The Case for Letting Anthropology Burn: Sociocultural Anthropology in 2019". *American Anthropologist* 122, no. 2 (2020): 259–71.

Johnson, Paul. *Spirited Things: The Works of Possession in Afro-Atlantic Religions*. Chicago: University of Chicago Press, 2014.

Joyce, Patrick. *The Rule of Freedom: Liberalism and the Modern City.* London: Verso, 2003.

Kardec, Allan. *The Spirits' Book.* Miami: FEB, 2018.

Katz, Michael. *The Undeserving Poor: From the War on Poverty to the War on Welfare.* New York: Pantheon, 1989.

Kulick, Don. "Can There Be an Anthropology of Homophobia?" In *Homophobias: Lust and Loathing Across Time and Space,* ed. David Murray. Durham, NC: Duke University Press, 2010.

Kulick, Don. *Travesti: Sex, Gender, and Culture among Brazilian Transgendered Prostitutes.* Chicago: University of Chicago Press, 1998.

Laidlaw, James. "For an Anthropology of Ethics and Freedom". *Journal of the Royal Anthropological Institute* 8, no. 2 (2002): 311–32.

Laing, Mary, et al., eds. *Queer Sex Work.* London: Routledge, 2016.

Leap, William, and Tom Boellstorff. *Speaking in Queer Tongues.* Chicago: University of Illinois Press, 2003.

Leite, Gabriela. *Filha, Mãe, Avó e Puta.* São Paulo: Editora Objetiva, 2009.

Leu, Lorraine. *Defiant Geographies: Race and Urban Space in 1920s Rio de Janeiro.* Pittsburgh: University of Pittsburgh Press, 2020.

Lewis, Oscar. *The Children of Sanchez: Autobiography of a Mexican Family.* New York: Random House, 1961.

Lewis, Oscar. *La Vida.* London: Panther, 1968.

Lima, Antônio Carlos de Souza. *Um Grande Cerco de Paz. Poder Tutelar, Indianidade e Formação do Estado no Brasil.* Petrópolis: Vozes, 1995.

Lino e Silva, Moisés. "Ontological Confusion: Eshu and the Devil Dance to the Samba of the Black Madman". *Social Dynamics* 41, no. 1 (2015): 34–46. DOI: 10.1080/02533952.2015.1032507.

Lino e Silva, Moisés. "*Queer* Sex Vignettes from a Brazilian Favela: An Ethnographic Striptease". *Ethnography* 16, no. 2 ( June 2015): 223–39. DOI: 10.1177/1466138114534335.

Lino e Silva, Moisés. "Red Brick in Rio". *New Geographies* 3, no. 1 (2011).

Lino e Silva, Moisés, and Gareth Doherty. "Formally Informal: Daily Life and the Shock of Order in a Brazilian Favela". *Built Environment* 37, no. 1 (2011).

Lino e Silva, Moisés, and Huon Wardle, eds. *Freedom in Practice: Governance, Autonomy, and Liberty in the Everyday.* New York: Routledge, 2016.

Locke, John. *Two Treatise of Government.* London: Whitmore and Fenn, 1821.

Loizos, Peter. "Anthropology's Engagement with Freedom-Questions: Achievements and Agenda". In *LSE on Freedom: A Centenary Anthology*, edited by Eileen Barker. London: LSE Books, 1995.

Loomba, Ania, et al. *Postcolonial Studies and Beyond*. Durham, NC: Duke University Press, 2005.

Ludemir, Julio. *Sorria, Você Está na Rocinha*. São Paulo: Editora Record, 2004.

Luz, Marco Aurélio, and Georges Lapassade. *O Segredo da Macumba*. Rio de Janeiro: Paz e Terra, 1972.

Mahmood, Saba. *Politics of Piety*. Princeton, NJ: Princeton University Press, 2011.

Mahmood, Saba. "Religious Reason and Secular Affect: An Incommensurable Divide?" *Critical Inquiry* 35 (2009): 837.

Malinowski, Bronisław. *Freedom and Civilization*. New York: Roy Publishers, 1944.

Manalansan, Martin. *Global Divas: Filipino Gay Men in the Diaspora*. Durham, NC: Duke University Press, 2003.

Maricato, Ermínia, ed. *A Produção da Casa (e da Cidade) no Brasil Industrial*. São Paulo: Editora Alfa Ômega, 1979.

Marcus, George. "Ethnography in/of the World System: The Emergence of MultiSited Ethnography". *Annual Review of Anthropology* 24 (October 1995): 95– 117. https://doi.org/10.1146/annurev.an.24.100195.000523.

Marx, Karl. "Debates on the Law on Thefts of Wood". In *Collected Works* by Karl Marx and Friedrich Engels. Vol. 1. New York: International Publishers, 1989.

Matos, Rogério, and Miguel Ribeiro. "Territórios da Prostituição nos Espaços Públicos da Área Central do Rio de Janeiro". *Revista Geográfica* 15, no. 1 (1994): 57–79. https://doi.org/10.5216/bgg.v15i1.4327.

Mazzarella, William. "The Anthropology of Populism: Beyond the Liberal Settlement". *Annual Review of Anthropology* 48 (2019): 45–60. https://doi.org/10.1146/annurev-anthro-102218-011412.

Mbembe, Achille. *Necropolitics*. Durham, NC: Duke University Press, 2019.

McFarlane, Colin. "Assemblage and Critical Urbanism". *City* 15, no. 2 (2011): 204–24. DOI: 10.1080/13604813.2011.568715.

Meirelles, Fernando, and Kátia Lund, dirs. *City of God*. Miramax Films, 2002.

Meiu, George Paul. *Ethno-Erotic Economies: Sexuality, Money, and Belonging in Kenya*. Chicago: University of Chicago Press, 2017.

Meunier, Jacques. *Os Moleques de Bogotá*. Rio de Janeiro: DIFEL, 1978.

Moncorvo Filho, Carlos. *História da Proteção à Infância no Brasil, 1500–1922*. Rio de Janeiro: Editora Pongetti, 1926.

Muñoz, José Esteban. *Disidentifications: Queers of Color and the Performance of Politics*. Minneapolis: University of Minnesota Press, 1999.

Murray, David, ed. *Homophobias: Lust and Loathing across Time and Space*. Durham, NC: Duke University Press, 2010.

Oksala, Johanna. *Foucault on Freedom*. Cambridge: Cambridge University Press, 2005.

Ong, Aihwa. *Neoliberalism as Exception*. Durham, NC: Duke University Press, 2006.

Ong, Aihwa. "Neoliberalism as a Mobile Technology". *Transactions of the Institute of British Geographers*, n.s., 32, no. 1 (2007): 3. http://www.jstor.org/stable/4639996.

O'Sullivan, Simon. "Fold". In *The Deleuze Dictionary*. Edinburgh: University of Edinburgh Press, 2005. Disponível em: https://www.simonosullivan.net/articles/deleuze-dictionary.pdf.

Oliveira, João. *O Nascimento do Brasil e Outros Ensaios: "Pacificação," Regime Tutelar e Formação de Alteridades*. Rio de Janeiro: Contra Capa, 2016.

Pandolfi, Dulce, and Mário Grynszpan. *A* Favela *Fala*. Rio de Janeiro: Editora FGV, 2003.

Parés, Luis Nicolau. *The Formation of Candomblé: Vodun History and Ritual in Brazil*. Chapel Hill: University of North Carolina Press, 2013.

Park, Robert and Ernest Burgess. *The City*. Chicago: University of Chicago Press, 2019.

Pateman, Carole. *The Sexual Contract*. Redwood City, CA: Stanford University Press, 1988.

Pateman, Carole. "What's Wrong with Prostitution?" *Women"s Studies Quarterly* 27, nos. 1/2 (Spring–Summer 1999): 53–64.

Patterson, Orlando. *Slavery and Social Death: A Comparative Study*. Cambridge, MA: Harvard University Press, 1982.

Patterson, Orlando. "Trafficking, Gender, and Slavery: Past and Present". In *The Legal Understanding of Slavery: From the Historical to the Contemporary*, ed. Jean Allain. Oxford: Oxford University Press, 2012.

Pele, Antônio, et al. *Direitos Humanos e Neoliberalismo*. Rio de Janeiro: Lumen Juris, 2018.

Pelúcio, Larissa. *Abjeção e Desejo: uma Etnografia Travesti sobre o Modelo Preventivo de Aids*. São Paulo: Annablume, 2009.

Perlman, Janice. *O Mito da Marginalidade.* Favelas *e Política no Rio de Janeiro.* Rio de Janeiro: Paz e Terra, 1977.

Perlongher, Néstor. *O Negócio do Michê: A Prostituição Viril em São Paulo.* São Paulo: Brasiliense, 1987.

Perry, Keisha-Khan. *Black Women against the Land Grab: The Fight for Racial Justice in Brazil.* Minneapolis: University of Minnesota Press, 2013.

Pina Cabral, João, and Vanda Silva. *Gente Livre: Consideração e Pessoa no Baixo Sul da Bahia.* São Paulo: Terceiro Nome, 2013.

Piscitelli, Adriana. "Entre as 'Máfias' e a 'Ajuda': a Construção de Conhecimento sobre Tráfico de Pessoas". *Cadernos Pagu* 31 (2008): 29–63.

Pitkin, Hanna. "Are Freedom and Liberty Twins?" *Political Theory* 16, no. 4 (November 1988): 523–52. DOI:10.1177/0090591788016004001.

Povinelli, Elizabeth. "A Flight from Freedom". In *Postcolonial Studies and Beyond,* ed. Ania Loomba et al. Durham, NC: Duke University Press, 2005.

Povinelli, Elizabeth. *Geontologies: A Requiem to Late Liberalism.* Durham, NC: Duke University Press, 2016.

Quine, W. V. *Theories and Things.* Cambridge, MA: Harvard University Press, 1981.

Reddy, Chandan. *Freedom with Violence: Race, Sexuality, and the US State.* Durham, NC: Duke University Press, 2011.

Reiter, Rayna, ed. *Toward an Anthropology of Women.* New York: Monthly Review Press, 1975.

Roberts, Neil. *Freedom as Marronage.* Chicago: University of Chicago Press, 2015.

Rose, Nicholas. *Powers of Freedom.* Cambridge: Cambridge University Press, 1999.

Rousseau, Jean-Jacques. *The Social Contract.* New York: Hafner, 1947.

Rubin, Gayle. "The Traffic in Women: Notes on the Political Economy of Sex". In *Toward an Anthropology of Women,* ed. Rayna Reiter. New York: Monthly Review Press, 1975.

Scheper-Hughes, Nancy. *Death without Weeping.* Berkeley: University of California Press, 1989.

Scheper-Hughes, Nancy. "The Primacy of the Ethical: Propositions for a Militant Anthropology". *Current Anthropology* 36, no. 3 (June 1995): 409–40.

Scheper-Hughes, Nancy, and Philippe Bourgois. *Violence in War and Peace.* Oxford: Blackwell, 2004.

Schlemmer, Bernard. *The Exploited Child.* London: Zed Books, 2000.

Schneider, David. *American Kinship: A Cultural Account*. Chicago: University of Chicago Press, 1980.

Sen, Amartya. *Development as Freedom*. Oxford: Oxford University Press, 1999.

Seyferth, Giralda. "As Contradições da Liberdade: Análise de Representações sobre a Identidade Camponesa". *Revista Brasileira de Ciências Sociais* 7, no. 8 (1992): 78–95.

Shange, Savannah. *Progressive Dystopia: Abolition, Antiblackness, and Schooling in San Francisco*. Durham, NC: Duke University Press, 2019.

Singleton, Michael. "Pour une Anthropologie de la Libération". *Recherches Sociologiques et Anthropologiques* 1 (2011): 54.

Smith, Adam. *An Inquiry into the Nature and Causes of the Wealth of Nations*. London: Strahan and Cadell, 1778.

Spivak, Gayatri. *A Critique of Postcolonial Reason*. Cambridge, MA: Harvard University Press, 1999.

Stengers, Isabelle. *Another Science Is Possible*. New Jersey: John Wiley and Sons, 2017.

Stovall, Tyler. *White Freedom: The Racial History of an Idea*. Princeton, NJ: Princeton University Press, 2021.

Stryker, Susan. "Transgender History, Homonormativity, and Disciplinarity". *Radical History Review* 1, no. 100 (January 2008): 145–57. https://doi.org/10.1215/01636545-2007-026.

Taussig, Michael. *The Devil and Commodity Fetishism in South America*. Chapel Hill: University of North Carolina Press, 2010.

Trouillot, Michel-Rolph. "Anthropology and the Savage Slot: The Poetics and Politics of Otherness". In *Recapturing Anthropology: Working in the Present*, ed. Richard Fox, 17–44. Santa Fe: School of American Research Press, 1991.

Valentine, Charles. *Culture and Poverty: Critique and Counterproposals*. Chicago: University of Chicago Press, 1968.

Valladares, Licia do Prado. *A Invenção da* Favela*: do Mito de Origem à* Favela*.com*. Rio de Janeiro: Editora FGV, 2005.

Vartabedian, Julieta. *Brazilian Travesti Migrations: Gender, Sexualities, and Embodiment Experiences*. London: Palgrave, 2018.

Velho, Otávio. *Capitalismo Autoritário e Campesinato: um Estudo Comparativo a partir da Fronteira em Movimento*. Rio de Janeiro: Editora Centro Edelstein, 2009.

Viveiros de Castro, Eduardo. "Cosmological Deixis and Amerindian Perspectivism". *JRAI* 4, no. 3 (1998).

Von Hayek, Friedrich. *The Road to Serfdom*. London: Routledge, 2001.

Wacquant, Loïc. "The Militarization of Urban Marginality: Lessons from the Brazilian Metropolis". *International Political Sociology* 2 (2008), 56–74. DOI:10.1111/J.1749-5687.2008.00037.x.

Wacquant, Loïc. "Three Steps to a Historical Anthropology of Actually Existing Neoliberalism". *Social Anthropology* 20 (2012): 66–79.

Wacquant, Loïc. *Urban Outcasts: A Comparative Sociology of Advanced Marginality*. Malden, MA: Polity, 2007.

Wagner, Roy. *The Invention of Culture*. Chicago: University of Chicago Press, 2016.

Warner, Michael. *The Trouble with Normal: Sex, Politics, and the Ethics of Queer Life*. Cambridge, MA: Harvard University Press, 2000.

Weston, Kath. *Families We Choose: Lesbians, Gays, Kinship*. New York: Columbia University Press, 1997.

Whitt, Matt. "The Problem of Poverty and the Limits of Freedom in Hegel's Theory of the Ethical State". *Political Theory* 41, no. 2 (2013): 257–84.

Williams, Erica L. *Sex Tourism in Bahia: Ambiguous Entanglements*. Chicago: University of Illinois Press, 2013.

Woortmann, Klaas. "Com Parente Não se Neguceia". O Campesinato Como Ordem Moral, *Anuário Antropológico* 87 (1990), 11–7.